中国不良资产管理行业系列教材

中国不良资产管理评估实务

李传全 刘庆富 钱 烈 编著

复旦大学出版社

中国不良资产管理行业系列教材

·专家委员会·

主　　任　　张　军
副 主 任　　李心丹
委　　员　　陈诗一　胡金焱　梁　琪　吴卫星　方　颖
　　　　　　杨晓光　周亚虹　李仲飞　张顺明　范剑勇

·编撰委员会·

主　　任　　孙建华
副 主 任　　李伟达
执行编委　　李传全　刘庆富
委　　员　　陆秋君　钱　烈　余　晶　冯　毅

作者简介

李传全,复旦大学金融学博士。现任浙商资产副董事长、首席战略官、研究院院长,浙江国贸集团博士后工作站博士后导师,浙江工商大学金融学院(浙商资产管理学院)联合院长,广东财经大学客座教授。曾在多家金融类和实体企业中担任要职,在不良资产管理领域具有较为丰富的运营管理和理论研究经验,指导了我国地方AMC行业第一位博士后。在证券、信托及资产证券化等领域也有着深入的研究探索,是国内较早研究资产证券化的学者之一。

刘庆富,复旦大学经济学院教授、博士生导师。东南大学管理科学与工程博士、复旦大学金融学博士后、美国斯坦福大学访问学者,2017入选"上海市浦江人才"计划。现任复旦-斯坦福中国金融科技与安全研究院执行院长,复旦-中植大数据金融与投资研究院学术副院长和上海市金融大数据联合创新实验室副主任;兼任复旦大学大数据学院教授和北京雁栖湖应用数学研究院教授。主要研究兴趣为金融科技、大数据金融、绿色金融及不良资产处置。曾在 Journal of Econometrics、Journal of International Money and Finance 等国内外重要期刊发表论文100余篇,出版专著三部,主持国家自然科学基金委、科技部、教育部等课题20余项,研究成果多次获得会议最佳论文奖或一等奖,学术观点和访谈也被多家主流媒体刊登和(或)转载。

钱 烈,浙江大学工程硕士,现任浙江浙萧资产管理有限公司总经理,拥有资产评估师、房地产估价师等多项资质;2008年起从事资产评估工作,先后任职国内资产评估公司业务部门经理及浙商资产评估评级部总经理。先后主持了海兴电力、金圆股份、博彦科技等多家上市公司的并购重组评估工作,搭建了浙商资产不良资产估值体系。出版有《资产评估学教程新编》。

序　言

经济是肌体，金融是血脉，二者相互依赖，相辅相成，金融的活跃与稳定直接影响经济的状况。金融安全是国家安全的重要支柱，防范化解金融风险，尤其是系统性金融风险，是金融工作的根本性任务和永恒主题。经过不懈努力，我国已取得阶段性的金融风险防范成果，金融风险得以收敛。然而，面临需求收缩、供给冲击、预期转弱的三重压力，我国金融发展中的各类风险挑战仍不可忽视。因此，必须积极而审慎地防范处置各类金融风险，以确保金融体系的安全、高效和稳健运行。作为防范化解金融风险的重要力量，不良资产管理行业的关键作用日益显现。经过20多年的持续发展，我国不良资产管理行业已成为我国多层次金融体系的重要组成部分，充当着金融业的"稳定器"与"安全网"。

近年来，国内不良资产的规模和类型不断增加，推动不良资产管理行业进入快速发展期。正如过往中国的其他新兴金融业务，一旦市场认识到不良资产管理的潜力和吸引力，各类投资和服务机构便纷纷涌入该领域。回顾近几年不良资产市场的发展，促进行业制度完备、规范业务发展、理顺监管体系等成为行业面临的重要任务。而这些重要任务的圆满完成又有赖于行业的统一认知。因此，有必要对行业基础性理论和实务知识体系进行系统性构建，以消除认识误区，使方兴未艾的不良资产管理行业更加健康发展，能在防范化解金融风险、支持实体经济发展等方面发挥更大的作用。

目前，行业参与者及相关人士对不良资产管理系统性理论和实务知识的需求强烈。不良资产管理领域多有书籍出版，但大多聚焦于行业发展建议或某些专业实务问题的解决，尚缺乏集理论与实践于一体的全景式专业系列教材。一定意义上，本系列教材的出版，填补了这一领域的空白。不良资产管理行业是一项实践性、综合性、学科交叉性等特色突出的金融领域。向社会呈现一部系统性集成性的系列教材，既能满足广大读者的学习需要，也是对行业做的一次全面系统的理论演绎和实务梳理总结；无论对行业发展抑或对资产管理专业的学科建设都具有重大意义。

本系列教材的专业性体现在其知识结构、逻辑和整体性符合当前金融专业书籍的要求。所有知识点，如概念、理论、结论和解析，均遵循不良资产管理行业的普遍认知来进行阐述。理论与实务相结合，概念与案例相结合，以通俗易懂的方式，为读者呈现实务操作的方法和路径。

本系列教材由浙商资产和浙商资产研究院与复旦大学经济学院和复旦-斯坦福中国金融科技与安全研究院联合组织专业人员共同编著。浙商资产和浙商资产研究院的编著人员在不良资产管理行业深耕多年，深知行业发展脉络，具有丰富的实践经验；复旦大学经济学院和复旦-斯坦福中国金融科技与安全研究院的编著人员则拥有深厚的经济、金融等相关领域理论基础。理论的高度与实践的深度的有机结合使本系列教材对于不良资产管理领域的诸多问题有了清晰的答案，凸显了本系列教材的实战性和生命力，也体现出其出版的现实意义和理论价值。

现实世界中的不良资产情况复杂、价值各异，可以说不良资产管理既是科学，也是艺术。成功的不良资产管理在科学与艺术之间寻找价值平衡。在这个意义上，不良资产管理一线参与者的经验、体验，甚至教训，都构成不可或缺的生动教材。我相信，本系列教材的出版是对中国不良资产管理行业的发展的重要贡献。

复旦大学经济学院院长

2023年7月

总　　序

通常意义上，1999年四大资产管理公司成立可以认为是中国不良资产管理行业的起始点。经过20多年的持续发展，不良资产管理行业从无到有，已经成为我国多层次金融体系中不可或缺的一部分，是逆周期调节的重要工具，也是金融业重要且必要的"稳定器"与"安全网"。纵观中国不良资产管理行业的历史，从最初接收四大国有商业银行和国家开发银行剥离的1.4万亿元政策性不良贷款开始，到商业化转型，再到完全市场化收购处置不良资产，无论是四大资产管理公司还是地方资产管理公司，都为促进实体经济增长和转型、守住不发生系统性风险底线、维护国家金融安全提供了重要保障，较好发挥了"防化金融风险、服务实体经济"的功能作用。

中国不良资产管理行业历经20多年发展，已逐渐形成自身特色。这种特色主要体现在体系化、市场化、全面性、多层次性和行业性。中国不良资产行业已形成一级市场到二级市场的市场体系，初步构建了制度体系和监管体系，形成与金融体系无缝衔接的子体系，行业的体系化体制安排基本形成。市场化主要表现在肇始于政策性安排的运行机制已经完成市场化的定价机制和运行机制转型。全面性主要表现为不良资产市场的区域与类型的全覆盖，即形成了从全国到区域，从金融不良到非金融不良，从银行端到政府端再到企业端的全面覆盖。多层次性在于已形成从维护市场有序性的许可制度到多样性社会力量的深度参与，形成了高效的传导机制和化解机制。

当然，从某种程度上讲，行业性是这些特色的集中体现。不同于其他地区和国家，中国不良资产管理已经初步完成了行业塑形，具有清晰的行业特征：数量足够多的市场参与主体，初步完备的制度框架，巨大的市场容量和较深的市场交易厚度。

从行业参与主体来看，目前有五大资产管理公司（2021年第五家全国性资产管理公司——银河资产开业，形成了全国性的五大资产管理公司）、59家持牌的地方资产管理公司、银行系的金融资产投资公司、大量非持牌民营公司以及外资机构的投资商，同时还有为资产管理公司提供相应服务的律师事务所、资产评估所等各类服务商，形成了较为稳定的市场生态圈和产业链。从行业制度看，业务运行的法律制度、监管制度、市场规则等基本成形。再看市场规模和交易厚度，目前银行业不良资产余额已经接近三万亿级规模，非银金融、非金等不良资产市场增长也非常之快，都在万亿级别，标的多样化特征显著，市场空间广阔。从运行机制看，市场化的定价机制、交易机制和处置机制，活跃且有厚度的市场交易，结合较大的市场容量，为市场的长期可持续发展提供了较好的保障。这些维度充分说明，中国不良资产管理具有常态化制度安排的行业特征，不再是危机时的权宜性的政策性安排；行业性是中国不良资产管理行业各项特色的集中体现，这种特色在一定程度上决定了其制度安排的高效性。

但是，中国不良资产管理行业在发展中也存在着一些问题。一是行业制度还不够完备，尤其是地方资产管理公司至今尚未形成比较统一明确的监管规则，各地方金融监管机构的监管规则差异性明显。二是业务规则的不统一。经常会遇到监管无明文规定某项业务能否实施的问题，存在监管滞后的情况。三是市场地位不平等。虽然地方资产管理公司的业务资质由原银保监会颁发，与五大资产管理公司做同样的业务，但是被视为地方性类金融机构，未获得金融机构资质许可。四是监管主体的不统一。目前我国对地方资产管理公司的机构监管的具体方式是中央负责业务资质，地方负责主体监管，而地方监管部门除了地方金融监管局，股东层面的管控主体又存在着国资委与财政的差别，多个监管主体之间存在不同的监管要求。五是司法的不统一。主要表现在同一法律要求对于不同的区域、不同类型的公司，在某些法律场景，对于金融资产管理公司和地方资产管理公司存在适法不统一的情况。

瑕不掩瑜，虽然中国不良资产行业发展中存在着一些问题，但其过去20多年在维护国家金融安全、服务实体经济方面所作出的贡献，充分说明了其常态化行业性安排具有独特的金融制度优势。我们所面临的任务是如何进一步完备这一制度安排，更好地发挥其金融功能定位。这就要求包括从业主体、政府监管部门、学界等在内的社会各界力量，加大研究力度，总结经验，统一认知，推进行业走向成熟。

应该说，过去20多年，行业研究对推动行业发展发挥了重要的作用。从四大资产管理公司设立到其商业化转型，再到地方资产管理公司的诞生和市场化机制的建立，都凝聚了商界、学界和政府部门大量的心血，结出了丰硕成果，为行业的发展实践作出了巨大贡献。当然，这期间由于中国经济金融改革发展的持续深化，不良资产管理行业也伴随着经济的腾飞而飞快成长，一定程度上，研究与行业高速发展的现实还存在差距。今天来看，制约行业发展的因素很大程度上来自各方对行业属性和如何发展的基本问题的认知不到位、不统一，而解决这种不到位和不统一的问题对研究提出了更高的要求。纵观行业领域的研究，理论方面多集中在早期四大资产管理公司的设立和转型以及市场化探索方面，实践方面则多集中在包括地方资产管理公司在内的公司运作和发展方面。行业走到今天，我们需要对相对初步成形的不良资产管理行业进行历时性和共时性的梳理总结，站在行业全局性视角进行基础研究，挖掘行业基本属性、功能和机制，为完善和优化行业的制度监管框架提供统一性认知。这两个方面的任务，是摆在学界、商界和监管部门面前的重要研究课题。

在研究的基础上编撰系列性教材是对行业进行历时性和共时性总结的最佳路径。目前，无论是可供从业人员系统学习的教材，抑或是不良资产管理学科专业本身都还是一片空白。一套完整的系列教材将全面总结行业历史和现状，不仅为行业从业者提供学习素材，同时也为包括监管部门在内的各界人士全面统一认识行业提供支持。系列教材横向和纵向的全面性将为深入研究行业的基本属性、功能和运行机制打下基础。

基于此，浙商资产和浙商资产研究院联合复旦大学经济学院和复旦-斯坦福中国金融科技与安全研究院组织强大的专家队伍，编著了这套"中国不良资产管理行业系列教材"。希望借此填补行业系列教材的空白，推进不良资产管理学科建设；同时通过从全局到局部，从理论到实务对行业进行全方位总结，为行业深层次问题的研究提供基础。

一直以来，浙商资产高度重视行业研究，成立之初就成立了浙商资产研究院，深耕行业发展的同时，为行业的发展持续贡献诸多成果，其研究成果也得到了国内外行业专家的广泛认同。2018年开始，浙商资产研究院联合复旦-斯坦福中国金融科技与安全研究院首度研发"复旦-浙商中国不良资产行业发展指数"，持续展示中国不良资产管理行业的发展趋势，填补了这一领域的研究空白。这一研究成果也被作为复旦大学智库建设的代表报送国务院办公厅，获得了浙江省国资委优秀研究课题二等奖，得到了行业各界的广泛好评。这次"中国不良资产管理行业系列教材"的隆重推出，又是复旦大学和浙商资产产教融合的一大典范，必将对资产管理行业的深度研究、对资产管理专业学科建设以及行业健康发展产生深远影响。

本系列教材由四本书组成，分别为《中国不良资产管理行业概论》《中国不良资产管理操作实务》《中国不良资产管理法律实务》《中国不良资产管理评估实务》。系列教材既对不良资产管理行业的历史、现状及未来展望做了全景式的历时性分析和共时性展示，又全面覆盖了不良资产管理实务操作所涉及的主要方面，力求横向到边、纵向到底。理论层面，以不良资产管理基本概念和科学分类为基本起点，沿着行业发展、实务操作、法律法规和价值评估四个维度循序展开；同时又以当前行业实务为基础，构建完整操作实务以及相应的法律和评估知识体系，充分展现了专业性、综合性的统一融合，可谓四位一体。

本系列教材以学历教育及实务培训为导向，主要面向学生及不良资产管理行业从业人员，目标在于让读者能够全面了解不良资产管理行业整体情况，并快速掌握基本业务操作要领。作为填补这一国内空白领域的系列教材，我们在多个方面进行了创新，主要如下。

一是理论层面的拓展。目前已有的不良资产管理领域书籍在理论层面或多或少都有涉及，主要从不良资产的概念、成因等角度进行阐述。本系列教材在理论层面进行了拓展，在不良资产分类与辨析、不良资产管理分类、业务类型分类、发展历史及行业功能特征等多方面进行了理论塑造。围绕行业实际，从专业层面对实务内容进行了理论阐释与分析，一定程度上丰富了现有的理论体系。

二是行业知识系统化。不良资产管理涉及的行业知识面较广，现有的相关书籍在行业知识的系统性方面较弱。本系列教材在行业知识系统性方面进行了探索，将不良资产管理中较为重要的概念、实务操作、评估以及法律分别单独成册进行了较为详尽的讲解，将行业知识进行了系统集成，丰富了行业研究的理论体系化构建。

三是多学科交叉融合。不良资产管理本身就是综合性较强的领域，实务操作中涉及多个专业领域的交叉融合。本系列教材针对行业特性，在编撰过程中将经济学、金融学、管理学、资产评估学、法学等学科知识进行了交叉融合,多维度分析具体实务操作与案例,多管齐下展现不良资产管理所需的知识与能力。总之,本系列教材运用学科交叉融合,更好地让读者理解不良资产管理的要义。

四是强化实务应用性。目前不良资产管理领域相关书籍以理论探讨居多,而针对系统性实务操作的较少,特别是可以作为教材范本的少之又少。本系列教材正是从这个视角出发进行有益探索,手把手地传授实务操作,具有较好的实践指导性,是行业实务领域中的一大突破。

在本教材编撰过程中,参与各方倾注了辛勤的汗水。专家指导委员会主任张军教授及其他专家委员为本教材的知识体系搭建进行了系统性理论指导。编辑委员会主任孙建华董事长统筹教材的编辑出版工作、指导教材的知识体系安排。副主任李伟达总经理对于教材主要内容给予了实操性专业指导。执行编委李传全博士全面负责教材的具体编撰工作,制定编撰计划,确定教材的选题范围、体例框架、内容结构以及教材内部的逻辑关联,优化与构建包括基本概念界定、业务分类、管理主体分类、历史划分等在内的教材所共同遵循的基础理论体系,指导教材的撰写、修改和审校。执行编委刘庆富教授主要参与教材的理论指导,负责教材的出版组织工作。陆秋君博士负责法律实务的编撰组织、部分章节的撰写和统稿工作;钱烈先生负责评估实务的编撰组织、全书主要章节的撰写和统稿工作;冯毅博士负责行业概论的编撰组织、部分章节的撰写和统稿工作;余晶博士负责操作实务的编撰组织、部分章节的撰写和统稿工作。

其他参与本系列教材的编撰人员包括:《中国不良资产管理行业概论》,陈宇轩、赖文龙、孙力、刘丁、车广野、胡从一;《中国不良资产管理操作实务》,宋波、蒋炜、项玫、许祎斐、陶梦婷、褚希颖、戴苗、孙铮;《中国不良资产管理法律实务》,陈超、徐含露、袁淑静、吕佩云、卢山、陈晨、胡鑫淏；《中国不良资产管理评估实务》，游歆、王皓清、楼泽、倪萍、杜蒙、姚良怀、陈康扬、傅流仰。在此，对各位专家为本系列教材所贡献的智慧表示感谢！

应该说，本系列教材是复旦大学和浙商资产产教融合的又一重大成果。系列教材从理论以及实务层面对于不良资产管理进行了较为全面的介绍与讲解，覆盖了不良资产管理工作所涉及的主要领域，填补了行业及教育领域的空白。但客观而言，由于编撰团队自身行业经验不足，对行业以及实务认识有限，加之中国不良资产行业处在不断的发展变化中，诸多方面尚不定型，教材有些方面难免出现偏误或局限于一家之言。诚请行业内和教育界各位专家不吝指教，提出宝贵意见。

随着监管政策的持续优化调整以及不良资产市场自身的持续发展，中国不良资产管理行业也必将从初创走向成熟。这就要求我们与时俱进，持续关注行业内外部变化情况，根据行业发展情况不断扩展和修正本系列教材，塑造经典，使之成为持续推进资产管理学科建设和行业健康发展的重要力量。

是为序。

浙江省国贸集团党委副书记、总经理
浙商资产党委书记、董事长
2023 年 7 月

致 读 者

《中国不良资产管理评估实务》基于不良资产评估的实践经验，将三大评估方法运用到不良资产管理业务中，融合了评估界的理论与实践成果，从资产评估视角打通学科之间的联系，使读者对资产、价值、评估等核心概念有更为透彻的认识。基于不良资产评估的一般评估框架，本书分别对债权、物权和股权三种主要资产类型的评估进行了系统性梳理，并对当前主要不良资产业务的评估逐一做了专门性的介绍，提升实践适用性。本书各章均融合了国际评估界的理论与实践成果，分析讨论了其在不良资产评估中的具体应用，使读者的视野更加开阔，对资产评估相关概念和方法的理解更加全面。

本书基于不良资产评估的实践经验，按照总分总的逻辑对不良资产评估相关事项进行阐释。

第一章介绍了不良资产评估的相关基本概念、主要任务及与常规资产评估的联系。

第二章为全书的核心方法论，介绍了资产评估的三种基本方法及相关衍生方法，通过对方法论的分析及介绍帮助读者掌握相关评估技巧。

第三章至第五章根据前述的方法论构建了不良资产评估的整体分析框架。首先从评估流程入手分析不良资产评估的技术要点；其次在突破了传统不良资产评估分析框架的基础上，将资产评估三大基本方法融入不良资产评估之中，基于常规资产评估和不良资产评估基本逻辑的一致性，根据不良资产的分类分别介绍了债权、物权、股权三种类型资产的评估。此外，针对当前不良资产市场的特点，重点介绍了不动产、机器设备、企业价值等典型押品的评估思路和方法。

第六章围绕不良资产业务实践，介绍了包括不良资产转让交易、债务重组、债转股、企业破产、资产证券化、个人不良贷款等不同业务场景下具体的不良资产评估模型和相关实践经验。

第七章从评估管理制度体系建设和内外部评估管理出发阐述了资产管理公司对于不良资产评估的质量管控措施，并介绍相关成功经验，如处置评估分离原则、底稿制度、集中法审等。

第八章就不良资产评估的趋势进行了展望与思考，并介绍了结构评级体系、资产评估的数字化和智能化转型、博弈论与经济周期在评估中的应用等方面的内容。

本书可供高等学校师生，资产管理公司相关从业人员，银行等金融机构相关从业人员，会计师事务所、资产评估机构、律师事务所等中介机构的相关人员以及社会各界研究人员学习、培训和研究之用。本书在编著过程中力求严谨、细致，但由于编著者水平有限，书中难免有疏漏之处，恳请广大读者给予批评指正，也欢迎读者从各方面提出宝贵意见，以使本书日臻完善。

目　录

第一章
不良资产管理与资产评估

第一节　不良资产管理概述 / 003

第二节　资产评估在不良资产管理中的作用 / 008

第三节　不良资产评估的主要内容 / 013

第四节　不良资产评估的基本要素 / 016

本章小结 / 024

本章重要术语 / 025

复习思考题 / 025

第二章
资产评估的方法

第一节　资产评估的基本方法 / 029

第二节　资产评估的衍生方法 / 044

本章小结 / 050

本章重要术语 / 051

复习思考题 / 051

第三章
债权类不良资产评估方法

第一节　债权评估流程 / 055

第二节　常见评估方法在债权评估中的应用 / 062

第三节　债务人与保证人可偿还金额评估 / 075

本章小结 / 091

本章重要术语 / 092

复习思考题 / 092

第四章
物权类不良资产评估方法

第一节　不动产 / 095

第二节　机器设备 / 136

本章小结 / 172

本章重要术语 / 173

复习思考题 / 173

第五章
股权类不良资产评估方法

第一节　企业价值（股权）评估基础 / 179

第二节　流通受限股权评估 / 184

第三节　非上市公司股权价值评估 / 193

本章小结 / 207

本章重要术语 / 208

复习思考题 / 208

第六章
不同评估目的不良资产评估

第一节　不良资产业务类型概述 / 213

第二节　不良资产转让交易中的评估 / 218

第三节　不良债权日常管理中的评估 / 223

第四节　债务重组中的评估 / 232

第五节　债转股中的评估 / 241

第六节　破产过程中的评估 / 249

第七节　资产证券化次级份额认购中的评估 / 261

第八节　个人不良贷款业务中的评估 / 278

本章小结 / 295

本章重要术语 / 296

复习思考题 / 296

第七章
不良资产管理中的评估管理

第一节　内部评估质量管控 / 299

第二节　外部评估质量管理 / 314

本章小结 / 325

本章重要术语 / 326

复习思考题 / 326

第八章
不良资产评估的趋势展望

第一节　评估方法：资产评估与结构评级 / 329

第二节 评估技术：数字化与智能化 / 333

第三节 评估理论：博弈论与经济周期 / 337

部分参考答案 / 351

参考文献 / 374

第一章

不良资产管理与资产评估

不良资产管理的本质是赋予"不良资产"转让流动性、在"时间"和"空间"两个方面对不良资产价值重新发现和再分配的过程。……行业进入者所获得的价值是资产价值和价格之差异在空间和时间两个维度上的再分配。

作为一门独立的学科，资产评估有其自身的研究对象、范围、目的、基本假设和应遵循的科学原则。不良资产管理的日趋活跃，不良资产交易的日益频繁，都使得对不良资产进行价值评估变得越来越重要。理解资产评估的基本概念，是建立不良资产评估思维方式的基础。本章将介绍评估的基础知识以及不良资产评估的特点，并对评估中涉及的一些基本概念进行剖析。

第一节　不良资产管理概述

一、不良资产基本概念

不良资产是金融体系运行的伴生产物，而历次金融危机的爆发无一不与不良资产相关。对于什么是不良资产这个问题，目前在行业内并没有形成统一的认知。不良资产是一个非常宽泛的概念，各机构在业务发展中出现的无法回收、质量低下的资产都可以归为不良资产。目前这个概念是使用范围最广，也是各界最具共识的一个概念。

本书定义的不良资产指不能带来经济利益的资产，通常指一项资产为机构带来的经济利益低于账面价值，且已经发生价值贬损（包括债权类不良资产、股权类不良资产、实物类不良资产）。例如，银行不良贷款资产（non-performing loans，NPLs），指银行不能按时足额回收贷款利息，甚至难以回收或无法回收对应本金。故而，不良资产有着广义和狭义之分。狭义的不良资产一般指银行出售的不良贷款。广义的不良资产通常被称为"大不良"，指已经逾期或价值发生贬损，且有产生逾期或价值贬损的合理导因的资产。以下资产、项目或业务通常属于"大不良"业务范围：

（1）司法拍卖资产、在依法批准设立的产权交易所挂牌拍卖的问题资产；

（2）已经成立债委会的债务企业的相关资产；

（3）城市更新改造（旧城改造、合村并城、棚户区改造）项目，以及以城中村改造为目的的集体土地经有权部门批准建设长租房和养老房项目；

（4）私募投资基金违约业务；

（5）在参与问题机构救助、问题资产盘活过程中，为防控商业风险要求，被救助对象关联企业或实际控制人等相关方作出业绩承诺或回购安排的项目；

（6）在基本落实或形成具体的后续重组或相关方案的前提下，尚未违约即将到期的信托计划、资管计划、债券，发行人认定其到期无法解决兑付问题，面临对投资者重大兑付风险时，满足发行人正式发函给公司寻求支持和打折收购条件的资产；

（7）直接或间接参与破产重整。

如图1-1所示，不良资产按照形态一般可分为股权不良资产、债权不良资产、实物不良资产。

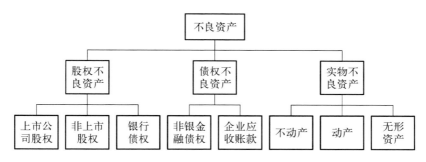

图 1-1　不良资产按照形态分类

二、不良资产管理行业概述

国际金融市场上共有两类资产管理公司（asset management company，AMC），以下简称从事"优良"或"不良"资产管理业务的：前者外延较广，涵盖诸如商业银行、投资银行以及证券公司设立的资产管理部或资产管理方面的子公司，主要面向个人、企业和机构等，提供的服务主要有账户分立、合伙投资、信托等；后者是专门处置银行剥离的不良资产的金融资产管理公司。

在过去20余年中，与经济发展、金融运行在不同时期的情况相对应，中国不良资产管理行业大致经历了三个发展阶段。

政策性展业阶段（1999—2006年）：中国信达、中国华融、中国东方、中国长城四大金融资产管理公司成立，开展政策性业务，接收国有商业银行政策性剥离的不良资产，有效化解了金融风险，为国有商业银行股改上市打下了基础。

市场化转型阶段（2007—2012年）：四大金融资产管理公司顺应实体经济和金融市场发展变化，从政策性业务向商业化业务转型，两类业务实行分账管理、分账核算；四大金融资产管理公司还通过托管、重组等方式对问题金融机构进行处置，综合金融服务集团逐步成型。

全面市场化阶段（2013年至今）：金融资产管理公司实现全面商业化

经营，陆续完成股份制改造、引进战略投资者，中国信达、中国华融在港交所上市；同时，区域性金融风险逐步暴露，地方资产管理公司登上历史舞台，开始探索性发展。2019年以来，我国不良资产管理行业市场化程度持续提升。一方面，监管政策陆续出台，原银保监会加大了对金融资产管理公司和地方资产管理公司的监管强度，要求回归主业，做"真不良"业务，并强调地方资产管理公司的区域属性，强化属地管理；另一方面，行业参与者数量快速增加，竞争加剧，推动行业进一步走向成熟。

不良资产管理行业具有以下三大特征。

一是与宏观经济相关且具有波动性。中国不良资产与宏观经济的发展密切相关，当宏观经济调整下行时，不良资产公司容易以较低的折扣率获取大量不良资产，从而在不良资产的收购上呈现逆周期性；反之，当宏观经济上行，收购的不良资产价值持续增值，不良资产管理公司进入收购资产的派发期，利润得到兑现，此时不良资产管理公司在利润水平上又呈现出顺周期性。

二是行业门槛较高。这体现在两个方面：一方面，不良资产管理行业由于业务开展难度大、投资周期长，因此对人才储备和资本实力形成了较高的要求；另一方面，进入不良资产管理行业需要有监管机构批复的业务牌照，从而在政策上也给不良资产管理行业带来了行业壁垒。

三是行业监管环境逐步完善。我国不良资产管理行业起源于1997年亚洲金融危机，历经三次大规模的银行不良贷款剥离，在近30年发展期间，监管环境不断完善。财政部、原银监会于2012年颁布的《金融企业不良资产批量转让管理办法》（财金〔2012〕6号）以及财政部于2015年颁布的《金融资产管理公司开展非金融机构不良资产管理业务办法》(财金〔2015〕56号),对不良资产管理业务活动、公司治理等方面不断完善监管,为行业的稳定发展提供了良好的环境。2019年5月,原银保监会发布《关于开展"巩固治乱象成果促进合规建设"工作的通知》(银保监发〔2019〕23号),从宏观调控政策执行、公司治理、资产质量、不良资产收购业务、固定收益类业务、同业业务等方面对金融资产管理公司提出了要求,重点整治以收购金融或非金融不良资产名义变相提供融资、违规新增办理类信贷等固定收益类业务等,整治力度远超预期,可见监管当局对于AMC回归主业的坚定态度与严格要求。2019年7月,原银保监会办公厅发布《关于加强地方资产管理公司监督管理工作的通知》(银保监办发〔2019〕153号)要求地方AMC"回归本源、专注主业",提高了监管强度,强调地方AMC的区域属性与防范化解区域金融风险的责任使命。

三、不良资产管理价值的来源分析

与常规正常资产相比,不良资产通常具有弱流动性、低收益,资产价格实现需具备一定的现实条件。如图1-2所示,不良资产的交易价格

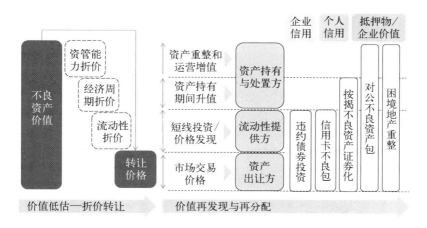

图1-2 不良资产投资的价值来源

与正常资产价格的差距通常分为资产管理能力折价、经济周期折价以及因快速变现导致的流动性折价。不良资产持有人往往通过流动性折价的恢复、跨周期资产价值提升及主动管理带来的资产增值赚取不良资产的超额收益。

不良资产管理的本质是赋予"不良资产"转让流动性、在"时间"和"空间"两个方面对不良资产价值重新发现和再分配的过程。这意味着不良资产出现阶段性的价格下跌低于实际账面价值的情况以及产权持有方有极强的变现需求。

行业进入者所获得的价值是资产价值和价格之差异在空间和时间两个维度上的再分配。这样的差异可能由经济周期决定,也可能源于出售方希望快速低价交易以换取其他资源,如金融机构为释放资本金和信贷额度、降低不良率,或是企业为快速回收流动性。

第二节　资产评估在不良资产管理中的作用

一、资产评估基本概念

(一)资产评估

根据《中华人民共和国资产评估法》,资产评估是指评估机构及其评估专业人员根据委托对不动产、动产、无形资产、企业价值、资产损失或者其他经济权益进行评定、估算,并出具评估报告的专业服务行为。《国际评估准则》将资产评估定义为通过应用评估准则确定资产或负债价值的估计行为或过程。故而资产评估本质上是一个进行价值判断的行为。

这里需要明确的是资产评估中的"资产"与会计学中的"资产"是不一致的。会计学中的资产往往是指企业的资产,而资产评估中的资产则是指被特定经济主体所控制的、且能给特定经济主体带来经济利益的资产。如在会计核算中往往不将合同权益、客户关系作为一项资产进行确认,但是在资产评估中上述资产可作为一项可确指资产进行确认并进行估算。因此资产评估中的资产在外延上要比会计学中的资产宽泛。

（二）不良资产评估

不良资产评估是指从技术分析的角度对评估基准日特定目的下不良资产的价值进行分析、估算,为即将发生的经济行为提供价值参考。不良资产定价则是综合多方面因素,决定资产收购或出售底价的过程。不良资产评估的本质就是基于尽职调查所获得的债务人及干系人可用于偿还债权人债务的财产线索的估算。该财产线索的估算可以是抵（质）押的变现价值估算、保证人偿债能力的估算或债务人持续经营现金流的测算。

二、不良资产评估的特点

从不良资产经营管理的角度看,不良资产评估是不良资产管理的重要内容。从价值评估本身的技术性要求看,不良资产评估是一种特殊目的下的资产评估。不良资产评估的基本理论、评估方法、评估要素、评估程序等均来源于资产评估理论,具有市场性、公正性、专业性和咨询性的特点,有利于客观、合理地发现不良资产的价值。一方面,在实务操作过程中,不良资产评估应遵循资产价值评估的基本理论、评估方法、评估程序等相关要求。另一方面,不良资产评估作为不良资产管理的重要手段,为不良资产管理结构提供价值参考,其目的具有较强的针对性。与一般的资产评估相比,不良资产评估还具有如下特点。

（1）不良资产评估本质是对可追偿财产线索的价值判断。投资人购置债权类不良资产后的主要收益来源于抵质押物的处置、对担保人及债务人的追偿。故不良资产评估业务，本质上是对债务人和债务责任关联人可以偿还贷款资产线索的查证、资产变现值的估算、经营现金流的判定、其他任何可能偿还贷款的线索以及可回收贷款的判定。

（2）不良资产评估对象具有特异性。不良资产的存在形式多样，有债权、物权、股权三种形态。不同的不良资产之间可比性差，尤其是随着交易结构的设计更加灵活，每项不良资产几乎都是根据不同的合约条款"量身定制"，其流动性、偿还期限、风险程度都有差异，使不良资产评估对象具有特异性。因此，对每一项待评估的不良资产，都需要分析研究其种类、特点和收益模式。不良资产评估应根据不同的评估对象、评估目的和交易方式，结合具体的评估基准日，采用不同的评估方法，才能准确反映不同不良资产的真实价值。

（3）不良资产评估需要关注不确定性。一方面，金融市场充满竞争、风险和不确定性，一定量的不良资产在未来到底能产生多大的预期收益，有相当的不确定性。因此，在不良资产评估实践中，需要高度关注金融市场可能存在的不确定性，并在参数确定和模型运用中充分考虑。另一方面，由于不良资产的流动性和价值波动性，被投资者的经营状况、宏观经济环境的变化都会影响不良资产的价值。银行存款利率、通货膨胀率和宏观经济政策信息，甚至国际金融市场的波动也都会影响不良资产的价值，导致其随时都在发生变化，而评估是针对某一时点上的价值估算。因此，在评估实践中，评估基准日的选择要尽可能与评估结论使用时点接近，以提高不良资产评估价值的准确性。

（4）不良资产评估需要关注金融管制政策和市场调控政策。不良资产市场中存在较强的信息不对称性。在不同的金融管制措施和金融市场调控政策下，不良资产价值会发生变化。因此，对金融资产进行评估，应充分考虑现行金融管制政策和金融市场调控政策等金融监管法律法规政策对金融资产价值的影响。评估人员需要密切关注不良资产评估涉及的法律、法规和规范性文件，并充分考虑其对评估风险的影响。在估算不良资产价值时，评估人员不仅要关注金融监管指标，还需要关注金融行业的风险指标变化趋势及金融企业客户的风险偏好程度对不良资产价值的影响。评估人员应不断加强对宏观经济形势的研究及对相关金融政策的把握，进而提高不良资产价值评估的准确性。

三、不良资产的评估难点

从资产管理公司多年来的实践来看，不良资产的评估难点主要表现为以下五个方面。

（1）不良资产属于非标准化的资产。不良资产（债权）本质上是一种契约权益。不同的契约内容决定了不同类型的债权。债权存在信用债权、抵押债权、保证债权等不同性质，而债务企业在行业分布、规模大小、地域分布、企业性质、产权结构等方面亦存在差异。这导致债权资产属于非标准化的资产，很难用统一的方法和程序进行评估。

（2）评估资料不齐全。由于资产管理公司不是资料占有方，而债务企业在"逃废债"动机下往往不配合评估，不愿意提供评估资料，甚至是刻意隐匿和伪造评估资料。同时，有些债务企业还主动关停倒闭。因此，评估人员往往难以取得完整的评估资料，无法完成必要的评估程序，直接导致评估进度慢、评估结果不准确，容易造成评估与实际情况之间出现偏差。

（3）评估过程复杂。从金融不良资产的形态看，最基础的是债权，债权项下有担保债权、抵押债权、质押债权，我们不仅要对债权本身进行评估，还要对担保债权、抵押债权、质押债权进行评估。这个特点决定了债权价值分析的影响因素多，评估过程较为复杂。

（4）价值类型特殊。金融不良资产的价值类型大部分都是市场价值以外的价值类型，包括清算价值、投资价值和残余价值等。这些价值类型并不好确定，而市场价值需要被转化为市场以外的价值及类型，这是不良评估的一大难题。

（5）价值内涵难以确定。不良资产的处置方式多样，有打包、零售，甚至涉及资产证券化和信托分成。其中零售的处置方式有折扣变现、协议转让、公开拍卖、债转股、重组、诉讼和解等。不同的处置方式往往决定了不同的处置价值，继而影响评估价值的内涵和价值类型，这也是金融不良评估的难点所在。

四、资产评估在不良资产管理中的作用

（一）提供基本价值尺度

不良资产的现实价格处于不断变化之中，那些不以公允价值计量的不良资产的账面价值难以反映金融资产的真实价值，通常不能为交易双方提供公平交易的尺度。以资产评估技术提供的不良资产公允市场价值，便成为不良资产交易的价值尺度。不良资产评估自然成为金融资产交易的基础。

不良资产交易不同于一般商品的交易，更不同于一般资产和产权的交易。一般商品交易具有同质性、反复性、可比性等特点，在无数次交易中，市场价值成为市场本身的信息，成为调节买者和卖者经济关系的尺度。一般资产和产权交易尽管不具备一般商品可比性和反复性的特点，但由于大众化的特性，在大部分交易中，市场价值也能够作为市场本身的信息，成为调节买者和卖者经济关系的尺度。而不良资产本身构成十分复杂，不同不良资产之间千差万别，基本不存在比较的可能性，市场已有的信息由于交易对象的差别性，不具有作为现实

产权交易尺度的"市场价值"的属性。因而，在模拟市场基础上采用评估技术得出的市场价值，自然充当了不良资产交易价值尺度。

（二）促进资产交易

在我国，资产管理公司以最大限度回收不良资产为主要经营目标。在商业化业务中，不良资产管理公司引入资产评估，将资产评估作为定价的工具，为处置不良资产定价服务。资产管理公司和商业银行处置不良贷款的评估实践，极大降低了银行贷款的损失，也丰富了资产评估专业实践。

（三）防范金融风险

商业银行是金融体系的重要组成部分。贷款业务是商业银行最重要的表内资产业务。防范贷款损失风险，是商业银行不可回避的、持续的核心工作之一。商业银行贷款在发放与管理、回收与处置全程风险管理中，涉及以物担保的，对债权保证物的价值进行评估，以此判断贷款风险的程度和债权权利实现的程度，很大限度上保证了银行债权的安全。银行发放贷款，对抵押物进行评估（抵押贷款评估），是国际银行业成熟的做法，也是国内外评估实践的重要领域和评估行业的传统业务。

不良资产管理行业属于资金密集型行业，因此，不良资产定价显得十分重要，当然对其定价也极为复杂，需要借助较复杂的数学模型来完成。这也是资产评估进一步发展的空间。

第三节　不良资产评估的主要内容

一、掌握基本评估方法

评估人员通过学习资产评估原理、房地产评估、机器设备评估、企业价值评估、项目评估与管理等方面的主要基本理论和基本知识，接受房地产评估、机器设备评估、企业价值评估等方法和技巧方面的基本训练，掌握不良资产评估的基本能力。

不良资产评估人员应具备资产评估的基础知识及相关行业知识，能够参与项目洽谈，制定与业务开展相适应的资产评估方案，合理确定评估程序，有效控制和协调项目的组织实施，解决项目开展过程中的复杂评估问题。具体而言，评估人员应能将评估专业知识运用于评估实践，对复杂的问题进行理性分析并作出准确判断，能够对评估工作的现场问题提供快速准确的解决方案。同时，评估人员应具有较好的组织和项目管理能力，能够有效地与上下级进行沟通，并妥善处理客户关系。

二、评估资产标的

（一）确定收购价格

国际上知名不良资产管理公司，如韩国资产管理公司（Korea Asset Management Corporation，KAMCO）、美国联邦存款保险公司（Federal Deposit Insurance Corporation，FDIC）所经营的不良资产大多为不动产抵押物。而转轨国家的不良资产管理公司处置不良资产的重点往往是资不抵债的整个企业。对于不良资产管理公司来说，仅仅知道一个企业的资产价值与负债情况是不够的。不良资产管理公司最迫切需要了解和掌握的是，在被评估企业资产、负债能够确定的情况下，根据不良资产管理公司拟收购的该企业的债权总量和债权的担保形态，分析判断被评估债权可能回收的金额，也就是说，在传统的资产评估的基础上，需要对被评估企业以现有资产偿债的能力再进行一个评判。由于评估的对象大多是关停或倒闭企业，相关资料往往不是很齐全，且不良债权没有相对公开透明的市场，故很难获得一个清晰确定的债权价值参考依据，往往需要根据相关受偿来源进行估算。

不良资产管理公司往往将以此测算出的受偿金额作为对债权出让方进行收购谈判的重要参考依据,这也是与债权出让方进行谈判的参考价格底牌。

(二)存续期间管控及会计计量

财政部于2017年发布了《企业会计准则第22号——金融工具确认和计量》(财会〔2017〕7号)。根据修订后的金融工具准则,不良资产属于以公允价值计量且其变动计入当期损益的金融资产。当初始确认完成进入后续计量时,企业应在每个财务报告日对不良资产以公允价值计量并将其变动计入当期损益。由于不良资产种类复杂且无透明的交易市场,无法直接取得的相关报价,故需要通过评估的方式确定资产的公允价值。

从不良资产管理公司管控角度分析,以下两个指标能清晰地反映公司未来的盈利潜力:

$$\frac{不良资产公允价值}{不良资产成本余额} 或 \frac{不良资产公允价值}{不良资产债权余额}$$

定期的不良资产评估能有效地辅助管理决策。

(三)确定处置底价

在资产管理与处置之间存在一个相当重要的环节,即对已收购的这部分不良资产的实际价值进行评估。通过不良资产评估得到的处置底价是不良资产处置工作的重要环节,是对外"招拍挂"的基准价格。故而评估结果的准确与否对不良资产处置有着较大的影响:评估值过低,则在处置过程中容易出现道德风险,从而导致国有资产受到损失;评估值过高,则影响团队处置的积极性,且需多次挂牌,降低了资产处置效率和收益。不良资产债权评估有助于决定具体的处置方式,使资产管理公司、政府相关整体经济利益实现最佳的经济成果。通常,资产处置工作需要经过许多环节，而资产评估只是资产处置工作过程的一个必要环节，这使实现回收价值最大化带有很大的不确定性。评估结果过高，处置时无人应价是常有的事。长期卖不出，不良资产保养又成了问题，时间越长，标的资产的实际价值由于冰棍效应流失越严重。不过，评估结果只是相对准确，具有一定的模糊性。虽然除了做好不良资产评估工作外，其他环节的工作也不能忽视，但是对资产评估工作绝不可以掉以轻心。在大多数情况下，资产回收最大化的实现离不开合理、客观、公正的不良资产评估工作。

三、业务过程中的评估质量管理

评估机构和评估人员是资产评估的主体，也是资产评估信息的提供者，还是影响资产评估质量的最主要因素。由于信息不对称，不良资产评估存在诸多困难因素。如何提高评估人员的评估质量及评估结果稳定性是改善不良资产评估质量问题的核心和关键。评估人员的评估质量在很大限度上又是由机构内部质量控制状况决定的。因此，资产评估机构内部的质量控制措施是保证不良资产评估质量的重中之重。评估机构应通过内部评估管理、外部机构管控及评估系统建设实现评估质量的"三位一体"全方位管控，确保实现不良资产评估结果的合理性、评估水平的稳定性及评估参数的动态调整性。

第四节　不良资产评估的基本要素

一、资产评估的主体

资产评估的主体是指资产评估业务的承担者，即从事资产评估的机构和人员，他们是资产评估工作得以进行的重要保证。资产评估业务必须由资产评估机构承接，由评估人员承办，不允许以个人名义承接并出具资产评估报告。因此，评估主体不仅包括评估人员，也包括资产评估机构。对于法定不良资产评估业务，应当由不少于两名的资产评估师承办；对于非法定不良资产评估业务，应当由不少于两名的其他评估人员承办。

此外，不良资产评估业务的主体也可以是会计师、企业从业人员及咨询人员等。注册会计师可以是不良资产评估的主体，他们在进行公允价值计量时常常需要评估不良资产的公允价值。对于复杂的不良资产公允价值计量，会计师通常会委托资产评估师或精算师进行。企业内部组织也可以成为不良资产评估的主体，例如有些资产管理公司设有内部评估师或者专职评估岗。

二、资产评估的客体

资产评估的评估客体又被称为评估对象，是指资产评估的具体对象，即被评估的资产。根据《金融不良资产评估指导意见》（中评协〔2017〕52号）规定，不良资产评估业务中，根据项目具体情况和委托人要求，评估对象可能是债权资产，也可能是用以实现债权清偿权利的实物类资产、股权类资产和其他资产。在执行不良资产评估业务时，评估人员应当关注评估对象的具体形态，充分研究标的资产的特点及对评估业务的影响，并与委托人进行充分协商，明确评估对象。

三、资产评估的依据

评估依据是指资产评估工作所应遵循的法律、法规、经济行为文件、重大合同协议以及取费标准和其他参考依据等。

（一）行为依据

行为依据是评估工作得以开始的前提，如公司董事会关于进行资产评估的决议、委托人和评估机构签订的资产评估业务约定书、有关部门（如法院）的评估委托书等。

（二）法规依据

法规依据是从事资产评估工作应遵循的法律、法规，如《金融资产管理公司资产处置管理办法（修订）》（财金〔2008〕85号）、《关于规范资产管理公司不良资产处置中资产评估工作的通知》（财企〔2005〕89号）、《财政部关于不良资产评估有关问题的函》（财金函〔2002〕23号）等。资产评估人员或机构开展资产评估业务时，还应当遵守相关资产评估准则和相关规范，包括准则、指南、指导意见等。评估人员在进行不良资产评估时应当遵守资产评估基本准则、职业道德准则、执业准则等。

（三）产权依据

在资产评估中，纳入评估范围的资产必须是产权持有人实际拥有或控制的资产。不良资产评估中，产权依据主要包括借贷合同、保证合同、抵押合同、放款凭证、判决书、他项权证等。

（四）取价依据

取价依据通常包括财务会计、资产价格等资料，国家有关部门发布的统计资料、技术标准和政策文件，以及自行收集的行业数据资料等。

四、资产评估的目的

资产评估目的是资产评估业务对应的经济行为对资产评估结果的使用要求，或资产评估结果的具体用途。用通俗的话来说，就是评估的原因及理由。任何一项评估业务，都会有其目的，评估目的与所涉及的经济行为密切相关。评估目的不同将会导致评估对象、评估范围、价值类型以及评估程序都有可能不同。

（一）一般目的

不良资产评估的一般目的是正确反映委托评估的不良资产在评估基准日的公允价值，为不良资产的交易和投资者的投资提供公平的价值尺度。

（二）特定目的

不良资产评估的特定目的是指不良资产业务对评估结果用途的具体要求，即满足不同经济业务的要求。特定目的实质上是判断不良资产在特定条件下的公允价值。不良资产评估在不同的评估环境下有不同的目的，具体目的表述更是多种多样，如以财务报告为目的、以交易为目的、以清算为目的等。

不良资产评估中常见的评估目的包括以下三点。

1. 新金融工具准则实施下以财务报告为目的

企业在编制财务报告时，可能需要对某些资产进行评估，会计准则中的《企业会计准则第22号——金融工具确认和计量》中涉及对金融工具进行以财务报告为目的的评估。如果企业决定对持有的不良资产委托开展以财务报告为目的的评估，除遵守评估准则相关要求外，评估主体还需满足企业会计准则及会计核算、披露等相关要求。

2. 以交易为目的

资产评估结果往往作为交易价格的定价基础和参考，其结果的合理与准确与否会直接影响交易双方的利益。如不良资产的转让和出售、证券的发行和回购，通常以市场完全有效或弱式有效为基本假设，以最佳用途市场价值为不良资产评估价值标准，通过评估产权持有方在正在使用或拟将使用状态下是否可达到最佳的使用状态,结合市场的有效程度,进而比较资产以未来收益表示的市场价值和现行市场价格之间的关系,在此基础上作出持有或出让的决策。

3. 以清算为目的

清算有迫售清算和自主清算之分。迫售清算包括企业破产、司法或行政强制产生的清算行为,其目的是确定不良资产在强制出售条件下可能实现的货币价值,一般适用于快速清算价值;自主清算主要指企业自主实施的结业清算,被评估对象在展示时间和出售条件上相对宽松,可以采用有序清算价值。大多数清算价值评估,重在判断被评估对象的变现能力,因为债权人通常希望以现金的方式得到清偿。

明确不良资产评估的目的,是正确开展不良资产评估业务的前提,是正确确定资产评估的价值类型和方法的基础,是保障整个不良资产评估工作科学、高效进行的必然要求。

五、资产评估的假设

资产评估假设是指对资产评估过程中某些未被确切认识的事物,根据客观的正常情况或发展趋势所作的合乎情理的推断。从动态的角度考虑,在不同的评估环境和不同的评估条件下,同一项不良资产的价值会产生差异,如果不设立一些基本假设,则无法对其价值进行评估和确认。这些假设通常属于以下两类之一:一是与评估基准日存在的事实一致或可能一致的假设事实,二是假设事实与评估基准日存在的事实不同。不良资产评估假设是对不良资产评估过程中存在的尚未确切认知的事项,根据客观情况或发展趋势作出的合乎情理和逻辑的推理。目前,大家较为认同的不良资产评估假设有交易假设、公开市场假设、未来现金流假设、强制出售假设。

(一)交易假设

交易假设是不良资产评估中一个最基本的前提假设,它假定所有待评估的不良资产已经处在交易过程中,评估人员根据待评估资产的交易条件等模拟市场进行评估。

(二)公开市场假设

公开市场是指一个有众多卖方和买方的充分竞争性的市场。在该市场上,经过适当市场推广,资产交易双方地位平等,彼此都有机会和时间获取足够信息,对资产的功能、用途及其交易价格等作出理智的判断,双方在自愿、理智、谨慎而非强制的条件下达成交易。

公开市场假设是不良资产评估中的一个重要假设,也是资产评估过程中使用频率较高的假设。但凡是能在公开市场上交易、用途较为广泛或通用性较强的资产,都可以考虑按公开市场假设前提进行评估。在这种条件下,不良资产的价值受市场机制的制约并由市场行情决定,而不是由个别交易决定。

(三)未来现金流假设

在不良资产的交易中,人们购买的目的往往不在于不良资产本身,而是对应底层抵押资产的获利能力。基于未来现金流假设对不良资产进行评估,是以不良资产买入后连续获利为基础的。通过估算被评估的抵押物的未来预期收益并折算成现值,从而确定被评估不良资产的价值。

(四)强制出售假设

强制出售假设是对不良资产在非公开市场中被迫出售或可以快速变现的假定说明。强制出售假设首先是基于抵(质)押物面临清算或具有潜在清算风险,再根据司法拍卖相关资料推定被评估资产处于被迫出售或快速变现的状态。由于强制出售假设假定不良资产处于被迫出售或快速变现的条件下，这种情况下的资产评估具有一定的特殊性，资产评估结果大大低于公开市场条件下的评估结果。强制出售假设是不良资产管理公司处置不良资产时常用的假设。

六、资产评估的结论

对评估的本质是"价值"还是"价格"的准确认识是进行不良资产评估活动的基础（关于价值问题的争论是经济学历史上最为悠久的理论论争之一，人们对于价值的看法从来就没有真正一致过）。以《房地产估价基本术语标准》（GB/T50899-2013）为例，其中第2.0.1条规定，房地产估价是"房地产估价机构接受他人委托，选派注册房地产估价师对房地产的价值或价格进行分析、测算和判断，并提供相关专业意见的活动"。第3.0.4条规定，"评估价值指通过房地产估价活动得出的估价对象价值或价格"。第3.0.2条规定，正常价格指"不存在特殊交易情况下的成交价格，或成交价格经交易情况修正后的价格"。由于历史的原因，《房地产估价规范》（GB/T 50291-2015）实际上回避了估价的本质是"价值"还是"价格"的问题。因此该规范中同时存在"客观合理价格""公开市场价值""价值""正常价格"等概念，这使得评估人员在评估实践中对评估本质的认识比较混乱，从而产生相关的问题。虽然没有明确界定，但是上述规范还是倾向于采用"价格评估"而不是"价值评估"的表述。

《美国资产评估准则》（*Uniform Standards of Professional Appraisal Practice*，USPAP）将价格（price）定义为某项资产的询价、报价或支付的金额。一旦提到价格，价格就是个事实，无论其是公开披露还是保密，由于特定买方或者卖方的财务实力、动机或兴趣不同，为某项资产支付的价格与其他人对该资产的价值判读可能相关或者不相关。

而将价值（value）则定义为资产购买方、出售方或者使用方与该资产之间的货币关系。价值表达的是一个经济概念，故而价值从来不是一个事实，永远是某项资产根据特定价值定义在某一特定时点的价值的意见。在实务过程中，价值必须是经过定义的，如市场价值、清算价值、投资价值等。

《国际资产评估准则》（2022年1月31日生效）对价格的定义为资产询价、提供或支付的货币或其他对价，可能与价值不同。价值定义为由符合国际评估准则规定的评估过程产生的意见，它是对资产权益在价值类型基础上最可能的货币对价或持有权益的经济利益的估计。故而价值是指在特定时间，买方或卖方对商品或服务所值货币的估计值，它是一个表示可购买的商品或服务与买卖双方之间货币关系的经济概念，它不是一个事实。而西方经济学一般认为价格是为交换商品或服务所支付的代价。价格通常用货币来表示，虽然不一定要用货币来偿付。价值是物的真实所值，是内在的，是相对客观和相对稳定的，是价格的波动"中心"；价格是价值的外在表现，围绕着价值而上下波动，是实际发生、已经完成并且可以观察到的事实，它因人而异，时高时低。现实中由于定价决策、个人偏好或者交易者之间的特殊关系和无知等原因，时常会出现"低值高价"或者"高值低价"等价格背离价值的情况。

因此，不良资产评估的本质是评估价值而不是价格。需指出的是，虽然评估是评估价值，而且理论上是价值决定价格，但在评估实践中，一般是通过外表的价格来了解内在的价值。这就如同人的心理活动支配其行为，但要了解人的心理活动则是通过观察其行为那样。因此，不良资产评估可以说是通过价格的形式对不良资产价值的无限逼近。

评估与定价具有本质区别。不良资产评估从表面上看像是评估人员在给不良资产定价，但不良资产价格从某种意义上讲是客观存在的，并不以个别人的主观意志为转移，而是由市场力量决定，即是由市场参与者集体的价值判断而非个别人的价值判断形成。因此，不良资产评估不是评估人员的主观定价，而是评估人员模拟市场形成价格的机制和过程，通过科学的估算和判定，将客观存在的不良资产价格或价值揭示、显现出来。评估是提供关于价值的专业意见，为相关当事人的决策提供参考依据。定价往往是由当事人自己作出的决定。有人据此称不良资产评估是科学与艺术的结合。科学性是指评估过程有其内在的规律性，评估时必须遵循一定的评估理论与方法；艺术性要求评估时不能完全拘泥于评估理论与方法，还必须依靠评估人员的实践经验。科学性可以在课堂上、书本上学习，但艺术性只能在实践中积累。同时，不良资产评估是专业不良资产评估人员以专家的身份对不良资产价值发表的见解、看法或观点，是一种专业意见，而不应被视为评估人员对不良资产在市场上可实现价格的保证。

本 章 小 结

不良资产评估是指从技术分析的角度对评估基准日特定目的下不良资产的价值进行分析、估算，为即将发生的经济行为提供价值参考。不良资产评估本质是对可追偿财产线索的价值判断。不良资产评估对象具有单一性和差异性，评估时应关注金融市场的风险与不确定性及金融管制政策和市场调整政策。不良资产评估的基本要素包括评估主体、评估客体、评估依据、评估目的、评估假设。做好金融资产评估工作有助于金融不良资产的处置、金融资产交易以及金融风险防范。

本章重要术语

资产评估　　不良资产评估　资产评估的客体　资产评估目的
资产评估假设　公开市场

复习思考题

1. 什么是资产评估？不良资产评估与一般资产评估相比有什么特点？
2. 不良资产评估的基本要素有哪些？
3. 不良资产评估的基本假设分为哪几种？它们在评估中有什么作用？

第二章

资产评估的方法

具体而言，收益法评估就是预计评估对象未来正常净收益，选用适当的报酬率或资本化率将其折现到评估基准日后累加，将未来收益转换为现值，得到评估对象的价值或价格。采用收益法评估多为评估各方所接受，故收益法是较为常用的一种评估方法。

资产评估方法是指评定估算资产价值的途径和手段，这些方法主要基于价格均衡、预期收益、替代原则等经济学原理。资产评估方法主要包括市场法、收益法和成本法三种基本方法及其衍生方法。

第一节　资产评估的基本方法

一、成本法

（一）成本法的基本含义

1. 成本法概念

成本法是指按照重建或者重置评估对象的思路，将评估对象的重建或者重置成本作为确定资产价值的基础，扣除相关贬值，以确定资产价值的评估方法的总称。

在条件允许的情况下，任何潜在的投资者在决定投资某项资产时，所愿意支付的价格不会超过该项资产的现行购建成本。如果投资对象并非全新，投资者所愿支付的价格会在投资对象全新的购建成本的基础上扣除各种贬值因素。

2. 选用条件

成本法通过资产的重置成本扣减各种贬值来反映资产价值，只有当资产能够继续使用并且在持续使用中为所有者或控制者带来经济利益，即资产具有经济效用时，其重置成本才能为潜在投资者和市场所承认和接受。从这个意义上讲，成本法主要适用于继续使用前提下的资产评估。对于非继续使用前提下的资产，如果运用成本法进行评估，需对成本法的基本要素做必要的调整。

采用成本法评估资产的前提条件有以下三点。

（1）被评估资产处于继续使用状态或被假定处于继续使用状态。

（2）被评估资产的预期收益能够支持其重置及其投入价值，即形成资产价值的耗费应体现社会或行业的平均水平。

（3）具备可利用的历史资料。成本法的应用是建立在历史资料基础上的，许多信息需要从历史资料中获得。

3. 适用范围

成本法主要适用于成本数据可以取得的机器设备类押品和市场流动性稍差的非收益性房地产价值的评估，如学校校舍、图书馆、体育馆、医院大楼、办公楼、工业厂房、仓库、机场、码头等。

成本法不仅对资料收集求较高，而且需要评估人员充分了解当地同类资产的价格构成，掌握成本、税费、开发利润的平均标准，充分考虑各项因素，合理计算折旧。

（二）基本操作步骤

采用成本法进行资产评估的基本操作步骤如下。

1. 收集资料

成本法评估应主要收集评估对象所在地区取得同类资产的各式成本。评估人员应向建设管理部门、物价部门及相关经销商等进行调查、咨询，取得当地的现行工程概预算定额、费用定额、税费缴纳标准、政府行政事业性收费标准、平均利润水平等资料。

2. 估算重置成本

评估人员要结合评估对象的实际情况，确定评估对象的价格构成，认真估算重新取得或重新购置、开发、建造全新状态评估对象所需要的各项必要的成本费用和应得利润，做到既不遗漏，也不重复计算。

3. 计算折旧

较为常见与便捷操作的是采用成新率法求折旧，必要时应考虑评估对象的功能性折旧和经济性折旧，综合确定折旧额。

4. 求取评估对象的评估结果

按照成本法的价格构成，将各项必要的成本支出、应得利润等累加起来，扣除相应的折旧，综合考虑相关因素，确定合理的评估结果。

（三）计算公式

成本法最基本的计算公式为：

$$资产评估价值 = 重置成本 - 实体性贬值 - 功能性贬值 - 经济性贬值 \quad (2-1)$$

1. 资产的重置价值

资产的重置成本就是资产的现行再取得成本。重置成本包含了取得资产所耗费的合理必要费用及合理必要的资金成本和利润。在房地产抵押物价值评估时，重置成本又称重新购建价格。

具体来说，重置成本又分为复原重置成本和更新重置成本两种。

（1）复原重置成本，也称为重建成本，是指采用与评估对象相同的材料、建筑或制造标准、设计、规格及技术等，以现时价格水平重新购建与评估对象相同的全新资产所发生的费用。

（2）更新重置成本，是指采用与评估对象并不完全相同的材料、现代建筑或制造标准、设计、规格和技术等,以现行价格水平购建与评估对象具有同等功能的全新资产所需的费用。

2. 资产的实体性贬值

资产的实体性贬值亦称有形损耗、物质折旧,是指由使用及自然力的作用导致的资产的物理性能的损耗或下降而引起的资产的价值损失。资产的实体性贬值通常采用相对数计量,即实体性贬值率,用公式表示为:

$$资产实体性贬值率 = \frac{资产实体性贬值}{资产重置成本} \times 100\% \quad (2-2)$$

3. 资产的功能性贬值

资产的功能性贬值亦称功能折旧,是指由于技术进步引起的资产功能相对落后而造成的资产价值损失。它包括由于新工艺、新材料和新技术的采用,而使原有资产的建造成本超过现行建造成本的超支额以及原有资产超过体现技术进步的同类资产的运营成本的超支额。

4. 资产的经济性贬值

资产的经济性贬值亦称经济折旧、外部折旧,是指由于外部条件的变化引起资产闲置、收益下降等而造成的资产价值损失。

二、市场法

(一)市场法的基本含义

1. 市场法概念

市场法是指通过将评估对象与可比参照物进行比较,以可比参照物的市场价格为基础确定评估对象价值的评估方法的总称。市场法依据替代原则,采用比较和类比的思路,利用实际发生、已被市场"检验"

过的类似资产的成交价格来求取评估对象的价值，是一种最直接、最有说服力的评估方法，其测算结果易于被人们理解、认可和接受。

2. 选用条件

使用市场法进行评估应满足两个前提条件。一是要具有活跃的公开市场，即交易双方自愿、平等参与交易，交易的目的在于最大限度地追求经济利益，交易各方掌握必要的市场信息，对交易对象具有必要的专业知识，有较充裕的时间进行交易，交易条件公开并不具有排他性。二是要将公开市场上具有可比性的资产及其交易活动作为评估参照物，即参照物与评估对象在功能上具有可比性，参照物与评估对象面临的市场条件具有可比性，参照物成交时间与评估基准日间隔时间最长不超过1年，且时间对资产价值的影响可以调整。

3. 适用范围

市场法适用的评估对象是同种类型、数量较多且经常发生交易的抵（质）押品，例如存盘成套住宅，由于数量较多，可比性较好，适合采用市场法评估。相对而言，市场法也是一种比较简单的评估方法。对于数量很少的资产，例如收藏品、特殊厂房、机场、码头、博物馆、教堂、寺庙、古建筑、专用特殊设备，或是很少发生交易的资产，例如学校、医院、行政办公楼等，以及可比性较差的资产，例如在建工程等，一般不适合使用市场法评估。

（二）基本操作步骤

运用市场法进行评估，其基本操作步骤如下。

1. 选择参照物

采用市场法评估，首先要选择有可比性的参照物。以房地产抵押品为例子，参照物也称可比实例，是指与评估对象处于同一供求范围内，用途、规模、结构、权利性质相似，交易类型与评估目的吻合，成交日期与评估基准日接近,实际成交价格为正常成交价格或者可以修正为正常成交价格的类似房地产。

不论参照物与评估对象如何相似,通常参照物应选择三个以上。为了避免某个参照物个别交易中的特殊因素和偶然因素对成交价及评估结果的影响,运用市场法评估资产时应尽可能选择多个参照物。

2. 选择比较因素

根据不同种类资产价值形成的特点,选择对资产价值形成影响较大的因素作为对比指标,在参照物与评估对象之间进行比较。通常应考虑的可比因素主要有：资产的功能、资产的实体特征和质量、市场条件、交易条件。具体到每一种资产时,影响资产价值的因素又各有侧重。例如,影响房地产价值的主要是区位因素,而技术水平则在机器设备评估中起主导作用。所以应根据不同种类资产价值形成的特点,选择对资产价值形成影响较大的因素作为对比指标,在参照物与评估对象之间进行比较。

3. 指标对比、量化差异

根据前面所选定的对比指标,在参照物及评估对象之间进行比较,并将两者的差异进行量化。运用市场法的一个重要环节就是将参照物与评估对象对比指标之间的上述差异数量化和货币化。

4. 调整对比指标差异

市场法是以参照物的成交价格作为评定评估对象价值的基础。在这个基础上将已经量化的参照物与评估对象对比指标差异进行调增或调减,就可以得到以每个参照物为基础的对评估对象的初步评估结果。

5. 确定评估结果

按照前文要求,运用市场法通常应选择三个以上参照物,所以在一般情况下,评估人员得到的初步结果也应在三个以上。根据评估惯例的要求，正式的评估结果往往是一个确切数字，这就需要评估人员对若干评估初步结果进行综合分析，以确定最终的评估结果。评估人员一般采用算术平均法或加权平均法等方法将初步结果转换成最终评估结果。

（三）主要方法

按照参照物与评估对象的相近相似程度，市场法可细分为直接比较法、间接比较法两大类。

1. 直接比较法

直接比较法是指利用参照物的交易价格及参照物的某一基本特征，直接与评估对象的同一基本特征进行比较从而判断评估对象价值的方法。若参照物与评估对象相同或基本相同，或者参照物与评估对象的差异主要体现在某一明显因素上，可以使用直接比较法。直接比较法包括下列具体评估方法。

（1）现行市价法。当评估对象本身具有现行市场价格或与评估对象基本相同的参照物具有现行市场价格的时候，可以直接利用评估对象或参照物在评估基准日的现行市场价格作为评估对象的评估结果。例如批量生产的设备、汽车等可按同品牌、同型号、同规格、同厂家、同批盘的现行市场价格作为评估结果。

【例】某笔不良债权中，客户以其新购置的具有合法产权的设备向银行的贷款提供抵押担保。评估人员对该押品的权属证书和资产状况进行查勘，确认为全新押品且不存在法定优先受偿事项，且已知目前该设备的市场价格为68万元。该押品的市场价值可以是多少？

【解】该项资产为全新、无优先受偿事项，采用现行市价法，该项资产的市场价值为68万元。

（2）市价折扣法。市价折扣法是以参照物成交价格为基础，考虑到评估对象在销售条件、销售时限等方面的不利因素，凭评估人员的经验或有关部门的规定，设定一个价格折扣率来估算评估对象价值的方法。一般只适用于评估对象与参照物之间仅存在交易条件方面差异的情况，计算公式为：

$$资产评估结果 = 参照物成交价格 \times (1 - 价格折扣率) \quad (2-3)$$

【例】某笔不良债权中，某客户以其新购置的具有合法产权的设备为向银行的贷款提供抵押担保，评估人员对该押品的权属证书和资产状况进行查勘，确认为全新押品且不存在法定优先受偿事项，经评估人员综合分析，认为虽然目前市场上该设备的市场价格为68万元，但在变现时的折扣率为20%。该押品的变现价值可以是多少？

【解】该项资产为全新、无优先受偿事项，但存在变现的折扣率，采用市价折扣法，该项资产的变现价值为：$68 \times (1 - 20\%) = 54.4$（万元）。

（3）价格指数法（物价指数法）。价格指数法是以参照物成交价格为基础，考虑参照物的成交时间与评估基准日之间的时间间隔对资产价值的影响，利用价格指数调整估算评估对象价值的方法。一般只用于评估对象与参照物之间仅有时间因素存在差异的情况，且时间差异不能过长，计算公式为：

$$资产评估结果 = 参照物成交价格 \times (1 + 价格变动指数) \quad (2-4)$$

或：

$$资产评估结果 = 参照物成交价格 \times 价格指数 \quad (2-5)$$

> 【例】评估某设备价值,已知与评估对象完全相同的参照设备6个月前的成交价格为70万元,半年间该类设备的价格上升了4%。
>
> 【解】该项设备的评估结果 = 参照物交易价格 × (1 + 价格变动指数) = 70 × (1 + 4%) = 72.8(万元)

(4)成新率价格调整法。成新率价格调整法是以参照物的成交价格为基础,考虑参照物与评估对象新旧程度上的差异,通过成新率调整估算出评估对象的价值。一般只适用于评估对象与参照物之间仅有成新率差异的情况,计算公式为:

$$评估对象价值 = 参照物成交价格 \times \frac{评估对象成新率}{参照物成新率} \quad (2-6)$$

其中:

$$成新率 = \frac{资产尚可使用年限}{资产已使用年限 + 资产尚可使用年限} \quad (2-7)$$

> 【例】已知某设备已使用10年,尚可再使用5年,市场上可参照的同类成新率为50%的设备价格为50万元,该设备可能的评估值是多少?
>
> 【解】该设备的成新率 = $\frac{5}{10+5} \times 100\% \approx 33.33\%$
>
> 该设备的评估结果 = $50 \times \frac{33.33\%}{50\%} = 33.33$(万元)

(5)因素调整法。如果参照物与评估对象的差异不仅仅体现在某一基本特征上的时候,上述评估方法,如现行市价法、市价折扣法、价格指数法和成新率价格调整法等的运用就可以演变成参照物与评估对象各个基本特征修正系数的计算，如交易情况修正系数（正常交易情况/参照物交易情况）、功能价值修正系数（评估对象生产能力/参照物生产能力）、交易时间修正系数（评估对象的定基价格指数/参照物的定基价格指数）和成新程度修正系数（评价对象成新率/参照物成新率）等。

在具体操作过程中，因素调整法通常以参照物的成交价格为基础，考虑参照物与评估对象在功能、市场条件和销售时间等方面的差异，通过对比分析和量化差异，调整估算出评价对象价值。

例如，在房地产押品价值评估运用因素调整法时，主要考虑的因素包括交易情况修正、市场状况修正和房地产状况修正，基本计算公式为：

$$资产评估结果 = 参照物售价 \times 功能差异修正系数 \times \cdots\cdots \times 时间差异修正系数 \qquad (2-8)$$

使用因素调整法对可比实例的成交价格进行修正时，各个单项因素修正幅度不能超过20%，综合因素修正幅度不能超过30%。

（6）价值比率法。价值比率法主要适用于企业价值的评估，价值比率法是以参照物（企业）的价值比率（如市盈率）作为乘数，以此乘数与评估对象（企业）的相关的财务指标（如收益额）相乘估算评估对象（企业）价值的方法。本方法将在企业价值评估中详细介绍。

2. 间接比较法

间接比较法是利用资产的国家标准、行业标准或市场标准（标准可以是综合标准，也可以是分项标准）作为基准，分别将评估对象与参照物整体或分项与其对比打分从而得到评估对象和参照物各项的分值，再利用参照物的市场交易价格，以及评估对象的分值与参照物的分值的比值（系数）求得评估对象价值的一类评估方法。

由于间接比较法需要利用国家、行业或市场标准，局限较多，在资产评估实践中应用并不广泛。

三、收益法概述

（一）收益法的基本含义

1. 收益法概念

收益法是指将评估对象的预期收益资本化或者折现，以确定其价值的各种评估方法的总称。收益法服从资产评估中将利求本的思路。具体而言，收益法评估就是预计评估对象未来正常净收益，选用适当的报酬率或资本化率将其折现到评估基准日后累加，将未来收益转换为现值，得到评估对象的价值或价格。采用收益法评估多为评估各方所接受，故收益法是较为常用的一种评估方法。

2. 选用条件

收益法估算涉及三个基本要素：

（1）评估对象的预期收益；

（2）报酬率或资本化率；

（3）评估对象取得预期收益的持续时间。

因此，清晰地把握上述三个要素就成为采用收益法进行估算的基本前提。从这个意义上来说，应用收益法必须具备以下三点，即：

（1）评估对象的未来预期收益可以预测并可以用货币进行衡量；

（2）产权持有方获得预期收益所承担的风险可以预测并可以用

货币来衡量；

（3）评估对象预期获利年限可以预测。

3. 适用范围

对于可独立经营或具有潜在收益的资产，如收益性房地产、成套机器设备、可独立作业的交通运输工具、森林资源等资源资产，知识产权等无形资产，债券或股权等长期投资，一般都可以使用收益法评估。使用其他评估方法时，某些评估参数可以使用收益法获得，如应用收益法确定机器设备的功能性贬值和经济性贬值等。

收益法并不限于评估对象现在是否有收益，只要评估对象有获取收益的能力即可。例如，当前作为自用的住宅，虽然没有实际收益，但却具有潜在收益，因为类似住宅可以出租方式获取收益，可将该住宅假设为出租的情况下来运用收益法评估。不过，对于行政办公楼、学校、博物馆等公用、公益性房地产以及不具备独立获利能力的单项机器设备等，一般不能使用收益法评估。

4. 计算公式

收益法的计算公式如下：

$$P = \sum_{t=1}^{n} \frac{R_t}{(1+r)^t} + \frac{A}{r(1+r)^n} \quad (2-9)$$

其中，P = 评估值；

t = 年序号；

R_t = 未来第 t 年的预期收益；

r = 折现率；

n = 收益年限；

A = 年金。

【例】收益法的应用

预计某企业未来5年的税后净现金流分别是150万元、130万元、120万元、140万元、150万元,假定该企业可以永续经营下去,且从第6年期以后每年收益均为150万元,折现率为10%,确定该企业的价值。

【解】 未来收益在第5年之后保持不变,收益无期限,则该企业的价值为:

$$P = \sum_{t=1}^{n} \frac{R_t}{(1+r)^t} + \frac{A}{r(1+r)^n}$$

$$= \frac{150}{(1+10\%)^1} + \frac{130}{(1+10\%)^2} + \frac{120}{(1+10\%)^3}$$

$$+ \frac{140}{(1+10\%)^4} + \frac{150}{(1+10\%)^5} + \frac{150}{10\% \times (1+10\%)^5}$$

$$\approx 136.36 + 107.44 + 90.16 + 95.62 + 93.14 + 931.38$$

$$= 1\,454.1(万元)$$

(二)基本操作步骤

一般而言,收益法的基本操作步骤涉及以下六个环节:

(1)收集并验证与评估对象未来预期收益有关的数据资料,包括经营前景、财务状况、市场形势以及经营风险等;

(2)分析测算评估对象的未来预期收益;

(3)分析测算报酬率或资本化率;

(4)分析测算被评估资产预期收益持续的时间;

(5)用报酬率或资本化率将评估对象的未来预期收益折算成现值;

(6)分析确定评估结果。

运用收益法分析评估涉及许多经济技术参数,其中最主要的参数有三个，分别是收益额、折现率和获利期限。

1. 收益额

收益额是适用收益法评估资产价值的基本参数之一。在资产评估中，资产的收益额是指根据投资回报的原理，资产在正常情况下所能得到的归其产权主体的所得额。资产评估中的收益额有两个比较明确的特点：其一，收益额是资产未来预期收益额，而不是资产的历史收益额或现实收益额；其二，用于资产评估的收益额通常是资产的客观收益，而不一定是资产的实际收益。收益额的上述两个特点是非常重要的，评估人员应切实注意收益额的上述特点，以便合理运用收益法来估测资产的价值。因资产种类较多，不同种类资产的收益额表现形式亦不完全相同，如企业的收益额通常表现为净利润或净现金流量，而房地产则通常表现为纯收益等。关于收益额预测将在以后各章结合各类资产的具体情况分别介绍。

2. 折现率

从本质上讲，折现率是一种期望投资报酬率，是投资者在投资风险一定的情形下，对投资所期望的回报率。确定折现率，应遵循以下三个原则。

第一，折现率就其构成而言，它是由无风险报酬率和风险报酬率组成的。无风险报酬率，亦称安全利率，一般是参照同期国债利率。风险报酬率是指超过无风险报酬率部分的投资回报率。在资产评估中，因资产的行业分布、种类、市场条件等不同，其折现率亦不相同。

第二，资本化率与折现率在本质上是相同的。习惯上人们把将未来有限期预期收益折算成现值的比率称为折现率，而把将未来永续性预期收益折算成现值的比率称为资本化率。至于折现率与资本化率在量上是否恒等，主要取决于同一资产在未来长短不同的时期所面临的风险是否相同。

第三，折现率要与预期收益额相匹配。折现率与预期收益额的定义要确保口径相一致。

3. 收益期限

收益期限是指资产具有获利能力持续的时间，通常以年为时间单位。它是根据被评估资产自身效能及相关条件，以及有关法律、法规、契约、合同等加以测定。

（三）主要方法

1. 直接资本化法

直接资本化法是预测评估对象未来第一年的收益，将其除以合适的资本化率或乘以合适的收益乘数得到评估对象价值或价格的方法。另外，将一个未来的收益乘以合适的收益乘数得到评估对象价值或价格的方法，又称为收益乘数法。

直接资本化法的优点主要有三：一是不需要预测未来许多年的净收益，通常只需要测算未来第一年的收益；二是资本化率或收益乘数直接来源于市场上所显示的收益与价值的关系，能较好地反映市场的实际情况；三是计算过程较简单。

直接资本化法的关键是确定资本化率或收益乘数，要求有较多的与评估对象净收益模式相同或相近资产来求取资本化率或收益乘数，对可比实例的依赖较高。例如，使用直接资本化法评估房地产押品价值，要求采取的可比实例的收益变化与评估对象的收益变化相同，否则评估结果会有误。假设评估对象的净收益每年增长2%，而选取的可比实例的净收益每年增长3%，如果以该可比实例的资本化率8%将评估对象的净收益转换为现值，会高估评估对象的价值。

2. 报酬资本化法

报酬资本化法是一种现金流量折现法，即评估对象的价值等于其未来各期净收益的现值之和，通过预测评估对象未来各期的净收益，利用合适的报酬率将其折现到价值时点后相加得到评估对象价值或价格。

报酬资本化法的优点有三：一是指明了评估对象的价值是其未来各期净收益的现值之和，这既是预期原理最形象的表述，又考虑到了资金的时间价值，逻辑严密，有很强的理论基础；二是每期的净收益或现金流量都是明确的，直观并容易理解；三是由于具有同等风险的任何投资的报酬率应是相近的，所以不必依靠与评估对象的净收益流模式相同的可比实例来求取报酬率，而可以通过其他具有同等风险的投资的收益率求取报酬率。

第二节 资产评估的衍生方法

一、剩余法

（一）剩余法的基本含义

1. 剩余法概念

剩余法又称为假设开发法、倒算法或者预期开发法。剩余法是指预计评估对象开发完成后的价值，扣除后续必要支出及应得利润，以此估算评估对象客观合理价格或价值的方法。该方法常用于房地产项目开发中。

2. 选用条件

选用剩余法的使用条件主要有：

（1）要有开发利用方式（包括用途、规模、档次等）方面的政策支持；

（2）能够预测未来开发完成的货值；

（3）能够估算后续必要支出及应得利润。

3.适用范围

具有投资开发或再开发潜力的房地产，如在建工程、待开发的土地、可装修改造的旧房等，都可以使用剩余法进行估算。对于规划条件尚未明确的待开发房地产，难以采用剩余法评估，在这种情况下，评估人员可通过咨询规划主管部门或有关专业机构、专家意见，推测其最可能的规划条件，然后据此进行估算，但必须将该推测的最可能的规划条件作为评估的假设和限制条件。

（二）计算公式

剩余法一般有现金流折现法和传统方法，其区别在于现金流折现法不考虑投资利息和开发利润，把这两部分隐含在折现率中。由于传统方法比较能反映后续开发过程的实际情况，因此实际评估过程多采用传统方法。传统方法的基本公式为：

$$评估结果 = 开发完成后的抵押物的市场价值 - 后续待支付的取得税费 \\ - 后续开发成本 - 后续管理费用 - 后续销售费用 \\ - 后续投资利息 - 后续销售税费 - 后续开发利润 \quad (2-10)$$

上述基本公式中具体应减去哪些项目，基本原则是设想从得到评估对象到开发完成，还需要支付的一切合理必要的费用、税金及应取得的利润，充分考虑待开发资产在开发前、开发后的状态，合理计算。

（三）剩余法应用举例

1.委估在建工程概况

列入评估范围的在建工程系ABC项目的部分在建房屋。房屋规划用途为住宅，土地用途为城镇混合住宅用地。

ABC项目位于杭州市临平主城区，占地面积56 840.20平方米，已取得土地使用权证书，土地性质为出让，土地使用权终止日期为2073年3月16日。ABC项目在建房屋共633套，包括高层公寓456套、多层公寓94套、大排屋63套和小排屋50套。其中部分在建房屋已预售，包括高层公寓、多层公寓、大排屋和小排屋。本次涉及抵押资产的在建房屋共399套，其中高层公寓279套，多层公寓36套，大排屋43套，小排屋41套。

截至评估基准日，存在表2-1中的抵押担保事项。

表2-1 抵押担保事项表

金额单位：人民币元

借款银行名称	币种	最高额担保	抵押物名称	权证编号
某银行股份有限公司杭州余杭支行	人民币	158 816 700.00	土地使用权	杭余出国用（2004）字第1-27×号

2. 现场勘查情况

经现场勘查，ABC项目位于杭州城东北的临平主城区，四至（略）。由1幢25层住宅、2幢23层住宅、2幢8层住宅、18幢3层排屋及1层地下室组成。由浙江新ABC设计有限公司设计、浙江ABC建设集团有限公司施工、浙江ABC物业管理有限公司管理。小区南侧排屋区块包括155平方米的小排屋与251—328平方米的独立排屋，北侧为高层公寓。截至现场勘察日，ABC项目的主体工程已完工，进入绿化阶段。

3. 假设开发法评估计算过程

1）房屋的预期总售价

根据周边房地产的市场调查，以及截至现场勘查日ABC项目已售房地产的价格，高层公寓部分均价按6 700.00元/平方米，多层公寓部分均价按7 000.00元/平方米，大排屋部分按18 000.00元/平方米，小排屋部分按17 000.00元/平方米计算。委估拟抵押的在建工程的总销售收入为499 152 300.00元（取整到百位）。

2）后续预计尚需投入的建筑成本

评估人员查阅经建房地产开发公司评估基准日财务资料，分析账面在建工程价值构成，查阅相关工程合同，同时结合目前的工程进度，确定后续尚需投入的建安成本为17 500 000.00元（取整到百位）。

3）三项费用

分析ABC项目的销售和财务贷款情况，结合历史数据（已发生39 405 116.77元），确认期后三项费用。

三项费用 = 管理费用 + 销售费用 + 财务费用 = 49 735 200.00元（取整到百位）

4）税金及附加

（1）销售税费。销售税金主要为增值税、城建税、教育费附加等，其中增值税按照预计总售价的5%计算，城市建设维护税按照营业税7%征收、教育费附加按照营业税3%征收，地方教育附加按营业税的2%征收。

销售税费 ≈ 28 601 400.00元（取整到百位）

（2）土地增值税。根据《中华人民共和国土地增值税暂行条例实施细则》及相关法律规定，项目的整体土地增值税测算过程如表2-2所示。

表2-2 土地增值税测算表

序号	名称	计算公式	费率%	金额
一	转让房地产取得的收入总额			778 970 004.00
二	扣除项目金额			521 757 341.23
1	取得土地使用权所支付金额			367 017 200.00
2	新建房屋及配套设施的成本			
3	新建房屋及配套设施的费用（销售费用、管理费用、财务费用）	（1+2）× 费率	10%	36 701 720.00
4	与转让房地产有关的税金	（一）× 5.73%	5.73%	44 634 981.23
5	加计扣除项目	（1+2）× 费率	20%	73 403 440.00
三	转让房地产的增值额	（一）-（二）		257 212 662.77
四	增值额与扣除项目金额的比率	（三）÷（二）		49%
五	应纳土地增值税税率			
六	应纳土地增值税		30%	77 163 798.83

根据上表确定土地增值税与销售收入的比例为9.91%。

故抵押在建工程的土地增值税 = 在建工程销售收入 × 土地增值税占销售收入比例 = 499 152 300.00 × 9.91% ≈ 49 466 000.00元（取整到百元）

（3）企业所得税。项目利润[①] = 预期总售价 - 建筑总成本 - 三项费用 - 销售税费 - 土地增值税 ≈ 201 013 700.00元（取整到百元）。企业所得税 = 项目利润 × 25% ≈ 50 253 400.00元（取整到百元）。

---

① 项目利润的计算需站在整个项目层面考虑。项目利润 = 778 970 004 - 367 017 200 - 44 634 981.23 - 77 163 798.83 - 39 405 116.77 - 49 735 200 ≈ 201 013 700元（取整至百元）。

5）后续开发利润

根据本项目的实际销售和成本投入情况计算成本利润率取为 77.93%。则后续开发利润 = 后续开发尚需投入建筑类成本[①] × 77.93% ≈ 22 248 000.00 元（取整到百位）。

6）在建工程市场价值

在建工程市场价值 = 房屋的预期总售价 − 预计尚需投入的建筑成本 − 三项费用 − 税金及附加 − 后续开发利润 ≈ 281 348 300.00 元（取整到百位）

二、期权定价法

（一）实物期权的框架

实物期权的框架由 Baldwin 和 Trigeorgis 提出[②]。Baldwin 和 Trigeorgis 将实物期权定义为非金融投资赋予企业在未来特定时间内及时调整经营战略以最大化投资收益或最小化投资损失的权利。Meadows 认为，公司需要更加积极主动地行动，这与"未来是预测，没有选择或创建"之范式形成鲜明对比。与预测不同，实物期权的思维方式鼓励管理者在消除不确定性后，创造机会，以期未来可以利用。[③] Trigeorgis 指出实物期权本质上体现了管理层投资决策的灵活性，研究表明这种投资灵活性在企业进行资源配置过程中具有重要的价值。[④] 根据相关研究，实物期权可以分为延迟期权、分阶段投资期权、规模变动期权、放弃期权、

[①] 后续开发尚需投入建筑类成本 =（尚需投入的建安成本 + 尚已完工尚未支付的工程款）× 预计销售价格 ÷ 预计全部出售价格

[②] Baldwin, C Y, Trigeorgis L. Toward Remedying the Underinvestment Problem: Competitiveness Real Options, Capabilities, and TQM [M]. Boston: Harvard University, 1993.

[③] Meadows D. The Global Citizen [M]. Washington, DC.: Island Press, 1991.

[④] Trigeorgis L. Real Options: Management Flexibility and Strategy in Resource Allocation [M]. Cambridge, MA: MIT Press, 1996.

转换期权、增长期权、交互期权。这些类别属于四组的选项，如增长、收缩、转换和合同。

（二）实物期权在不良资产评估中的应用

不良资产的价值实际上包括两部分。第一，基础价值是对负债企业全部债务价值进行评估后，根据不良债权所占该企业全部负债比例所确定的价值。依据该评估得出的价值是该笔不良债权具有的基础价值，如果负债企业丧失了偿债能力、处在停产和半停产状态并且没有任何重整价值，依据该方法评估所确定的价值就是该笔不良债权具有的价值。第二，期权价值是指资产管理公司以及从资产管理公司受让债权的投资者在对负债企业清收时拥有的额外价值。其期权价值是该笔不良债权具有的基础价值的增加值。该笔不良债权的价值包含了通过债权评估得出的基础价值和期权价值。

本 章 小 结

本章对资产评估的三种基本方法（市场法、收益法、成本法）及衍生方法（剩余法、期权定价法）进行了相关介绍。各类资产评估的具体方法均源于三种基本方法。市场法的思路是调整可比交易的市场交易价格；收益法的思路是资产未来现金流量折现；成本法的思路是重置成本扣减各类贬值。三种方法有各自的适用范围，在满足方法适用前提的情况下，不同方法的评估结果理论上具有内在一致性，可相互校验。

本章重要术语

成本法　　重置成本　　复原重置成本　　更新重置成本
实体性贬值　经济性贬值　功能性贬值　　市场法
现行市价法　市价折扣法　价格指数法　　成新率价格调整法
因素调整法　收益法　　　直接资本化法　　报酬资本化法
折现率　　　剩余法　　　实物期权

复习思考题

1. 市场法、收益法、成本法的评估思路分别是什么？
2. 市场法、收益法、成本法的适用条件分别是什么？
3. 市场法有哪些具体的评估方法？这些评估方法的区别是什么？
4. 更新重置成本和复原重置成本的区别是什么？
5. 什么是实体性贬值、功能性贬值和经济性贬值？
6. 收益法有哪些具体的评估途径？需要涉及哪些基本参数？
7. 折现率和资本化率的经济含义分别是什么？它们之间的数量关系是什么？
8. 选择评估方法需要考虑哪些方面的因素？
9. 如何理解不同评估方法产生的评估结论之间的内在趋同性？

第三章

债权类不良资产评估方法

资产包定价应综合考虑国家及地方有关政策（财政、金融、产业、外资限定、税收、外汇、人员安置等）、市场和环境因素（行业周期、司法环境、投资偏好、所处地区、资本市场和产权交易成熟度等），关注法律权利的有效性、内部估值（或评估）报告与尽职调查报告、债务人（担保人、相关责任人）或承债式兼并方的偿债能力意愿、企业经营发展状况与净资产价值、实物资产的公允价值与交易案例等因素。

对不良资产债权价值进行评估，是以尽职调查为前提，根据评估模型，明确评估对象、确定价值类型后，选择合适的评估方法，根据方法对应的技术路线，对潜在回收价值进行评定估算。其中，评估方法在整个评估过程的量化分析环节中担当着重要角色。相比于其他资产的评估，不良资产评估存在着较为明显的特殊性，故而在各相关学科技术手段的基础上，按照不良资产自身特点和运作规律，逐渐形成了一整套专属的方法体系和技术路线。

第一节 债权评估流程

一、评估分析

（一）评估定价的基本要求

评估人员应根据尽职调查结果进行真实定价，不得以意向投资者的报价、受托方的保底清收金额等为主要依据进行简单定价。不良资产评估应在尽职调查的基础上，分析各种可能的变现来源和处置策略的可实现性，模拟最可能实现的处置策略，预测相应的处置回收额、处置费用和处置回收期，充分考虑交易结构、地域经济、行政、司法环境等对后续资产管理、经营和处置的影响。在覆盖成本和控制风险的前提下,合理估算资产按照要约收购时的静态价值以及采取各类技术手段提升资产质量后的动态价值。

(二)初步评估

评估时应根据债权、股权、物权等不同形态资产的特点,在综合考虑国家有关政策、市场因素、环境因素的基础上,关注资产权属状况、企业经营现状及发展前景、以往评估情况、交易案例、市场活跃程度等因素,采用适当的评估方法。如发现资料缺失、信息不翔实等情况,则需进行补充尽职调查,即根据所需资料信息类型,有针对性地通过查阅档案、外部调查、访谈等环节进一步搜集并完善尽职调查资料和信息。

债权资产按贷款形态可划分为信用债权、抵(质)押债权、保证债权三类资产。债权资产价值等于债务人信用债权资产价值、抵(质)押债权资产价值、保证债权资产价值三者之和。若债权资产价值大于债权金额,则按债权金额确定债权资产价值。

1. 信用债权资产价值分析

第一,能够获得债务企业经审计财务报表的,可通过对企业的实际偿债能力进行分析,预测信用债权资产回收价值。

停产(业)企业信用债权资产价值可采用假设清算法进行分析。假设对债务人进行清算偿债,基于企业的整体资产,从总资产中剔除不能用于偿债的无效资产,从总负债中剔除实际不必偿还的无效负债,按照企业清算过程中的偿债顺序,考虑债权的优先受偿,以此来分析信用债权资产所能获得的受偿金额。可参考如下计算公式:

停产(业)企业信用债权资产价值

=信用债权金额 × 停产(业)企业信用债权回收率　　(3–1)

停产（业）企业信用债权回收率

=［总资产－应收及预付账款损失－待摊费用－待处理损失

－其他潜在性损失－应交税金－已设定抵（质）押权资产

－应付工资－应付福利－其他应优先偿还的债权］

÷［总负债＋或有负债－应交税金－已设定抵（质）押债权

－应付工资－应付福利－其他应优先偿还的债权］× 100%

（3-2）

生产经营企业信用债权资产价值可采用假设清算法进行分析。参考如下计算公式：

生产经营企业信用债权资产价值

=信用债权金额 × 生产经营企业信用债权整体回收率　　（3-3）

生产经营企业信用整体回收率

=［总资产－应收及预付账款损失－待处理损失－长期投资损失

－应交税金－已设定抵（质）押权资产－应付工资

－其他应优先偿还的债权］÷［总负债＋或有负债

－应交税金－已设定抵（质）押债权－应付工资

－其他应优先偿还的债权］× 100%　　　　　　　　（3-4）

对债务企业资产中的固定资产、存货（特别是大宗原材料）等，应采用计提固定资产减值准备和存货跌价准备后的净值。如相关财务报表中未计提相关准备金或计提明显不足的，应根据资产的可变现净值进行调整。

按实际生产能力计算，开工率不足30%的，参照停产（业）企业计算信用债权回收率。

第二，不能获得债务企业财务报表或财务报表未经审计的，项目主办单位应根据尽职调查情况,评估、评价其实际可用于清偿债权的有效资产的可变现净值,以及债务人负有偿债义务的包含各种潜在和隐性负债在内的实际负债,参考上述公式,预测公司信用债权资产回收价值。必要时,可参考外部中介机构对债务企业偿债能力的分析结果,确定资产价值。

2. 抵(质)押债权资产价值分析

抵(质)押债权资产价值采用分析企业偿债能力和对抵(质)押资产评估相结合的方式进行测算。

$$
\begin{aligned}
&抵（质）押债权资产价值 \\
&= 抵（质）押资产可变现净值 - 优先我方债权受偿的债权金额 \\
&\quad + 未受偿债权 \times 信用债权回收率
\end{aligned} \quad (3-5)
$$

估算抵(质)押资产可变现净值时,应充分考虑抵(质)押资产的市场价值,法院拍卖、组织变卖该资产对价格的影响,诉讼或申请执行、法院拍卖、组织变卖资产所发生的费用等因素。

3. 保证债权资产价值分析

保证债权资产价值采用分析债务人和保证人的偿债能力相结合的方式进行测算。

第一,能够获得债务人、保证人经审计财务报表的,按照债权资产价值分析中能够获得报表的分析方法进行分析。

$$
\begin{aligned}
&一般保证债权资产价值 \\
&= 整体保证债权金额 \times 债务人信用债权回收率 \\
&\quad + 未清偿保证债权 \times 保证人信用债权回收率
\end{aligned} \quad (3-6)
$$

如连带责任保证债权的债务人偿债能力高于保证人,则按一般保证计算该保证债权的回收价值。否则,按以下公式计算:

连带责任保证债权资产价值
= 整体保证债权金额 × 保证人信用债权回收率
+ 未清偿保证债权 × 债务人信用债权回收率。 （3-7）

第二，不能获得债务人、保证人财务报表或财务报表未经审计的，按照债权资产价值分析中不能获得报表的方法确定资产价值。

第三，对于尚未掌握回收线索的资产，可参考历史经验数据估算资产回现比率。

（三）资产包定价

资产包定价应综合考虑国家及地方有关政策（财政、金融、产业、外资限定、税收、外汇、人员安置等）、市场和环境因素（行业周期、司法环境、投资偏好、所处地区、资本市场和产权交易成熟度等），关注法律权利的有效性、内部估值（或评估）报告与尽职调查报告、债务人（担保人、相关责任人）或承债式兼并方的偿债能力意愿、企业经营发展状况与净资产价值、实物资产的公允价值与交易案例等因素。收购价格定价分析应同时考虑交易对手情况、竞争策略、交易结构、处置资源等因素。资产处置定价应同时考虑市场招商情况与潜在投资者报价等因素，同时关注交易的可行性、项目盈亏以及处置时机等。

资产包定价时应根据资产包的类型、债权数量选择逐户定价加总法和抽样定价法。表3-1中展现了部分估值方式的差异。

表3-1 不同种类不良贷款的估值方式比较

项 目	对公贷款	个人抵押类	小微贷款	信用卡类	个人消费贷
同质化程度	★	★★★	★★	★★★★	★★★★
数量级	★	★★★	★★	★★★★	★★★★

续 表

项 目	对公贷款	个人抵押类	小微贷款	信用卡类	个人消费贷
单笔金额	★★★★	★★	★★★	★	★
回收率	★★★	★★★★	★★★	★★	★
尽调方式	逐笔尽调	抽样尽调	逐笔尽调	静态池历史尽调	抽样尽调
抵押物情况	多类型	单一类型	多类型	无抵押	无抵押/有抵押
回收来源	抵押物处置+借款人及担保人回收	抵押物处置+催收回款	抵押物处置+借款人及担保人回收	以催收为主进行回款	催收为主，有些根据二押或借款人情况而定
资产包定价	逐户定价加总法	抽样定价法	逐户定价加总法	抽样定价法	抽样定价法

1. 逐户定价加总法

对于抵押物类型存在多样性且债权同质化程度较低的资产包应采用逐户定价加总法。评估人员对资产包中所有的债权进行逐户尽调后，逐户对债权进行估值。资产包的价值等于各债权价值之和。

2. 抽样定价法

对于符合笔数众多、资产同质性高、单笔资产占比较小等特征的资产包，可以采用抽样定价法。评估人员应结合历史数据与资产池特点，按照重要性原则和分层抽样原则对资产包进行抽样尽调并分析。评估人员应根据分行、借款人年龄、贷款逾期天数、贷款诉讼状态、抵押物类型、抵押物登记状态等要素进行分层抽样。

1）样本资产

按照价值分析方法对债权进行逐户定价。根据定价结果，推算各类样本资产回现比率（各类样本资产预计回现金额/各类样本资产债权金额）。

2）未抽样资产

对于超过诉讼时效、有效法律文件缺失等不具备回收价值的资产，应定价为零。剔除定价为零的资产后，应对剩余资产进行分类，并根据同类样本资产回现比率或经验数据推算剩余未抽样资产价值。

二、评估审查

核价是对不良资产尽职调查和评估环节的过程、方法与逻辑进行审核。审查人员应审核业务团队开展尽职调查的程序是否合规，以及是否尽可能获得关于资产评估的有效信息。审查人员应审核资产的评估依据、方法和评估结果。审查人员应审核尽职调查中获得的资产信息与评估结果是否建立起了有机联系。评估审查可以分为过程审核、方法审核与逻辑审核。

（一）过程审核

审查人员审核业务团队：是否依据公司相关要求开展尽职调查工作；是否按要求进行非现场尽职调查、现场尽职调查和外围调查，逐户采集相关基础信息和评估数据资料；是否根据获取的尽调信息进行评估；是否准备好规范的、条理清晰的、有据可依的审核材料供核价小组审核。

（二）方法审核

审查人员审核业务团队依据买方尽职调查采集信息对拟收购资产采用的评估方法是否科学合理，主要包括：对预计处置策略、预计处置回收来源、预计处置回收金额、预计处置成本和预计处置时间的测算是否合理、客观；是否充分考虑预计处置障碍、预计回收金额的可实现性；是否充分考虑相关风险等因素。

（三）逻辑审核

逻辑审核是统计审核的一种方法。它是指对统计资料和统计报表中各项数字之间有无不合理或相互矛盾之处的审核。由于统计数据本身存在着一种内在的与外在的逻辑关系和一定规律，因此可以用历史比较、定额分析和关联审核的方法，通过思维推理来分析判断各个数据是否符合客观实际和一般规律。审查人员应审核业务团队在尽职调查中获得的资产信息与评估结果是否具有较强的逻辑性与勾稽关系。

第二节 常见评估方法在债权评估中的应用

一、收益法在不良资产评估中的应用

（一）基本概念

我们常常把通过收益途径估算不良资产的方法叫作偿债来源分析法。偿债来源分析法是以通过诉讼执行债务主体的有效资产为假设前提，尽可能穷尽债权所涉及的全部受偿来源，分析每一个受偿来源的受偿可能性，判断可受偿金额，汇总全部受偿来源的可受偿金额的现值，即债权的价值。

（二）适用范围

偿债来源分析法适用于如下情形的债权评估：

（1）债务主体拥有有效资产，且通过诉讼程序能够执行其资产偿还债务；

（2）债务主体资产庞大，或银行持有的债权与其总资产相比所占比重较小；

（3）无法取得债务主体的财务资料或所取得的财务资料不具有

参考性，但已掌握了其主要的资产信息或资产线索。

（三）评估程序

首先调阅债权、债务关系形成及维权情况的全部档案资料，明确债权结构及有效性。债权结构即债权总额中所包含抵押债权、保证债权、信用债权或其他可追偿的权益及金额。

其次进行现场勘察和外围调查，了解债务主体的经营状况、资产状况、产品状况，查验工商注册登记状态、房产土地的登记状态、主要资产的抵押登记状态，寻找各种可能供偿债的资产线索，并核实其权属关系。

再次是分析各类债权所对应的可能受偿来源的范围和现状（如图3-1所示）。

（1）抵（质）押债权所对应抵（质）押物的明细、权属、现状等，以及其他优先债权所对应的偿债来源。

（2）保证债权所对应保证人的偿债来源，如保证人可供查封的有效资产，或保证人在假设清算途径下的偿债能力等。

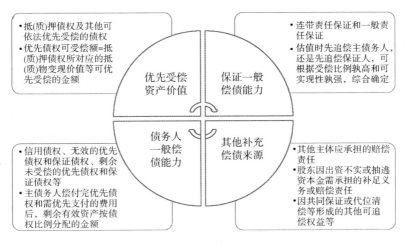

图3-1 偿债来源

（3）一般债权（包含信用债权及剩余受偿的优先债权和保证债权）的偿债来源，包括但不限于已被查封或可以供查封的资产（归债务人所有，未设定抵押，也未被其他债权人查封的，或抵押无效的，如无法确定是否被其他债权人查封，则假设为未被查封）。

（4）其他可追偿权益的被追偿人可查封的有效资产等偿债来源。

最后测算各种偿债来源的可变现现值，分析确定可偿债金额，汇总为债权价值。

偿债来源分析法计算公式如下：

$$P = \sum_{t=1}^{n} \frac{R_t - C_t}{(1+i)^t} \qquad (3-8)$$

式中，P = 为不良资产评估；

i = 折现率，折现率应当充分考虑资金成本、股东回报要求；

R_t = 为第 t 年追偿回收金额（回收有最高、最低、最可能几种情况，原则上以最可能回收值测算）；

C_t = 为第 t 年处置费用。

【例】某AMC拟收购一笔债权，债权本金2 000万元，利息210万元，经分析该笔债权已进入执行阶段，预计1年内可回收抵押物拍卖款1 500万元，预计支付律师费及其他处置费用50万元。担保人目前尚为勉强经营，根据初步访谈，担保人愿意在抵押物处置完毕后，分2年代偿600万元。债务人无其他偿债能力。AMC目前平均融资成本5.6%，预计资产负债率75%，股东税前要求回报率为15%。

【解】计算折现率采用加权资本成本的方式，即：

$$i = 5.6\% \times 75\% + 15\% \times 25\% = 7.95\%$$

$$P = \frac{1\,500 - 50}{1 + 7.95\%} + \frac{300}{(1+7.95\%)^2} + \frac{300}{(1+7.95\%)^3}$$

$$\approx 1\,343.21 + 257.44 + 238.48$$

$$= 1\,839.14$$

（四）变现折扣率估算

不良资产指不能带来经济利益的资产，通常指当一项资产为机构带来的经济利益低于账面价值，且已经发生价值贬损的资产（包括债权类不良资产、股权类不良资产、实物类不良资产）。故其价值与市场价值存在一定折扣。变现折扣率公式如公式3-9所示：

$$变现折扣率 = \frac{处置回收金额}{市场价值} \quad (3\text{-}9)$$

即：资产快速变现价值 = 资产市场价值 × (1 − 变现折扣率)。

（五）折现率估算

折现率是指全部投资资本的回报率，它考虑在投资持有期间所有收益和投资结束后抵押物转售收益的变动。折现率可以视为包括贷款和权益资本的组合报酬率。

参考企业价值评估中的折现率估算方式，我们可以采用税前加权平均资本成本模型来替代估算不良资产的折现率，计算公式如下所示：

$$i = K_d \times \frac{D}{D+E} + K_e \times \frac{D}{D+E} \quad (3\text{-}10)$$

式中，K_d = 通过债务融资对应的资本成本；

K_e = 不良资产投资年化税前收益率,通常在10%—15%左右;

D = 债务融资金额;

E = 自有资金投入金额。

(六)注意的事项

偿债来源分析法是以诉讼债务主体并执行其有效资产为假设前提,所以法律调查和权属界定是该方法应用的基础。

有效的抵押物和已查封资产是最优先的受偿来源。

已明确未抵押或抵押无效,同时也未被查封的资产,理论上具有通过诉讼查封取得优先受偿权的可能;未确定是否抵押或查封的资产,理论上也存在通过诉讼查封取得优先受偿权的可能。但上述可能均存在一定的不确定性,所以在评估过程中可以综合各种已知的信息,分析判断可能性发生的概率。

在不良资产处置实践中,各地区的信用程度、司法环境、市场环境以及政府的干预程度都存在一定差异,即使已查封的资产也存在执行难的问题,所以在确定查封资产的价值时可以参考当地的实际,适当考虑执行难度对债权回收的时间成本、执行成本及执行可能性的影响。

二、成本法在不良资产评估中的应用

对于资产管理公司而言,资产包可以视同为不良资产管理公司的存货。借鉴资产评估中存货评估的相关模型,我们可以用逆减法和成本加和法对存量不良资产包进行估值。

(一)逆减法

对于商业化收购的不良资产包评估,因系AMC通过竞价或协议受让资产包,自行清收享有资产包清收的全部收益并承担全部风险的业务,清收回款一般高于收购金额,毛利率较高,可以采用逆减法评估,即按其毛利减去管理费用、财务费用和营业税金以及所得税，再扣除适当的税后利润计算确定评估结果。计算公式如下：

$$P = C + C \times R \times (1-F) \times (1-e) - B \quad (3-11)$$

式中，P = 评估结果；

C = 收购金额；

R = 整包处置收益率；

F = 管理费用、财务费用、全部税金占营业收入的比例；

e = 净利润折减率；

B = 已清收回款金额。

其中：处置收益率参照企业历史处置收益水平及同行业水平综合考虑确定，已处置的资产包按实际处置价格确定收益；管理费用率、财务费用率和所得税率参照企业历史管理费用、财务费用和所得税占营业收入的比例及未来发展情况确定；营业税金利率按企业实际应纳税利率确定；净利润折减率根据各资产包处置期限分别确定。

【例】某AMC公司2016年1月1日从银行购得不良资产包一个，原始收购成本为2.1亿元，账面余额1.5亿元，截至2017年6月30日清收回款共计0.75亿元。经评估人员分析统计，某AMC公司处置收益率参照企业历史处置收益水平及同行业水平综合考虑确定为30%，管理费用率、财务费用率和所得税率参照企业历史管理费用、财务费用和所得税占营业收入的比例及未来发展情况分别确定为5%、8%、9%，营业税金利率按企业实际应纳税利率确定为5.6%；净利润折减率根据各资产包清收进度确定为30%。

【解】$P = 2.1 + 2.1 \times 30\% \times (1 - 5\% - 8\% - 5.6\% - 9\%) \times (1 - 30\%) - 0.75$

$\approx 2.1 + 0.32 - 0.75$

$= 1.67$（亿元）

（二）成本加和法

采用成本加和法估算不良资产包计算公式如下：

$$P = 账面余额 \times 价格指数 + 账面余额 \times (1 + 资金成本)^{持有期限} + 费用 + 利润 \tag{3-12}$$

【例】某 AMC 公司于 2016 年 6 月 30 日从银行购得不良资产包一个，原始收购成本为 2.1 亿元，账面余额 1.5 亿元。根据 AMC 公司统计，2017 年 6 月 30 日的不良资产包与 2016 年同期相比，不良资产价格指数[①]为 1.5，该公司平均资金成本为 5.6%，持有期间发生费用 0.1 亿元，参考公司历史资产包净收益率为 8%。

【解】$P = 1.5 \times 1.5 + 1.5 \times 5.6\% + 0.1 + 1.5 \times 8\% = 2.554$（亿元）

三、市场法在不良资产评估中的应用

市场法首先通过定性分析掌握债权资产的基本情况和相关信息，确定影响债权资产价值的各种因素，然后选取若干近期已经发生的与被分析债权资产类似的处置案例，对影响债权资产处置价值的各种因素进行量化分析，必要时可通过适当方法选取主要影响因素作为比较因素，与被分析债权资产进行比较并确定比较因素修正系数，对交易

---

① 可以通过查阅《复旦-浙商中国不良资产行业发展指数报告》获得。

案例的处置价值进行修正，进而得出被分析债权资产价值。当可获取的样本量足够大时，可以运用数理统计的方法对样本进行回归分析，以此为基础测算债权资产价值。

市场法估算不良资产主要有交易案例比较法和债项评级法两种方法。

（一）交易案例比较法

交易案例比较法主要适用于可以对债权资产进行因素定性分析以及有可供比较的债权资产交易案例的情形。若不良资产含有抵（质）押物的，则不允许单独采用该种方法。市场法估算债权分析程序如下。

（1）对债权资产进行定性分析。定性分析主要借助如下资料进行：债权债务关系形成及维权情况的全部档案资料；不良资产历史形成、导致损失原因、企业经营状况、五级分类资料；从当地政府相关部门（如工商、土地、房产等部门）或债务人主管部门获取的有关债务人或债务责任关联方的信息；现场实地勘察情况和债权处置人员市场调查、询价资料等。通过分析这些资料，确定影响债权资产价值的各种因素。

（2）选择交易案例。选择三个以上（含三个）债权形态、债务人性质和行业、交易条件相近的债权资产处置案例作为参照。评估人员应当确信参照物与分析对象具有合理可比性。

（3）对分析对象和参照物之间进行比较因素调整。比较因素包括但不限于：债权情况（包括不良资产时间、本息结构、剥离形态等）、债务人情况（包括行业、性质、规模、地域等）、不良资产的市场状况、交易情况（处置方式、交易批量、交易时间、交易动机等）。交易案例样本比较多时，可以通过统计分析方法确定主要比较因素，剔除影响较弱的因素。

(4)指标差异比较、量化。

(5)合理分析估测债权资产价值。

(二)债项评级法

债项评级法是根据中国人民银行《不良贷款分类指导原则》和相关政策法规,结合公司处置实际,以债务人信用质量为基础,并考虑担保人代偿能力、抵(质)押物价值,以每笔贷款为基本计量单位逐一评估,得出债务人的还款能力,对资产质量进行分类评估的方法。

债项评级法可用于不良资产收购及收购后的日常管理。在评估过程中存在诸多不确定性因素,采用其他评估方法难以进行定量分析的情况下,可以采用债项评级法用于不良资产处置的评估,评估结论应为可变现价值。

债项评级法分析程序如下。

(1)搜集企业(含保证人)财务资料和经营状况资料。

(2)对搜集的资料进行分析,根据"内部评级标准"判断待估债项的类别。

(3)对评估中介机构出具的抵(质)押物资产评估报告进行审核,考量使用评估中介机构的评估结果。

(4)对搜集的保证人资料进行分析,根据保证人的资产负债情况确定基本受偿率,并从企业所属行业、企业经济性质、注册资本、所处地域、债务年度、本息结构、经营状况七个方面(即$K_1—K_7$)对受偿率进行因素调整,按评估模型

$$债权受偿额 = 债权额 \times 基本受偿率 \times K_1 \times K_2 \times K_3 \times K_4 \times K_5 \times K_6 \times K_7 \qquad (3-13)$$

逐笔计算出保证贷款受偿率。

（5）对搜集的主债务人资料进行分析，根据主债务人的资产负债情况确定基本受偿率，并从企业所属行业、企业经济性质、注册资本、所处地域、债务年度、本息结构、经营状况七个方面对受偿率进行因素调整，按评估模型计算出信用贷款受偿率。其中，信用贷款的债权额＝该户的债权总额－抵押贷款受偿额－保证贷款受偿额。评估模型的计算程序同上。如保证人为一般保证人，则将保证贷款纳入信用贷款，按主债务人的基本情况计算信用贷款受偿率，保证贷款未受偿部分，再按保证人的基本情况计算保证贷款受偿率。

（6）汇总抵（质）押物、保证贷款和信用贷款的评估情况，得出最终的评估结论。

四、假设清算法

假设清算法是假设企业破产清算情形下计算债权和股权清偿率的一种评估方法。在清算情形下：若企业的有效资产大于有效负债，则股东权益大于0，且债权可得到全额受偿；若有效资产小于有效负债，则股东权益归于0，债权价值则存在贬损。

（一）假设清算法程序

以金融债权资产为例，假设清算法的具体程序如下。

（1）搜集评估对象档案资料，明确评估工作思路及尽职调查工作的内容。

（2）通过尽职调查（包括现场勘察和法律调查）获取债务主体近期的财务资料（包括财务报表、资产明细、负债明细等）和资产现状。

（3）根据债务人的经营状态和评估目的选用适当的快速变现折扣率，对其资产和负债进行评估，并确定优先扣除项目。一般需要扣除的项目有以下几种。

一是剔除无效资产，确定可供偿债的有效资产评估总额。无效资产的剔除要阐述理由并附相应的证明材料。

二是扣除抵押资产评估额（如抵押物评估额小于抵押债权，剩余债权转入一般债权参与受偿；如抵押物评估额大于抵押债权，超过部分转入有效资产参与分配）。

三是剔除无效负债，确定有效负债。

四是扣除优先受偿负债，包括应付工资、应付福利费、养老统筹金、住房公积金、应交税款、各种保险等。

五是扣除清算过程中需优先支付的费用，如清算费用等，评估人员要详细阐述扣除理由并附相关证明材料。

$$\begin{aligned}&\text{一般受偿负债总额}\\=&\text{负债总额（包括合理的或有负债转化而来的有效负债）}\\&-\text{无效负债}-\text{抵押负债}-\text{优先受偿负债}+\text{未受偿抵押负债}\end{aligned} \quad (3-14)$$

（4）计算一般债权受偿比例，即：

$$\begin{aligned}&\text{一般债权受偿比例}\\=&(\text{有效资产评估总额}-\text{抵押资产评估额}-\text{优先受偿负债}\\&-\text{需优先支付的费用}+\text{抵押资产评估超额部分})/\\&\text{一般受偿负债总额}\end{aligned} \quad (3-15)$$

（5）确定不良债权的优先受偿金额。

（6）确定不良债权的一般债权受偿金额，即：

一般债权受偿金额
=（不良债权总额－优先债权受偿金额）× 一般债权受偿比例

（3-16）

（7）确定保证债权的补充受偿金额。

（8）分析不良债权的受偿金额及受偿比例，即：

不良债权受偿金额 = 优先债权受偿金额
　　　　　　　　 ＋一般债权受偿金额＋保证债权受偿　（3-17）

$$受偿比例 = \frac{不良债权受偿金额}{不良债权总额}$$ （3-18）

（9）分析或有收益、或有损失等其他因素对受偿比例的影响。

（10）确定不良债权从该企业可以获得的受偿比例。

（11）对特别事项进行说明。

（二）假设清算法示例

下面我们用一个例子来说明假设清算法的具体使用。

【例】甲资产管理公司拟处置金融不良资产4 500万元，其中厂房抵押贷款2 000万元，其余均为信用贷款。为了确定债权价值，特委托评估公司对债务企业偿债能力进行分析评估。评估公司经过调查发现：债务企业已处于关停状态，生产难以恢复；能够取得较齐全的财务会计资料，债务企业有效资产为3 500万元，有效负债为6 000万元；清算及中介费按照有效资产的2%进行扣除；需要优先偿还的一般债务包括应付工资、应付福利费、应交税费等合计共90万元。

债务企业以机器设备抵押给金融机构获得贷款1 000万元,重估后价值为750万元。在拟处置的债权中,本次厂房评估结果为2 100万元。现对该不良债权进行价值分析。

【解】根据案例表述可知,有效资产3 500万元,有效负债6 000万元。

债务企业与其他金融机构的抵押贷款1 000万元,对应抵押资产评估值为750万元,抵押物评估值小于抵押债权,故优先偿还抵押债务750万元。债务企业与甲资产管理公司的厂房抵押贷款2 000万元,对应抵押资产评估值为2 100万元,抵押物评估值大于抵押债权,故优先偿还抵押债务2 000万元。合计优先偿还抵押债务750+2 000=2 750(万元)。

优先偿还一般债务为90万元。优先扣除的费用项目:清算及中介费=3 500×2%=70(万元)。

资产项优先扣除项目=优先偿还抵押债务+优先偿还一般债务+优先扣除的费用项目=2 750+90+70=2 910(万元)。

负债项优先扣除项目=优先偿还抵押债务+优先偿还一般债务=2 750+90=2 840(万元)。

一般债权受偿比例=(有效资产-资产项优先扣除项目)÷(有效负债-负债项优先扣除项目)=(3 500-2 910)÷(6 000-2 840)≈18.67%。

债务企业与甲资产管理公司的抵押贷款为2 000万元,对应抵押资产评估值为2 100万元,抵押物评估值大于抵押债权,故不良债权的优先受偿金额为2 000万元,超过部分并入有效资产参与分配。

不良债权的一般债权受偿金额=(不良债权总额-优先债权受偿金额)×一般债权受偿比例=(4 500-2 000)×18.67%≈466.75(万元)。

不良债权受偿金额=优先债权受偿金额+一般债权受偿金额=

2 000 + 466.75 = 2 466.75（万元）。

不良债权受偿比例 = 不良债权受偿金额 ÷ 不良债权总额 = 2 466.75 ÷ 4 500 ≈ 54.82%。故该资产管理公司拟处置金融不良资产4 500万元（其中抵押贷款2 000万元），可变现价值不低于54.82%。

有效资产小于有效负债，故股东权益价值为0。

第三节　债务人与保证人可偿还金额评估

一、债务人可偿还金额评估

债务人可偿还金额可按图3-2所示进行评估。

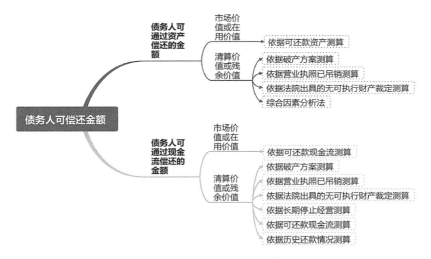

图3-2　债务人可偿还金额测算框架图

（一）对债务人可通过资产偿还金额评估

1. 市场价值

如债务人具有持续经营能力，通过债务重整有可能恢复正常，应优先核算债务人可用于还款的资产，并按照各项负债比例进行分配。

债务人可通过资产偿还金额
=［不良资产本金－该笔不良资产可通过债务人名下的抵（质）押物、查封物优先偿还金额］÷（债务人总负债－债务人须偿还的优先债权本金）×（债务人总资产的市场价值或在用价值－债务人须偿还的优先债权的本金） （3-19）

式中，

债务人须偿还的优先债权本金
= Min［债务人用于偿还优先债权的抵（质）押物及查封物的市场价值或在用价值，优先债权本金］ （3-20）

> 【例】某债务人在某AMC不良资产本金余额为2亿元，抵押物房产市场价值为1亿元。经尽职调查核实，该债务人总资产的市场价值为20亿元，其中设定抵（质）押的资产市场价值为10亿元；总负债为15亿元，其中优先债权本金6亿元。经测算，债务人须偿还的优先债权本金 = Min（10，6）= 6（亿元），债务人可通过资产偿还金额 =（2－1）÷（15－6）×（20－6）≈ 1.56（亿元）。

2. 清算价值

如债务人存在以下情况中的一项或几项：经营不善、处于停产或半停产状态、入不敷出、还款意愿不足、进入诉讼阶段、进入破产阶段等，应按照以下方法对债务人可通过资产偿还的金额进行评估。

（1）如管理人已对债务人出具破产重整或破产清算方案，应根据具体债权申报方案，测算债务人通过资产可偿还金额。

> 【例】某债务人在某 AMC 不良资产本金余额为 2 亿元，担保方式为信用，经债权申报，破产管理人认定为普通债权，破产清算方案中指出，普通债权按照 0.3% 的比例予以现金清偿，债务人可通过资产偿还金额 = 20 000 × 0.3% = 60（万元）。

（2）如债务人未进入破产阶段或暂无破产方案，但营业执照已吊销，或法院出具无可供执行资产裁定，对该债务人可通过资产偿还的金额可评估为 0。

（3）如债务人未进入破产阶段或暂无破产方案、营业执照未吊销、不具备上述裁定时，应使用综合因素分析法进行评估。

债务人可通过资产偿还金额
=［不良资产本金 – 该笔不良资产可通过债务人名下的抵（质）押物、查封物优先偿还金额］÷（债务人总负债 – 债务人须偿还的优先债权本金）×（债务人总资产的清算价值或残余价值 – 债务人须偿还的优先债权的本金） （3-21）

式中，

债务人须偿还的优先债权本金
= Min［债务人用于偿还优先债权的抵（质）押物及查封物的清算价值或残余价值，优先债权本金］ （3-22）

公式中资产的清算价值、残余价值，按照对优先受偿金额的清算价值、残余价值的评估方法进行测算。

> 【例】某债务人在某AMC不良资产本金余额为2亿元,抵押物房产清算价值为0.5亿元。经尽职调查核实,该债务人总资产的清算价值为10亿元,其中设定抵(质)押的资产清算价值为5亿元;总负债为15亿元,其中优先债权本金6亿元。经测算,债务人须偿还的优先债权本金 = Min(5,6) = 5(亿元),债务人可通过资产偿还的金额 =(2 - 0.5)÷(15 - 5)×(10 - 5) = 0.75(亿元)。

(4)如债务人未进入破产阶段或暂无破产方案、营业执照未吊销、不具备上述裁定,且因客观原因综合因素分析法所需数据无法全部取得或核实,方可通过分析核心资产负债的方法进行评估。

债务人可通过资产偿还的金额
= [本笔不良资产本金 - 本笔不良资产项下通过债务人名下的抵(质)押物、查封物优先偿还金额] ÷ (债务人刚性负债 - 债务人须优先偿还的刚性负债金额) × (债务人核心资产的清算价值或残余价值 - 债务人须优先偿还的刚性负债金额)

(3-23)

式中,

债务人须优先偿还的刚性负债金额
= Min [债务人须优先用于偿还刚性负债的抵(质)押物及查封物的清算价值或残余价值,债务人须优先偿还的刚性负债本金]

(3-24)

公式中资产的清算价值、残余价值,按照对优先受偿金额的清算价值、残余价值的评估方法进行测算。

> 【例】某债务人在某AMC不良资产本金余额为2亿元,抵押物房产清算价值为0.5亿元。该债务人核心资产的清算价值为3亿元,全部核心资产均对外设定抵(质)押;刚性负债为10亿元,其中优先债权本金6亿元。经测算,债务人须偿还的优先债权本金 = Min(3,6) = 3(亿元),债务人可通过资产偿还金额 =(2−0.5)÷(10−3)×(3−3)= 0。

(二)对债务人可通过现金流偿还金额评估

1. 市场价值

如债务人具有持续经营能力,通过债务重整有可能恢复正常,应优先核算债务人可还款现金流总额,并按债权金额比例分配,对可用于偿还本笔不良资产的现金流进行评估。

债务人可通过现金流偿还金额
= 不良资产金额 ÷ 债务人刚性负债总金额 ×(债务人过去N年经营活动产生的现金流量净额之和 + 债务人过去N年投资活动产生的现金流量净额之和)　　　　　　　　　　(3-25)

式中,"N年"取值为处置该笔不良资产所需年数。

> 【例】某债务人在某AMC不良资产本金余额为2亿元,该债务人刚性负债总金额10亿元,过去N年经营活动产生的现金流量净额之和为1亿元,过去N年投资活动产生的现金流量净额之和为−0.5亿元,债务人可通过现金流偿还金额 = 2÷10×(1−0.5)= 0.1(亿元)。

2. 清算价值

如债务人存在以下情况中的一项或几项：经营不善、处于停产或半停产状态、入不敷出、还款意愿不足、进入诉讼阶段、进入破产阶段等，应按照以下方法对债务人可通过现金流偿还的金额进行评估。

（1）如管理人已对债务人出具破产重整或破产清算方案，应根据具体债权申报方案，测算债务人通过现金流可偿还的金额。

> 【例】某债务人在某AMC不良资产本金余额为2亿元，经债权申报，管理人将其全额认定为有财产担保债权，对应的破产重整方案为全额留债，并明确还款计划为重整后10年内分期清偿，则债务人可通过现金流偿还全额＝未来N年的还款金额计划金额，并可按照实际还款情况进行修正。

（2）如债务人未进入破产阶段或暂无破产方案，但营业执照已吊销，或法院出具无可供执行资产裁定，或已长期停止经营，该债务人通过现金流偿还的金额可被评估为0。

（3）如债务人未进入破产阶段或暂无破产方案、营业执照未吊销、不具备上述裁定、未停止经营，应核算债务人可还款现金流总额，并按债权金额比例分配，对可用于偿还本笔不良资产的现金流进行评估。

$$债务人可通过现金流偿还金额 = 不良资产金额 \div 债务人刚性负债总金额 \times (债务人过去N年经营活动产生的现金流量净额之和 + 债务人过去N年投资活动产生的现金流量净额之和) \qquad (3-26)$$

式中，"N年"取值为处置该笔不良资产所需年数。

> 【例】某债务人不良资产本金余额为2亿元，该债务人刚性负债总金额10亿元，过去N年经营活动产生的现金流量净额之和为1亿元，过去N年投资活动产生的现金流量净额之和为-0.5亿元，债务人可通过现金流偿还金额=2÷10×(1-0.5)=0.1（亿元）。

（4）如债务人未进入破产阶段或暂无破产方案、营业执照未吊销、不具备上述裁定、未停止经营，但因客观条件导致上述方法所需数据无法全部取得或核实，方可按照债务人历史还款情况进行综合分析：

$$借款人可通过现金流偿还的金额 = \text{Max}（债务人过去N年累计压降本笔不良资产金额，债务人过去N年累计压降全部刚性负债金额 ÷ 全部刚性负债金额 × 本笔不良资产金额） \qquad (3-27)$$

式中，"N年"取值为处置该笔不良资产所需年数。

> 【例】某债务人在某AMC不良资产本金余额为2亿元，过去N年累计压降该笔不良资产本金0.1亿元，该债务人刚性负债总金额10亿元，过去N年累计压降刚性负债1亿元，债务人可通过现金流偿还金额=Max(0.1,1÷10×2)=0.2（亿元）。

二、保证人可代偿金额评估

如图3-3所示，对保证人可代偿金额进行评估时，须分别计算保证人可通过资产偿还金额及保证人可通过现金流偿还金额并加总。保证人具体分为公司保证人及自然人保证人两类。如涉及多个保证人，须分别测算可代偿金额并加总。

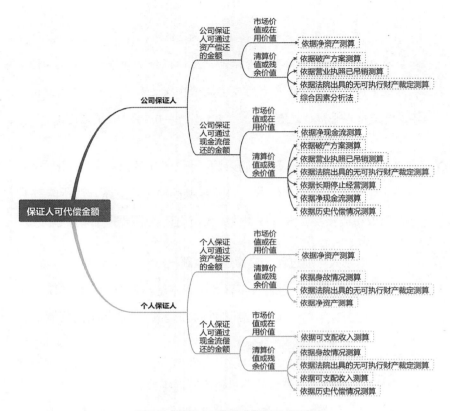

图3-3 保证人可代偿金额评估框架图

(一)对公司保证人可通过资产偿还金额评估

1. 市场价值

如公司保证人具有持续经营能力,通过债务重整有可能恢复正常,应优先核算公司保证人净资产,以对外保证担保金额比例进行分配,对可用于代偿本笔不良资产的金额进行评估。

公司保证人可通过净资产代偿金额
= 公司保证人对本笔不良资产保证担保金额 ÷ 公司保证人对外保证担保总金额 × 公司保证人净资产的市场价值或在用价值 　　　　　　　　　　　　　　　　　(3-28)

> 【例】某债务人在某AMC不良资产本金余额为2亿元，公司保证人对全额提供连带责任保证担保。该公司保证人对外保证担保总金额为10亿元，总资产市场价值40亿元，总负债35亿元，净资产使用价值5亿，公司保证人可通过净资产代偿金额 = 2 ÷ 10 × 5 = 1（亿元）。

2. 清算价值

如公司保证人存在以下情况中的一项或几项：经营不善、处于停产或半停产状态、入不敷出、还款意愿不足、进入诉讼阶段、进入破产阶段等，应按照以下方法对公司保证人可通过资产偿还的金额进行评估。

（1）如管理人已对公司保证人出具破产重整或破产清算方案，应按照该方案测算公司保证人通过资产可代偿金额。

> 【例】某债务人在某AMC不良资产本金余额为2亿元，担保方式为某公司保证担保，该公司保证人已进入破产程序，某AMC向管理人申报担保债权，经管理人认定为普通债权，破产清算方案中指出，普通债权按照0.3%的比例予以现金清偿，则公司保证人可通过资产代偿金额 = 20 000 × 0.3% = 60（万元）。

（2）如公司保证人未进入破产阶段或暂无破产方案，但营业执照已吊销，或法院出具无可供执行资产裁定，该公司保证人通过资产偿还的金额可被评估为0。

（3）如公司保证人未进入破产阶段或暂无破产方案、营业执照未吊销、不具备上述裁定时，应核算公司保证人净资产，并以对外保证担保金额比例进行分配，对可用于代偿本笔不良资产的金额进行评估。

公司保证人可通过净资产代偿金额

=公司保证人对本笔不良及问题资产保证担保金额 ÷ 公司保证人对外保证担保总金额 × 公司保证人净资产的清算价值或残余价值 　　　　　　　　　　　　（3-29）

公式中资产的清算价值、残余价值，按照对优先受偿金额的清算价值、残余价值的评估方法进行测算。

> 【例】某债务人在某 AMC 不良资产本金余额为 2 亿元，公司保证人对全额提供连带责任保证担保。该公司保证人对外保证担保总金额为 10 亿元，总资产清算价值 20 亿元，总负债 35 亿元，净资产清算价值 −15 亿元，公司保证人可通过净资产代偿金额 = 2 ÷ 10 ×（−15）= −3（亿元），由于计算结果小于 0，该公司保证人可通过净资产代偿金额以 0 计算。

（4）如公司保证人未进入破产阶段或暂无破产方案、营业执照未吊销、不具备上述裁定，且因客观原因上述方法所需数据无法全部取得或核实，方可通过分析核心资产负债进行评估。

公司保证人可通过资产代偿的金额

=[本笔不良资产本金 − 本笔不良资产可通过保证人名下的抵（质）押物、查封物的清算价值或残余价值] ÷（公司保证人刚性负债金额 − 公司保证人须优先偿还的刚性负债金额 + 公司保证人对外保证担保金额）×（公司保证人核心资产的清算价值或残余价值 − 公司保证人须优先偿还的刚性负债金额）

（3-30）

式中，

公司保证人须优先偿还的刚性负债金额
= Min［保证人优先用于偿还刚性负债的抵（质）押物及查封物的清算价值或残余价值，保证人须优先偿还的刚性负债本金］

（3-31）

公式中资产的清算价值、残余价值，按照对优先受偿金额的清算价值、残余价值的评估方法进行测算。

> 【例】某债务人在某AMC不良资产本金余额为2亿元，抵押物清算价值0.5亿元，公司保证人对全额提供连带责任保证担保。该公司保证人对外保证担保总金额为10亿元，核心资产清算价值10亿元，全部对外设定抵（质）押；刚性负债15亿元，其中优先债权金额8亿元。公司保证人须优先偿还的刚性负债金额 = Min（10, 8）= 8（亿元），公司保证人可通过资产代偿金额 =（2 − 0.5）÷（15 − 8 + 10）×（10 − 8）≈ 0.18（亿元）。

（二）对公司保证人可通过现金流偿还金额评估

1. 市场价值

如公司保证人具有持续经营能力，通过债务重整有可能恢复正常，应核算公司保证人净现金流，并以对外担保金额比例进行分配，对可用于代偿本笔不良资产的金额进行评估。

公司保证人可通过现金流代偿金额
= 公司保证人对本笔不良资产保证担保金额 ÷ 公司保证人对外保证担保总金额 × 公司保证人过去N年累计现金及现金等价物净增加额

（3-32）

式中，"N年"取值为处置该笔不良资产所需年数。

> 【例】某债务人在某AMC不良资产本金余额为2亿元，公司保证人对全额提供连带责任保证担保。该公司保证人对外保证担保总金额为10亿元，过去N年累计现金及现金等价物净增加额为1亿元，公司保证人可通过现金流代偿金额 = 2 ÷ 10 × 1 = 0.2（亿元）。

2. 清算价值

如公司保证人存在以下情况中的一项或几项：经营不善、处于停产或半停产状态、入不敷出、还款意愿不足、进入诉讼阶段、进入破产阶段等，应按照以下方法对公司保证人可通过现金流代偿的金额进行评估。

（1）如公司保证人进入破产阶段，或营业执照已吊销，或已长期停止经营，或法院出具无可供执行资产裁定，该公司保证人通过现金流偿还的金额可被评估为0。

（2）如公司保证人不符合上述情况，应核算保证人净现金流，并以对外担保额比例进行分配，对可用于代偿本笔不良资产的金额进行评估。

公司保证人可通过现金流代偿金额
= 公司保证人对本笔不良及问题资产保证担保金额 ÷ 公司保证人对外保证担保总金额 × 公司保证人过去N年累计现金及现金等价物净增加额 　　　　（3-33）

式中，"N年"取值为处置该笔不良资产所需年数。

【例】某债务人在某AMC不良资产本金余额为2亿元，公司保证人对全额提供连带责任保证担保。该公司保证人对外保证担保总金额为10亿元，过去N年累计现金及现金等价物净增加额为1亿元，公司保证人可通过现金流代偿金额 = 2 ÷ 10 × 1 = 0.2（亿元）。

（3）如因客观条件导致上述方法所需数据无法全部取得或核实，方可按照公司保证人历史代偿情况进行综合分析：

公司保证人可通过现金流代偿的金额
= Max（公司保证人过去N年累计代偿本笔不良资产金额，公司保证人过去N年全部代偿金额 × 公司保证人对本笔不良及问题资产保证担保金额 ÷ 保证人全部对外保证担保金额）

（3-34）

式中，"N年"取值为处置该笔不良资产所需年数。

【例】某债务人在某AMC不良资产本金余额为2亿元，某公司保证人对全额提供连带责任保证担保。该公司保证人对外保证担保总金额为10亿元，过去N年累计代偿本笔不良资产金额为0，过去N年全部代偿金额为0.5亿元，公司保证人可通过现金流代偿金额 = Max（0，0.5 × 2 ÷ 10）= 0.1（亿元）。

（三）对自然人保证人可通过资产代偿金额评估

1. 市场价值

如自然人保证人具有持续经营能力，通过债务重整有可能将还款能力恢复正常，应优先核算自然人保证人净资产的市场价值或在用价值，以对外保证担保金额比例进行分配，对可用于代偿本笔不良及问题资产的金额进行评估。

$$自然人保证人可以其资产代偿金额 = 自然人保证人对本笔不良资产保证担保金额 \div 自然人保证人对外保证担保总金额 \times (自然人保证人资产的市场价值或在用价值 - 须优先偿还的债务) \quad (3-35)$$

式中，资产包括但不限于现金及等价物、房产、汽车、上市公司股权、非上市公司股权（扣除该自然人保证人持有的债务人及公司保证人股权）等。

【例】某债务人在某 AMC 不良资产本金余额为 2 亿元，某自然人保证人对全额提供连带责任保证担保。该自然人保证人对外保证担保总金额为 10 亿元，名下仅一套房产，市场价值为 0.1 亿元，该房产已经对外设定抵押，按揭贷款余额 0.02 亿元，自然人保证人可以其资产代偿金额 = 2 ÷ 10 × (0.1 − 0.02) = 0.016（亿元）。

2. 清算价值

如自然人保证人存在以下情况中的一项或几项：身故或自身进入诉讼阶段，或旗下企业经营不善、处于停产或半停产状态、入不敷出、还款意愿不足、进入诉讼阶段、进入破产阶段等，应按照以下方法对自然人保证人可通过资产代偿的金额进行评估。

（1）如自然人保证人身故，该自然人保证人通过资产代偿金额可被评估为 0。

（2）如法院出具无可供执行资产裁定，该自然人保证人通过资产代偿的金额可被评估为 0。

（3）如不具备上述裁定，应核算自然人保证人净资产的清算价值或残余价值，以对外保证担保金额比例分配，对可用于代偿本笔不良及问题资产的金额进行评估。

自然人保证人可以其资产代偿金额
= 自然人保证人对本笔不良资产保证担保金额 ÷ 自然人保证人对外保证担保总金额 ×（自然人保证人资产的清算价值或残余价值 − 须优先偿还的债务）　　　　　（3-36）

式中，资产包括但不限于现金及等价物、房产、汽车、上市公司股权、非上市公司股权（扣除该自然人保证人持有的债务人及公司保证人股权）等。

> 【例】某债务人在某AMC不良资产本金余额为2亿元，某自然人保证人对全额提供连带责任保证担保。该自然人保证人对外保证担保总金额为10亿元，名下仅一套房产，清算价值或残余价值为0.05亿元，该房产已经对外设定抵押，按揭贷款余额0.02亿元，自然人保证人可以其资产代偿金额 = 2 ÷ 10 ×（0.05 − 0.02）= 0.006（亿元）。

（四）对自然人保证人可通过现金流代偿的金额评估

1. 市场价值

如自然人保证人具有持续经营能力，通过债务重整有可能恢复正常还款能力，应核算自然人保证人可支配收入净额，并以对外保证担保金额比例进行分配，对可用于代偿本笔不良资产的现金流进行评估。

自然人保证人可以其现金流代偿金额
= 自然人保证人对本笔不良资产保证担保金额 ÷ 自然人保证人对外保证担保总金额 × 自然人保证人过去N年可支配收入净额　　　　　（3-37）

式中,"N年"取值为某AMC处置本笔不良及问题资产所需年数。

> 【例】某债务人在某AMC不良资产本金余额为2亿元,某自然人保证人对全额提供连带责任保证担保。该自然人保证人对外保证担保总金额为10亿元,过去N年可支配收入净额约0.01亿元,自然人保证人可以其现金流代偿金额 = 2 ÷ 10 × 0.01 = 0.002(亿元)。

2. 清算价值

如自然人保证人存在以下情况中的一项或几项:身故或自身进入诉讼阶段,或旗下企业经营不善、处于停产或半停产状态、入不敷出、还款意愿不足、进入诉讼阶段、进入破产阶段等,应按照以下方法对自然人保证人可通过资产代偿的金额进行评估。

(1)如自然人保证人身故,该自然人保证人通过现金流代偿的金额可被评估为0。

(2)如法院出具无可供执行资产裁定,该自然人保证人通过现金流代偿的金额可被评估为0。

(3)如不符合上述情况,应核算自然人保证人可支配收入净额,并以对外保证担保金额比例进行分配,对可用于代偿本笔不良资产的现金流进行评估。

自然人保证人可以其现金流代偿金额
= 自然人保证人对本笔不良资产保证担保金额 ÷ 自然人保证人对外保证担保总金额 × 自然人保证人过去N年可支配收入净额
(3-38)

式中,"N年"取值为处置该笔不良资产所需年数。

> 【例】某债务人在某AMC不良资产本金余额为2亿元，某自然人保证人对全额提供连带责任保证担保。该自然人保证人对外保证担保总金额为10亿元，过去N年可支配收入净额约0.01亿元，自然人保证人可以其现金流代偿金额 = 2 ÷ 10 × 0.01 = 0.002（亿元）。

（4）如因客观条件导致上述方法所需数据无法全部取得或核实，方可按照自然人保证人历史代偿情况进行综合分析：

自然人保证人可通过现金流代偿的金额
= Max（自然人保证人过去N年累计代偿本笔不良及问题资产金额，自然人保证人过去N年全部代偿金额 × 自然人保证人对本笔不良资产保证担保金额 ÷ 自然人保证人全部对外保证担保金额） （3-39）

式中，"N年"取值为处置该笔不良资产所需年数。

本 章 小 结

本章介绍了债权类不良资产的评估相关逻辑和评估模型。偿债来源分析法是目前估算不良资产的主要方法。评估人员可以在分析标的不良资产的各个偿债来源的基础上估算不良资产的价值。该方法体现了不良资产评估的本质：对可追偿财产线索的价值判断。成本法和市场法较少应用于不良资产评估中，通常作为不良资产快速评估的替代方法。评估人员可以用逆减法和成本加和法对存量不良资产包进行估值。市场法是通过适当方法选取主要影响因素作为比较因素，并进行相应修正，进而得出被分析债权资产价值的一种分析方法。市场法通常适用于信用类债权的估值。假设清算法是假设企业破产清算情形下计算债权和股权清偿率的一种评估方法。

本章重要术语

偿债来源分析法　　递减法　　成本加和法　　交易案例比较法
债项评级法　　假设清算法

复习思考题

1. 如何根据企业存续情况选择合适的不良资产评估模型？
2. 假设清算法的使用前提有哪些？
3. 某金融企业聘请评估机构对其拥有的金融不良资产进行评估，资产类型为债权资产，评估机构采用假设清算法进行分析。该债权总额为5 000万元，其中抵押贷款2 200万元，其余为信用贷款。经过进一步调查可知，2 200万元抵押贷款对应的抵押物为机器设备，本次机器设备评估值为2 000万元，小于贷款金额。经过计算得到，一般债权受偿比例为0.3，不考虑或有收益等其他因素对受偿比例的影响。

要求：

（1）简述假设清算法的适用范围。

（2）简述该方法中有效资产和有效负债包括的内容。

（3）根据所提供的条件，计算该不良债权的受偿比例。（计算结果保留两位小数）

第四章

物权类不良资产评估方法

不动产价格实质上是不动产权益的价格。在不动产评估的时候应当遵循最高最佳使用,指法律上允许、技术上可能、经济上可行,经过充分合理的论证,能使评估对象产生最高价值的使用。

物权类不良资产主要是当债务企业无法按时偿还银行贷款时，企业以抵押物、质押物、破产依法赔偿的资产、合同规定赔偿的资产等实物来偿还全部的债务或者一部分债务而形成的资产。常见的物权类不良资产包括企业房屋建筑物、土地使用权、机器设备、存货等，在实践中常是固定资产类资产。除了不动产，物权类不良资产还包括动产，动产大部分为车辆、机器设备等实物类资产。

第一节 不 动 产

一、不动产概述

（一）不动产的定义

所谓不动产，是指依照其物理性质不能移动或者移动将严重损害其经济价值的有体物。我国《不动产登记暂行条例》第2条第2款规定：本条例所称不动产，是指土地、海域以及房屋、林木等定着物。可见，该条例扩大了不动产的范围，将海域也纳入了不动产的范围。所谓地上定着物，是指固定且附着于土地之物。地上定着物包括房屋、林木等。其主要特征在于，它是附着于土地、固定且不易移动的物。所谓动产，就是不动产之外的物，是指在性质上能够移动，并且移动不损害其经济价值的物，如电视机、书本等。

不动产不一定是实物形态，如探矿权和采矿权。对动产与不动产可按照如下标准进行区分。一是是否可以移动。动产通常可以移动，而不动产不能移动。当然，在现代社会中，随着科技的发展，房屋也可以移动，但是这毕竟属于例外现象，而且将耗资巨大。二是移动是否在经济上合理。房屋等土地附着物也可能是能够移动的，但一旦移动耗资巨大，而动产通常可以移动，即使是沉重的机器设备，也可以移动，且较之于不动产的移动而言，其移动耗资不大。三是是否附着于土地。不动产中除土地之外的其他财产（如房屋、林木等）都是附着于土地的，通常在空间上不可移动，若发生移动将影响它的经济价值。而动产通常并不附着于土地。四是是否附着于海域。一些附着于海域的定着物，亦属于不动产的范围。

（二）不动产价格特征

不动产由于其不可移动性、数量有限性等自然特征，价格与一般商品价格存在不同之处，即为不动产价格的特征。

1. 不动产价值量大

与一般物品相比，不动产具有单价高、总价大的特征。

2. 不动产价格受区位的影响很大

不动产由于不可移动，其地理位置是固定的，实体是唯一的。这使得不同的不动产之间的区位有优劣之分，并导致不动产价格与区位密切相关。在其他条件相同的情况下，区位较好，价格较高；反之，区位较差，价格较低。一般来说，同一城市市中心的不动产价格往往高于郊区的不动产价格，公共服务设施相对完善区域的不动产价格往往较高，如好的学校、医院、地铁站等服务设施附近的住房价格往往较高。当然，某些污染设施的存在，也会导致房地产价格低落，如噪声等污染源附近的住房，价格往往较低。

3. 不动产价格实质上是权益的价格

《民法典》第208条规定不动产物权的设立、变更、转让和消灭，应当依照法律规定登记。不动产物权的设立和转让，应当依照法律规定交付。由此可见，不动产在交易中可以转让的不是其实物，而是不动产权益，如房屋所有权、建设用地使用权或者其他权益。不动产权益是否完整、权益是否受限，都会影响到不动产价格。例如：实物状况较好的房地产，由于权益不完整或者权益受限，如土地使用权剩余使用年限较短、权属有争议等，导致价格较低，甚至没有价值；相反，实物状况较差的房地产，如果权益较大，产权清晰完整，则价格可能较高。因此，从这种意义上讲，不动产价格实质上是不动产权益的价格。在不动产评估的时候应当遵循最高最佳使用，指法律上允许、技术上可能、经济上可行，经过充分合理的论证，能使评估对象产生最高价值的使用。

4. 不动产价格易受交易者的个别情况影响

不动产由于具有独一无二性，且价值较大，不动产交易过程中只有少数个别卖者和买者，有的不动产交易中甚至只有一个卖者和一个买者，所以不动产价格通常容易受买卖双方个别情况的影响，如买卖双方议价能力、卖方急切的现金需求、买方的偏好与财力等。

5. 不动产的难以变现性

变现能力是指将非现金资产转换为现金而不产生过度损失的速度。如果能够随时、快速、无损失或损失很小地转换为现金，则称为变现能力强；否则称为变现能力弱。不动产由于其价值高、不可以移动、易受限制等特点，往往变现能力较弱。

当不动产作为抵押物时，一般通过司法拍卖的方式变现。司法拍卖在某种意义上就是快速变现的过程，变现能力的强弱，影响最终的拍卖成交价格。

影响不动产变现的因素主要有不动产的通用性、独立使用性、价值量、可分割性、开发程度、区位市场状况等。

（三）不动产价格的影响因素

不动产价格是众多因素相互影响、相互作用的结果。影响不动产市场价格水平的因素，除了不动产本身的成本与费用构成外，还包括供求关系的变化，以及政策、制度、文化等多种因素。总的来说，不动产价格的影响因素可以分为不动产自身因素、不动产外部因素以及不动产交易因素。

1. 不动产自身因素

不动产自身因素包括区位因素、实物因素和权益因素。

1）区位因素

（1）位置：不动产的位置可分为自然地理位置和社会经济位置。不动产的不可移动性决定了不动产的地理位置是固定不变的，但其社会经济位置可能发生变化。随着经济建设和周边环境的改善，不动产的社会经济位置将发生变化。随着交通条件的改善和城市规划布局的调整，城市区位价值格局也会悄然发生变化。决定不动产价值的关键在于其位置的优劣。不动产位置的好坏不仅决定其价值的高低，还决定了不动产价值变动的抗跌能力。

（2）坐落：指不动产位于哪个城市、哪个行政区、哪条街道，具体的门牌号。

（3）临街状况：指不动产所临街道的等级、数量、临街方位等。

（4）方位：指不动产的方向和位置，通常用东西南北来表示。

（5）距离：指不动产距交通枢纽、重要标志性建筑、商业中心、原料地、生产地等的距离。

（6）交通：指从事旅客和货物运输及语言和图文传递的行业，包括运输和邮电两个方面，在国民经济中属于第三产业。运输有铁路、公路、水路、航空、管道五种方式。邮电包括邮政和电信两方面内容。

（7）配套：外部配套设施包括外部基础设施和外部公共服务设施两大方面。外部基础设施包括道路、给水、排水（雨水、污水）、电力、通信（如电话、互联网、有线电视）、燃气、供热等设施。外部公共服务设施包括一定距离内商业服务、金融邮电、教育（如幼儿园、中小学）、医疗卫生（如医院）、文化、体育、社区服务、市政公用和行政管理等设施。

（8）景观：指某地区或某种类型的自然景色，有时也指人工创造的森林景观，泛指自然景色、景象。

（9）环境：既包括以大气、光照、水、土壤、植物、动物、微生物等为内容的物质因素，也包括以观念、制度、行为准则等为内容的非物质因素；既包括自然因素，也包括社会因素；既包括非生命体形式，也包括生命体形式。

2）实物因素

（1）土地的实物因素：面积、形状、地形、地势、土壤、地质、四至、建筑覆盖率等。一般来说，土地面积过大或过小，对土地的价值都存在不利影响。

（2）不动产的实物因素：体量（面积、体积）、质量、高度、楼层、层高、檐高、地基、结构、公摊、外观、设备设施、装修、布局、朝向、进深、间距、光照、建筑年代、使用维护保养、容积率等。

（3）不动产的通用性：不动产在不同用途间转化的能力和使用利用过程中的便利程度，即不动产的适用范围是否广泛，能否产生较多的有效需求。不动产在不同用途间转化越容易，使用利用过程中的便利程度越高，不动产价值越高。

3）权益因素

（1）土地：土地所有权、土地使用权取得方式（划拨、出让、租赁）、权证（合同）、剩余年限、土地管制（规划设计条件、用途管制）。

（2）不动产：权证（合同）、规划、查封、保全、征收、相邻关系。不动产权属越完善，价值越高；不动产权属瑕疵越多，价值越低。不动产（土地）规划、用途管制的限制越多，价值越低。设定了他项权利的不动产价值低于未设定他项权利的不动产。

2. 不动产外部因素

不动产外部因素包括政治因素、政策因素、经济因素、社会因素等。

1）政治因素

（1）国际关系：即国家在国际上的政治地位、与他国的经济贸易往来、汇率、战争等。

（2）国内政局：国家领导人更替、重大政治事件等。

（3）产权制度、法制环境等。

2）政策因素

对不动产价格具有影响的主要政策因素有区域发展政策、住房政策、土地开发政策、信贷资产、货币政策、限购政策、税收政策等。

3）经济因素

经济因素包括国民经济发展状况、经济结构、居民收入、城市化水平、消费者结构等。

4）社会因素

社会因素包括人口、教育、科技、文艺、道德、宗教、价值观念、风俗习惯、社会治安、媒体信息等。

3. 不动产交易因素

不动产交易因素包括不动产的供求关系、变现因素、心理因素、其他因素等。

在本节前述内容中，我们已详细介绍不动产供求关系，此处着重介绍变现因素、心理因素及其他因素。

1）变现因素

变现能力指不动产在一定时间内转换为现金的能力。不动产的变现能力包括变现价格的高低和变现时间的长短。

2）心理因素

心理因素对不动产价格的影响有时是不可忽视的。影响不动产价格的心理因素主要有买入或卖出时的心态、个人的欣赏趣味（偏好）、讲究风水或吉祥号码、房地产投机等。

（四）不动产的现场勘查

不动产的现场勘查的目的是充分了解不动产的实物状况、权利状况和财务状况。

1. 不动产实物状况

现场查勘需要对评估对象的实物状况进行清查、核定。查勘原则一般是由大到小，由粗到细。

1）位置和特点

（1）位置：包括门牌号（地号）、土地等级、四至、周边路网等。为了确保实物位置的正确，规避陷阱，在现场查勘之前要仔细阅读权属证书中的附图。

（2）评估对象所在的建筑物：包括结构、朝向、各层用途、总层数、建筑物长度和宽度（或跨度）、建成年份、造型外观、外墙面、门窗、楼梯（或电梯）、工程质量、使用状况、卫生间距（或楼距）、楼宇位置的特殊性等。

（3）评估对象：包括具体部位（楼号、房号）、实际用途、结构、面积、所在层数、户型（或平面尺寸）、层高、评估对象住宅的套朝向等。

（4）小区（或厂区）：包括楼盘品牌、档次、开发商（或建设单位）、建设规模、项目难易程度、建筑物幢数、建成年份、建筑风格、容积率、建筑密度、绿地率、环境景观、区内配套设施、物业及安防等。

（5）土地：包括用途、面积、类型、终止日期、地形、地势、地质、形状、开发程度等。

（6）区位：包括所处区域的繁华程度、交通便捷度、城市基础配套及公共服务配套设施完备度等与不动产价值有关的区位因素。

2）评估对象不动产类别

房产可按用途分类。土地可按土地性质、地段等级、土地类型分类。

3）评估对象不动产数量

现场查勘人员必须对产权资料进行核实，重点核实建筑物的幢数、结构、用途、层数，以及土地使用权面积、性质、类型等。如果资料记载内容与现场查勘出现差异，要了解相关原因，并建议补充书面资料予以说明。若涉及面积不相符时，应要求有资质的测绘部门进行实测，作为评估依据。

不良资产收购评估时，尤其应当关注厂区较大、建筑物相同导致出现的房地交错抵押的情形。

2. 不动产权利状况

在核实不动产实物状况之后，确认其权属关系与评估委托人提供资料所载明的内容是否一致。

1）所有权的确认

主要是查对产权证明。对于土地，主要是区分国有地划拨、国有地出让和集体所有地；对于房屋，主要是区分房改房、商品房（安置房）、经济适用房、限价房、私房（或个人所有）和单位用房等产权。同时注意是否存在共有、他项权利记载、其他影响价值内涵的差异性。

2）用益权的确认

主要是查对不动产的使用与经营收益权利，包括土地的使用权、地面收益权、典当权等。

3）担保物权的确认

担保物权主要是指用不动产作为建立债权债务关系的担保条件，如抵押权。

4）限制性权利的确认

主要是查对不动产经营、使用、转租等方面的限制性权利和其他权益状况。有限制性权的不动产，在所有权与使用权相对分离时，其价格会发生收益结构性变化。

3. 不动产财务状况

有多幢建筑物、多个店面、多个车库（车位）的评估时，应注意对房地产财务状况的核对。主要核实房地产的原始价值、账面价值、净值，使用过程的改（扩）建、修缮的追加值，土地的使用年限、费用支付情况、土地改造投资以及与房地产相关联的债权与债务等。关注不动产价值差异的分析，以便比照评估结果的客观、合理。

评估在建工程项目时，除上述几点之外，评估人员还要注意核对与工程形象进度相匹配的财务账目。

二、成本法在不动产评估中的应用

(一)概述

1. 基本思路

成本法是不动产评估的基本方法之一,以重置成本的理论为基础,以重置或重建可以产生同等效用的不动产所需投入的各项费用之和为依据,加上一定的利润和税金来评估不动产的价值。

2. 适用范围

成本法一般适用于不动产市场发育不成熟,成交实例不多,无法利用市场法、收益法等方法进行评估的情况。例如既无收益又很少有交易情况的学校、医院、图书馆、博物馆、公园等特殊性的不动产评估比较适用成本法。

3. 前提条件

运用成本法评估要求被评估不动产具备以下前提条件。

第一,被评估不动产处于继续使用状态或被假定处于继续使用状态,被评估不动产的实体特征、内部结构及其功能必须与假设的重置全新不动产具有可比性。

第二,被评估不动产应当具备可利用的历史资料。成本法的应用是建立在历史资料基础上的,许多信息资料、指标需要通过历史资料获得。同时,现时不动产与历史资料要具有相同性或可比性。

第三,不动产建造过程中的工程量是可以计量的,且该类不动产可以重复"生产"。

第四,随着时间的推移,不动产具有一定损耗特性。

4. 路径选择及计算公式

不动产可能兼具房屋特性和土地特性,因此在采用成本法评估时,需要考虑具体需要采取的评估路径。应当根据评估对象状况和土地市场状况，选择不动产合估路径或不动产分估路径。通常，工业类不动产多采用不动产分估路径，而商业类、住宅类在建不动产多采用不动产合估路径。

当选择房地合估路径时，成本法评估的基本公式是：

$$不动产价值 = 土地取得成本 + 开发成本 + 管理费用 + 销售费用 + 投资利息 + 销售税费 + 开发利润 \quad (4-1)$$

当选择房地分估路径时，成本法评估不动产价值的基本公式是：

$$不动产价值 = 土地使用权价格 + 房屋建筑物价值 \quad (4-2)$$

5. 应用成本法评估不动产的评估程序

成本法评估结果时的程序步骤如下：

（1）搜集有关土地取得成本的资料；

（2）搜集有关不动产开发的成本、税费、利润等资料；

（3）估算不动产重置成本；

（4）估算折旧；

（5）估算土地增值收益；

（6）求取估算价格。

6. 应用成本法的注意事项

在具体计算成本法的各项参数时，还应注意以下事项。

第一，重新购建价格应是评估基准日的全新状态下的价格，在求取重置价格时，土地取得成本、开发成本、管理费用、销售费用均应采用当地评估基准日的类似土地和建筑物的正常客观成本，与土地取得的实际成本和建筑物实际建造成本无关，也与历史成本无关。

第二，开发利润是该类房地产项目在正常条件下开发商所能获得的平均利润，不是个别开发商最终获得的实际利润，也不是个别开发商期望获得的利润。开发利润按一定基数乘以同一个市场上类似房地产开发项目相应的平均利润率来计算，测算开发利润时要注意计算基数与利润率相匹配。

第三，建筑物经济寿命与土地使用期限不一致时，求取建筑物折旧应注意土地使用期限对建筑物经济寿命的影响，根据两者期限长短，结合建设用地使用权出让合同的约定内容，进行相应的评估处理。

第四，在采用年限法对建筑物的折旧额、成新率进行评定时，要区别财务折旧年限和经济寿命年限。评估时应以建筑物的经济寿命年限为准，对化工、矿产等特殊行业，还要考虑设备腐蚀、煤矿关闭等因素对年限参数的影响。

（二）应用举例

某仓库建成于1999年，建筑面积3 532.00平方米，钢结构，共1层，层高约7米，钢结构屋面，混凝土地面。维护保养情况良好，均能满足正常使用需要，无产权证。评估计算过程如下所述。

1. 重置价值

$$重置价值 = 建安工程造价 + 前期费用及其他费用 + 资金成本 + 合理利润 \qquad (4-3)$$

1）建安工程造价

根据产权持有单位提供的资料，本次评估采用类比法确定房屋建筑物建安工程造价，经测算评估基准日该建筑物的建安工程造价（含增值税）为4 311 244.80元，详见表4-1及表4-2。

表4-1 重要房屋建筑物类比法评估表

序号	比较基础	典型房屋案例	委估对象	调整比例
1	建设地点	苏州	太仓	
2	建筑物名称	某厂房	某仓库	
3	用途	单层工业厂房	单层工业厂房	
4	建造年代	2011年7月	1999年	
5	结构类型	排架	钢结构	0%
6	基础	C30杯形独立基础	独立基础	−5%
7	主体结构	M10混合砂浆/240厚KP1多孔砖	钢结构	−5%
8	楼地面	200厚碎石垫层/160厚C25混凝土垫层/30厚金刚砂地面	混凝土	−5%
9	外装饰	外墙弹性涂料	无	−5%
10	内装饰	内墙涂料	无	−5%
11	门窗	普通铝合金门窗	普通铝合金门窗	0%
12	屋面	压型钢板屋面	压型钢板屋面	0%
13	水卫	无	无	0%
14	电照	普通厂房照明	普通厂房照明	0%
15	案例决算时点造价（元/平方米）	1 640.38	1 230.29	−25%
16	较2011年价格指数调整			0.9932
17	基准日总价（元）	决算单价×建筑面积	4 315 835.67	
18	含增值税的建安造价	建安造价÷（1+3.41%）×（1+3.30%）	4 311 244.80	
19	不含增值税的建安造价	含增值税的建安造价÷（1+3%）	4 185 674.56	

表4-2 简易计税方法下税金税率

定额编号	项目名称	计算基数	费率 市区	费率 城（镇）	费率 其他
S2	税金	直接工程费+措施费+企业管理费+利润+规费	3.36%	3.30%	3.18%
S2-1	增值税征收率		3.00%	3.00%	3.00%
S2-2	城市维护建设税		0.21%	0.15%	0.03%
S2-3	教育费附加及地方教育附加		0.15%	0.15%	0.15%

注：简易计税方法下的直接工程费、措施费、企业管理费、利润和规费的各项费用中，均包含增值税进项税额。

2）前期工程费及其他相关费用

该项目建筑工程适用的其他费用项目包括勘察设计费、招标代理服务费、建设单位管理费及地区规定收取的与建筑物相关的其他费用等。经评估人员了解，当地前期工程费率（含税）为2.48%，其他费用（含税）为2.39%（0.58%+1.81%）。具体测算如下：

前期工程费 = 建筑安装工程费用 × 2.48% = 4 311 244.80 × 2.48% ≈ 106 918.87（元）

前期工程费（不含增值税）= 建筑安装工程费用 × [2.48% ÷ (1 + 6%)] = 4 311 244.80 × 2.34% ≈ 100 883.13（元）

其他费用 = 建筑安装工程费用 × 2.39% = 4 311 244.80 × 2.39% ≈ 103 038.75（元）

其他费用（不含增值税）= 建筑安装工程费用 × 2.29% = 4 311 244.80 × [0.58% + 1.81% ÷ (1 + 6%)] = 4 311 244.80 × 2.29% ≈ 98 727.51（元）

3）资金成本

该工程的正常建设工期为3年，假设建设资金匀速投入，评估基准日时一年期贷款利率为4.75%。资金成本①为：

资金成本 = 前期费用 × 利率 × 工期 +（建筑安装工程造价 + 其他费用 + 建筑规费）× $\left[(1+利率)^{\frac{工期}{2}} - 1\right]$ ≈ 333 459.49（元）

4）合理利润

无证房产不计利润。

5）重置价值（不含增值税）

重置价值 = 建筑安装工程费用 + 前期工程费及其他相关费用
　　　　　+ 资金成本
　　　　= 4 185 674.56 + 100 883.13 + 98 727.51 + 333 459.49
　　　　≈ 4 718 700.00（取整至百元）

2. 综合成新率

综合成新率计算过程如表4-3所示。

表4-3　综合成新率表

		建筑物名称：某仓库		建成年月：1999年12月		耐用年限	已使用年限
耐用年限法	年限法成新率		54.44%	结构	钢		
	结构	1 − 17.58 ÷ 50 =	64.84%	权重	80%	50	17.58
	装修	1 − 17.58 ÷ 15 =	15.00%	权重	5%	15	17.58
	设备	1 − 17.58 ÷ 20 =	12.10%	权重	15%	20	17.58
打分法	房屋成新率评分	名称	评分	标准分	备注		
		结构部分			权重	80%	
		基础	17	25	有承载力，稍有不均匀沉降，但已稳定		

---

① 计算资金成本时，各项费用都是用来扣税价（即含增值税价）。本案例中，房产无产权证，故建筑规费计为0。

续表

		建筑物名称：某仓库		建成年月：1999年12月	耐用年限	已使用年限
打分法	房屋成新率评分	承重构件	17	25	基本完好，梁板柱等有轻微裂缝、变形、露筋	
		非承重墙	10	15	稍有风化、裂缝、勒脚有浸蚀	
		屋面	13	20	个别渗漏、隔热、保温层有损坏	
		楼地面	10	15	整体面层稍有裂缝、空鼓、起砂、剥落	
		小计	67	100		
		装修部分			权重	5%
		门窗	20	30	部分翘裂、腐朽、开关不灵，玻璃五金残缺、油漆老化脱皮	
		外粉饰	18	25	稍有空鼓、裂缝、风化、剥落、勾缝砂浆少量脱落	
		内粉饰	18	25	稍有空鼓、裂缝、脱落	
		顶棚	12	20	明显变形、下垂、裂缝、面层脱落	
		小计	68	100		
		设备			权重	15%
		水卫	25	37	基本通畅、器具基本完好、个别零件残缺损坏	
		采暖、通风	25	38	基本完好、个别部件损坏、尚能使用	
		照明	18	25	线路装置基本完好、个别零件损坏	
		小计	68	100		
		根据评分修正系数表求成新率：				
		（67×80%＋68×5%＋68×15%）÷100＝				67.20%
综合成新率评定						
54.44%×40%＋67.2%×60%＝			62.10%		取整	62%

3. 评估结果

房屋评估结果 = 重置价值 × 综合成新率 = 4 718 700 × 62% ≈ 2 925 600（元）

三、市场法在不动产评估中的应用

（一）适用范围

市场法适用于商业类、住宅类等具有大量交易参考案例的不动产评估。在同一地区或同一供求范围内的类似地区，与标的资产相似的不动产交易越多，该方法越有效。相反，市场交易不活跃地区的房地产、特殊类型的房地产、难以成为交易对象或很少交易的房地产，往往不适用市场法，如古建筑、教堂、寺庙、图书馆、学校用地等。

（二）计算公式

市场法是将评估对象与评估基准日近期发生过交易的类似房地产进行比较，对这些类似不动产的已知价格作适当的修正，以此估算评估对象客观合理价值的评估方法。

市场法的基本计算公式为：

$$P = P' \times A \times B \times C \times D \times E \qquad (4\text{-}4)$$

式中，P = 被估不动产评估结果；

P' = 可比交易实例价格；

A = 交易情况修正系数；

B = 交易日期修正系数；

C = 区域因素修正系数；

D = 个别因素修正系数；

E = 权益状况因素修正系数。

式中，各系数具体内容为：

$$A = \frac{100}{(\ )} = \frac{正常交易情况指数}{可比实例交易情况指数} \quad (4-5)$$

$$B = \frac{(\ )}{100} = \frac{评估基准日价格指数}{可比实例交易时价格指数} \quad (4-6)$$

$$C = \frac{100}{(\ )} = \frac{待估对象区域因素指数}{可比实例区域因素指数} \quad (4-7)$$

$$D = \frac{100}{(\ )} = \frac{待估对象个别因素指数}{可比实例个别因素指数} \quad (4-8)$$

$$E = \frac{100}{(\ )} = \frac{待估对象权益状况指数}{可比实例权益状况指数} \quad (4-9)$$

（三）应用市场法评估不动产的评估程序

市场法评估不动产价值，可按以下程序进行。

1. 收集交易资料

收集实际成交的真实交易实例，整理交易实例的基本状况（如建筑结构、用途、面积、楼层等）、交易方基本情况、交易方式、成交日期、交易目的、成交价格（付款方式、融资条件、税费负担）等。

2. 确定可比交易案例

从所收集的交易实例中选择符合一定条件的交易实例，作为比较参照的可比实例。选取可比实例应符合下列要求：

（1）是评估对象的类似不动产；

（2）交易类型与评估目的吻合；

（3）成交日期与评估基准日相近，不宜超过1年；

（4）成交价格为正常价格或可修正为正常价格。

3. 建立比较基础

选取可比实例后，应对可比实例的成交价格进行处理，建立价格可比基础，统一其价格内涵。主要包括统一财产范围、统一付款方式、统一税费负担、统一计价单位。

4. 进行比较修正

比较因素修正包括交易情况修正、交易日期修正、权益状况修正、区域因素修正和个别因素修正。

交易情况修正即将可比实例价格修正为正常交易情况下的价格。计算公式为：

$$交易情况修正后的正常价格 = 可比实例价格 \times \frac{正常情况指数}{可比实例情况指数} = P' \times \frac{100}{(\quad)} \quad (4-10)$$

交易日期修正即根据可比实例的交易日期与待评估不动产的评估基准日这一期间内不动产价格的变动率，将交易实例不动产价格修正为评估基准日的不动产价格。不动产价格的变动率一般用不动产价格指数来表示。

权益状况修正即对土地使用权性质、土地使用权年限、其他权利设立情况、其他特殊情况等方面进行修正，一般仅修正土地使用年期。

区域因素修正即将可比实例区域环境状况下的价格调整为评估对象区域环境状况下的价格。在实际比较中，往往将修正的区域因素列表，采取分别打分的方法进行。

个别因素修正即将可比实例相对于评估不动产因个别因素条件差别所造成的交易价格的差异部分剔除掉，得到评估不动产所具有的个别因素条件下的价格。具体修正方法与区域因素修正一致。

评估实践中，在进行因素修正时，单项修正幅度一般不超过20%，综合修正幅度一般不超过30%。修正后的可比实例价格最高价与最低价之比不应大于1.2。

5. 计算比准价格

采用各因素修正系数连乘法，求算各可比实例经因素修正后的比准价格，最终确认不动产价值。

（四）应用举例

评估对象位于××市××区××路8号发展大厦2层，紧邻地铁站，以复兴高架连接南北主城区，通过之江路与钱江新城CBD、六和塔景区及之江国家旅游度假区相连，通过钱塘江大桥、复兴大桥与南岸滨江区相连。抵押物建成于2019年，建筑面积为447.64平方米，用途为办公，评估对象总楼层6层，所在层为2层。

根据产权方提供的房屋所有权证（证号略），评估对象设计用途为办公。地号（略），土地使用权类型为出让，土地使用期限为自2014年7月11日起至2054年7月10日止，土地使用权面积为25 000平方米。评估对象在评估基准日未设定他项权利。

根据评估人员现场勘查，建筑物的装修标准及设备设施情况如下。

- 结构：评估对象为钢混结构。
- 外装修：评估对象外墙为干挂浅色陶板与天然石材。
- 内装修：评估对象内装修为毛坯。
- 设备设施：供水、供电、照明系统，防火分区消防自动喷淋系统，给排风系统等。

经评估人员现场勘查，目前建筑物维护使用状况好。

评估对象宗地红线内基础设施状况达到"七通"[①]。

---

① 七通是指基本建设中前期工作的道路通、给水通、电通、排水通、热力通、电信通、燃气通。

建筑物评估计算过程如下所述。

1. 收集交易实例

收集实际成交的真实交易实例，整理交易实例的基本状况（如建筑结构、用途、面积、楼层等）、交易方基本情况、交易方式、成交日期、交易目的、成交价格（付款方式、融资条件、税费负担）等。

2. 选取可比实例

本次评估选取了近期同一供需圈内的三个相同用途的交易实例作为可比实例，参见表4-4。

表4-4 可比实例一览表

案例	名称	建筑面积（平方米）	总价（元）	单价（元）	价格内涵
A	春城大厦	400	9 620 000	24 050	一次性付款，常规融资条件下，元/建筑平方米
B	经贸大厦	420	10 500 000	25 000	
C	现代大厦	470	11 280 000	24 000	

3. 建立比较基础

选取可比实例后，应对可比实例的成交价格进行处理，将其修正为价格可比基础。

4. 对可比实例价格进行因素修正

本次评估，首先针对影响较大并具有代表性的主要因素来对可比实例进行修正，并建立比较因素条件说明表（如表4-5所示）。

表4-5 比较因素条件说明表

比较因素	标的对象	案例A	案例B	案例C
名称	发展大厦2层	春城大厦	经贸大厦	现代大厦
坐落位置	××区××路8号	××区××路27号	××区××路226号	××区××路56号

续 表

比较因素		标的对象	案例A	案例B	案例C
交易价格（元/m²）		待估	24 050	25 000	24 000
交易日期		2021年3月	2021年3月	2021年3月	2021年3月
交易情况		正常	正常	正常	正常
房屋类型		写字楼	写字楼	写字楼	写字楼
区域因素	基础设施保证率	水、电、通信系统保证供给	水、电、通信系统保证供给	水、电、通信系统保证供给	水、电、通信系统保证供给
	公共配套设施完备程度	附近有银行、商场、学校、医院等，公用设施齐全	附近有银行、商场、学校、医院等，公用设施齐全	附近有银行、商场、学校、医院等，公用设施齐全	附近有银行、商场、学校、医院等，公用设施齐全
	与主干道通达程度	临主干路	临主干路	临主干路	临主干路
	地理位置和繁华程度	位于××路，距市民中心小于1千米，办公区位好	位于××路，距市民中心小于1千米，办公区位较好	位于××路，距市民中心小于1千米，办公区位较好	位于××路，距市民中心小于1千米，办公区位一般
	环境质量周围景观	有轻度噪声及汽车尾气污染	有轻度噪声及汽车尾气污染	有轻度噪声及汽车尾气污染	有轻度噪声及汽车尾气污染
个别因素	临街状况	位于××路及××路交叉口，两面临街	临××路，一面临街	临××路，一面临街	临××路，一面临街
	楼龄	2	5	8	8
	平面布置	利于使用，可灵活分割，布局合理	利于使用，可灵活分割，布局合理	利于使用，可灵活分割，布局合理	利于使用，可灵活分割，布局合理

续　表

比较因素		标的对象	案例A	案例B	案例C
个别因素	配套	设施齐全	设施齐全	设施齐全	设施齐全
	楼宇品质	甲级写字楼，楼宇品质较好	甲级写字楼，楼宇品质较好	甲级写字楼，楼宇品质较好	甲级写字楼，楼宇品质较好
	装修情况	毛坯	简单装修	简单装修	简单装修
	建筑结构	钢混	钢混	钢混	钢混
	楼层	中部	中部	中部	中部
	朝向	东向	东向	东向	东向
	物业管理	有专业物业管理公司对共有建筑物、设施、设备进行管理，管理水平较高	有专业物业管理公司对共有建筑物、设施、设备进行管理，管理水平较高	有专业物业管理公司对共有建筑物、设施、设备进行管理，管理水平较高	有专业物业管理公司对共有建筑物、设施、设备进行管理，管理水平较高

根据对评估对象和可比实例情况的分析，把各可比实例的自身状况按照参比因素分别与评估对象的相应状况进行比较，编制比较因素条件指数表（如表4-6所示）。

表4-6　比较因素条件指数表

比较因素	标的对象	案例A	案例B	案例C
名称	发展大厦2层	春城大厦	经贸大厦	现代大厦
坐落位置	××区××路8号	××区××路27号	××区××路226号	××区××路56号
交易价格（元/m²）	待估	24 050	25 000	24 000

续 表

比较因素		标的对象	案例A	案例B	案例C
个别因素	临街状况	100	99	99	99
	楼龄	100	97	95	95

根据比较因素条件指数表，编制因素比较修正系数（如表4-7所示）。

表4-7 因素比较修正系数

比较因素		案例A	案例B	案例C
名称		春城大厦	经贸大厦	现代大厦
坐落位置		××区××路27号	××区××路226号	××区××路56号
交易价格（元/m²）		24 050	25 000	24 000
个别因素	临街状况	1.0101	1.0101	1.0101
	楼龄	1.0309	1.0526	1.0526
比准价格（元/m²）		25 036.05	26 575.00	25 512.00

5. 求取不动产比准价格

采用各因素修正系数连乘法，求算各可比实例经因素修正后的比准价格。本次评估确定取上述可比实例比准价格的算术平均值作为评估对象比准价格：

不动产建筑面积单价 =（25 036.05 + 26 575.00 + 25 512.00）÷ 3 ≈ 25 707.68（元/m²）

不动产总价 = 25 707.68 × 447.64 ≈ 11 507 785.88（元）

四、收益法在不动产评估中的应用

（一）概述

1. 基本思路

收益法是不动产最常用的评估方法之一，是预测评估对象未来收益，利用合适的资本化率或折现率，将未来收益转换为价值来求取评估对象价值的方法。

当净收益每年不变、资本化率固定且收益为无限年期，计算公式为：

$$不动产价值 = \frac{a}{r} \qquad (4\text{-}11)$$

式中，a = 年净收益；

r = 资本化率。

当年净收益 a 每年不变、资本化率 r 固定且大于零、收益 n 为有限年期时的不动产价值计算公式为：

$$P = \frac{a}{r}\left[1 - \frac{1}{(1+r)^n}\right] \qquad (4\text{-}12)$$

2. 适用范围

收益法适用于经营性且有稳定收益的不动产价值评估，如商场、写字楼、旅馆、公寓等，对于政府机关、学校、公园等非经营性不动产价值评估大多不适用。

3. 前提条件

运用收益法评估的前提条件：

（1）不动产的未来收益必须是可以预测并可用货币来衡量的；

（2）收益期内，不动产权益拥有者获得未来预期收益所承担的风险可以预测，并可用货币来衡量；

(3)不动产预期获利年限可以预测。

4. 应用收益法评估不动产的评估程序

运用收益法评估结果,一般经过下列步骤:

(1)搜集有关不动产租赁及经营方面的合同及财务资料;

(2)搜集有关不动产收入、成本、税费、利润等资料;

(3)确定不动产净收益;

(4)确定不动产收益期限;

(5)采用适当的收益法模型估算不动产收益价格。

(二)计算公式

收益法可以评估单独的土地价值,也可以评估单独的地上建筑物价值,也可以评估房地合一的不动产价值。不同情形下,收益法计算公式不同。

1. 评估房地合一的不动产

收益法计算公式:

$$不动产价值 = \frac{不动产净收益}{综合资本化率} \quad (4\text{-}13)$$

式中,

$$不动产净收益 = 不动产总收益 - 不动产总费用 \quad (4\text{-}14)$$

2. 单独评估土地的价值

收益法计算公式:

$$土地使用权价值 = \frac{不动产净收益 - 建筑物净收益}{土地资本化率} \quad (4\text{-}15)$$

常见的情况是由不动产收益评估土地价值，主要有以下两种情形。

1）第一种情形

$$土地使用权价值 = 不动产价值 - 建筑物现值 \quad (4-16)$$

式中：

$$建筑物现值 = 建筑物重置价 - 年贬值额 \times 已使用年数 \quad (4-17)$$

$$年贬值额 = \frac{建筑物重置价 - 残值}{耐用年限}$$

$$= \frac{建筑物重置价 \times (1 - 残值率)}{耐用年限} \quad (4-18)$$

2）第二种情形

$$土地使用权价值 = \frac{不动产净收益 - 建筑物净收益}{土地资本化率} \quad (4-19)$$

式中：

$$建筑物净收益 = 建筑物现值 \times 建筑物资本化率 \quad (4-20)$$

3. 单独评估建筑物的价值

实际上，采用收益法单独评估房屋建筑物价值就是单独评估土地价值的倒算。

采用以下两个公式：

$$建筑物价值 = 不动产价值 - 土地使用权价值 \quad (4-21)$$

或

$$建筑物价值 = \frac{不动产净收益 - 土地净收益}{建筑物资本化率} \quad (4-22)$$

在运用上述公式求取不动产净收益时,都是通过不动产总收益减去不动产总费用得到的。需要特别注意的是,用来求取不动产净收益的不动产总费用并不包含不动产折旧费。

同时,以上所列计算公式均假设土地使用年期为无限年期,但在评估实践中,应注意土地使用的有限年期,以便进行相应的有限年期计算。在选取评估模型时应注意区分报酬资本化法和直接资本化法。

(三)收益法相关参数的确定

1. 净收益的确定

1)净收益的概念

净收益是指归属于不动产的除去各种费用后的收益,一般以年为单位。评估时一般采用的是客观净收益。在确定净收益时,必须注意不动产的实际净收益和客观净收益的区别。客观净收益是指在正常的市场条件下不动产用于法律上允许的最佳利用方向上的净收益值,其中还应包含对未来收益和风险的合理预期。净收益由总收益(毛收益)扣除总费用求得。

2)客观总收益

总收益是指以收益为目的的不动产和与之有关的各种设施、劳动力及经营管理者要素结合产生的收益,也就是被估不动产在1年内所能得到的所有收益。在计算以客观收益为基础的总收益时,不动产所产生的正常收益必须是其处于最佳利用状态下的结果。在确定收益值时:需以类似不动产的收益作比较;需对市场走势作准确的预测;必须考虑收益的风险性和可实现性。

在运用收益法评估不动产时,有租约限制的,租约期内的租金宜采用租约所确定的租金,租约期外的租金应当采用正常客观的租金,并在评估报告中恰当披露租约情况。

3）客观总费用

总费用是指取得该收益所必需的各项支出，如管理费、维修费、保险费、税金等。总费用也应该是客观费用。

2. 收益期限的确定

不动产收益期限应根据评估对象的寿命及评估时采用的假设条件等来确定。若评估对象为单独的土地或单纯的建筑物，可分别根据土地使用权年限和建筑物经济寿命年限，扣减不动产开发建设及装修等期限，确定未来可获收益的期限。若评估对象为土地与建筑物合成体，如果建筑物的经济寿命长于或等于土地使用权年限，则根据土地使用权年限确定未来可获收益的期限。如果建筑物的经济寿命短于土地使用权年限，可先根据建筑物的经济寿命，扣减不动产开发建设及装修等期限，确定未来可获收益的期限，然后再加上土地使用权年限超出建筑物经济寿命的土地剩余使用年限价值的折现值。

3. 报酬率和资本化率的确定

资本化率适用于直接资本化法，是将不动产的预期收益直接转换为价值的比率；报酬率适用于报酬资本化法，是将不动产的预期收益通过折现的方式转换为价值的比率。

资本化率是不动产的某种年收益与其价格的比率（通常用未来第一年的净收益除以价格来计算），仅仅表示从收益到价值的比率，并不明确地表示获利能力；报酬率则是求取未来各期净收益的现值的比率，在实际应用中应注意恰当选择。

（四）应用举例

评估对象位于××市××区××路8号发展大厦2层，紧邻地铁站，以复兴高架连接南北主城区，通过之江路与钱江新城CBD、六和塔景区及之江国家旅游度假区相连，通过钱塘江大桥、复兴大桥与南岸滨江区相连。抵押物建成于2019年，建筑面积为447.64平方米，用途为办公，评估对象总楼层6层，所在层为2层。

根据产权方提供的房屋所有权证（证号略），评估对象设计用途为办公。地号（略），土地使用权类型为出让，土地使用期限为自2014年7月11日起至2054年7月10日止，土地使用权面积为20 300平方米。评估对象在评估基准日未设定他项权利。

根据评估人员现场勘查，建筑物的装修标准及设备设施情况如下：

- 结构：评估对象为钢混结构。
- 外装修：评估对象外墙为干挂浅色陶板与天然石材。
- 内装修：评估对象内装修为毛坯。
- 设备设施：供水、供电、照明系统，防火分区消防自动喷淋系统，给排风系统等。

经评估人员现场勘查，目前建筑物维护使用状况好。

评估对象宗地红线内基础设施状况达到"七通"。

截至评估现场勘查日，评估对象处于空置状态，尚未出售，故本次采用市场租金进行收益法预测。

1. 评估过程

在租赁期间，采用客观市场租金计算。表4-8为出租房地产在预测期内采用收益法评估的详细测算过程。

表4-8 不动产收益法测算过程表

单位：元

项目	计算基数	税费率	预测期	说明
年有效毛收入	（潜在毛收入＋租赁押金利息收入）×（1－空置率）		578 030	市场行情

续 表

项 目	计算基数	税费率	预测期	说 明
潜在毛收入（元/年）			649 960	市场行情
空置率			11.4%	万得数据
租赁押金利息收入	租赁押金		2 440	租赁押金162 500元 × 年存款利率1.5%
运营费用	维修费 + 管理费 + 保险费 + 税费		107 200	
维修费	房屋重置价 × 费率	1.5%	20 140	房屋重置单价3000元/平方米 × 建筑面积 × 费率
管理费	潜在毛收入 ×（1 - 空置率）× 费率	1%	5 760	
保险费	房屋重置价 × 费率	0.50%	6 710	房屋重置单价3000元/平方米 × 建筑面积 × 费率
房产税	潜在毛收入 ×（1 - 空置率）× 费率	12%	69 100	企业出租
城镇土地使用税	土地面积 × 每平方米年税额	10元/平方米	2 030	Ⅱ级土地
增值税	潜在毛收入 ×（1 - 空置率）× 税率	5%	28 810	
城建税	增值税 × 税率	7%	2 020	
教育费附加	增值税 × 税率	5%	1 440	
纯收益	年有效毛收入 - 年运营费用		470 830	
折现系数			19.4996	
折现率			6.67%	

续表

项 目	计算基数	税费率	预测期	说 明
年租金增长率			2.58%	
收益年限（年）			35.22	
房屋残余价值			56 120	
评估结果	纯收益×折现系数		9 181 000	
评估总价			9 237 100	
评估单价（元/m²）			20 640	

2. 各主要参数的确定

1）潜在毛收入

建筑面积依据不动产权证记载的面积中可实际出租的房屋建筑物面积447.64平方米计算。

根据对评估对象周边出租情况的调查了解，物业状况和沿街类型状况不同，租金会有比较大的变化。根据调查取得的周边类似房地产的市场租金资料，综合确定本次评估对象的客观合理租金为3.978元/天·平方米（含增值税）。

本次评估中根据待估房地产周边类似房地产租赁市场状况，确定空置率取11.4%。

$$年潜在毛收入 = 建筑面积 \times 单位租金 \times 365天 \quad (4-23)$$

根据物业所处房地产市场通行押金水平取年潜在毛收入的四分之一，即3个月毛租金收入，利率取一年期存款利率1.5%。

$$年有效毛收入 =（年潜在毛收入 + 押金利息收入）\times（1 - 空置率） \tag{4-24}$$

2）未来运营费用的确定

维修费是指为保持正常使用进行必要的修缮费用，结合待估房屋建筑物实际情况，维修费按照年有效租金收入1.5%计算。重置成本为3 000元/平方米。

管理费指为出租房地产而进行的相关管理所支出的费用，按照年有效租金收入的1%计算。

保险费按照重置成本的0.5%计算，重置成本与"维修费"相同。

各项税金为：房产税12%、增值税5%、城建税7%、教育费附加总计5%。

城镇土地使用税 = 土地面积 × 每平方米年税额为10元。

3）确定未来净收益

$$净收益 = 年有效毛收入 - 运营费用 \tag{4-25}$$

4）确定不动产的报酬率

根据房地产评估规范及不动产评估准则的相关规定，本次评估采用安全利率加风险调整值法计算折现率。经计算当前无风险收益率为3.67%。通过对资本市场、房地产市场的分析，由于待估对象所在区域经济发展水平较高，配套成熟，其总体风险水平较低，因此本次评估确定3%为风险调整值。

折现率 = 安全利率 + 风险调整值 = 3.67% + 3% = 6.67%

5）年租金增长率

根据同类物业的市场供求状况、租售状况、物业规划及发展前景等因素，预测其未来的收益状况，预计评估对象于基准日起在可收益年限里保持较稳定、幅度适中的年增长的租金水平，本次评估取租金年增长率为2.58%。

6）收益年限

出租房屋建筑物2018年建成，至评估基准日，房屋已使用0.33年，为钢砼结构，办公楼房屋经济耐用年限为60年，则房屋剩余使用年限为59.67年。待估对象证载土地使用年限到期日为2054年7月10日，距评估基准日剩余30.60年。根据国家相关法律法规，按照孰短原则，确定房地产总收益期限为35.22年。

7）房屋建筑物残余价值

由于土地使用权终止日期短于房屋建筑物经济寿命年限到期日，故到土地使用权终止日期时房屋具有残余价值，残余价值计算公式如下：

$$房屋建筑物残余价值 = 剩余年限成新率 \times 房屋建筑物重置成本$$

(4-26)

五、在建工程评估

房与地是债权的底层核心资产，往往是不良债权的投资与处置的核心。同时，地产类不良资产也伴随着金额大、情况复杂、操作难、风险高等特点，对资金、人才、专业有着高要求。由于现房及光地的资产价值较为透明，故该类项目的评估难度较低。而在建工程由于工程建设方式（如出包、自建等）的复杂性和工程成本（发生的费用和形成的财产）的不一致，价值较为复杂。在不良资产实务中，在建工程价值一直是困扰从业人员的高难度问题。

在建工程主要有两个层面的含义，分为广义和狭义两个方面。

广义的在建工程是指从房屋开始动工兴建到最后经房地产有关机关颁发相关证书所经历的整个过程。在这个过程中，一方面是房屋的各项指标尚未竣工，另一方面是房屋的各项工程完成竣工后，等待有关部门进行审核，得到法律认可之前的过程。狭义上则是指从房屋开始动工到最后整体完成竣工之前。从严格意义上讲，广义上的含义包含了狭义层面上的解释。基于此，在建工程评估也可以分为广义和狭义两个类型，但是根据日常工作中所总结出来的经验，在建工程评估一般是指基于狭义层面上的评估。

（一）在建工程的特征

由于在建工程是以该工程是否已经竣工来分界的，它可以是还没有竣工的工程，或者是已经停工的"烂尾楼"，还可以是一些"豆腐渣"工程。另外在建工程区别于其他房地产的特征主要还表现在其所有权相对确定性、所有权的合法性、可比性、可变价性及工期不确定性方面。

1. 所有权的相对确定性

以在建工程是否已经完成竣工为界限，在建工程的所有权处于相对确定的状态。即从工程开始动工到各项建筑指标已经完成，所有权的归属问题与竣工完后等待房地产相关部门颁发证书这个过程当中是不同的。

2. *所有权的合法性*

在建工程必须要得到国家相关的房地产部门审核认可以后才具有法律效力。只有那些获得相关部门审核并取得规划红线图和许可证的工程才能被定义为拥有合法性，而没有通过审核的在建工程是不具备合法性的，更加不能将这些不合格的工程作为抵偿债务的凭证。

3. *在建工程的可变价性*

同其他的房地产一样，在建工程也拥有可交换性和价值性，归属于商品，拥有价值和使用价值。但是又与其他的房地产不同的是，在建工程分为在法律上处于未完成和在客观上没有完成两种状态。从而也使得在建工程的价值性上面呈现出两种状态，即能否用交换价值的形式来衡量。换句话说，在建工程的价值是具有可变性的。只有获得了国家相关房地产部门的认可，并颁发许可证和规划红线图，才能拥有实际的交换价值。它的可变价性还体现在是否可以用来充当抵债形式。一个在建工程拥有可变价的权利和抵偿债务的权利才能被司法部门列为可以进行资产评估的对象。总而言之，只有在合法的基础上面，才能体现在建工程的商品特性，即价值和使用价值。

4. 在建工程工期的不确定性

在建工程根据不同类型，其工期长短存在很大的差异性。工期的长短不同会造成建造期间所选用的材料、设计的变更情况与相关工费的价值不同。因此在我们进行评估时，所选取的评估价值标准也会造成不同的影响。这些工期长短差异使得我们在对在建工程进行评估时，不能拥有统一的标准，从而加大了评估的难度和复杂度。

（二）在建工程评估所用到的方法

对于在建工程的评估，根据待估项目性质不同，选择不同的评估方法。其中以租售为目的的在建工程多采用剩余法进行评估，但如出于谨慎考虑，也可采用成本法评估。对于以自用为目的的在建工程通常采用成本法进行评估。在选取评估方法的同时，需明确评估价值的构成内涵，即待估在建工程是否包含其占有的土地使用权。

1. 成本法

成本法是根据评估基准日所涉及的建筑材料和技术，通过塑造与评估对象拥有同样特性的建筑物，并根据这个建筑物在当时的价格水平之下应该拥有的正常价格，再结合在建工程的实际完成情况，综合估算在建工程应有的合理价格的判定方法。与在建工程的价格相关的因素有前期工程建设当中所需要的费用、建造成本、其他专业所需费用、管理费用、对未来不可预见的费用，以及用于投资所涉及的利息，还有投资所带来的利润以及销售时产生的税费，最后还涉及评估时在建工程对象所占用的土地价值。在利用成本法对在建工程进行评估时，根据评估所涉及的内容，逐一考虑。在以往用成本法进行评估时，比较难确定的就是评估对象占用的土地价值。因为它涉及许多方面，所以我们可以采用将市场比较法、基准地价系数修正法和成本法相结合的方法，综合得出评估对象的土地使用价值。

然而成本法也存在着一定的局限性。相比较于其他方法，该方法考虑的因素细而复杂，所以显得比较保守。不过，对于资产管理公司来说，采用此种方法较为稳健。因此许多不良资产管理公司在进行在建工程评估时，往往将成本法作为首选方法。

2. 剩余法

在运用剩余法评估在建工程价值时，需要把握两个关键因素：一是要确认在建工程的开发利用方式，包括规划设计用途、物业类型的规模和档次、未来可能的收益方式等；二是要根据当地房地产市场情况，尽可能准确预测未来在建工程开发完成后的房地产价值。

在建工程距离建成投入使用尚需时日，能否顺利完工、能否获得房屋所有权证、能否实现相应利润、后续建设期市场如何变化等均存在不确定性。在建工程难以准确确定形象进度、实际进度、工程款项支付情况，所以评估前应全面掌握评估对象的状况，注意实际施工进度和相应可实现的权益，以及法定优先受偿权对评估价值的影响，评估预测应该审慎，足额考虑后续期间的成本、费用、利息、利润，准确估算现状成本。对在建工程价值评估时，应要求出具在建工程发包人与承包人及监理方签署的在评估基准日是否拖欠建筑工程价款的书面说明或承诺函,存在拖欠建筑工程价款的,要提供拖欠的具体数额。

3. 在建工程相关的应付未付或未列负债的处理

若已完工的在建工程中有应付未付且未列负债的款项,应从评估值中扣除此款项。应付未付且未列负债款项的确定方法:

(1)应付未付且未列负债=工程决算价-已付款-已挂负债;

(2)应付未付且未列负债=工程结算价-已付款-已挂负债;

(3)应付未付且未列负债=工程预算价+变更-已付款-已挂负债。

未完工的在建工程需要根据现场勘察了解在建工程实际完工程度,若实际付款额与形象进度一致,则:评估价值=按形象进度的评估结果。

若实际付款额与形象进度不符,则按形象进度对在建工程的评估结果进行评估后应再扣除应付未付且未列负债的款项。其公式如下:

$$评估价值 = 按形象进度的评估结果 - 按形象进度应付未付且未列负债的款项 \quad (4-27)$$

应付未付且未列负债款项的确定方法:

$$应付未付且未列负债 = (工程预算价 + 变更) \times 形象进度 - 已付款 - 已挂负债 \quad (4-28)$$

六、国有土地使用权评估

(一)主要方法

1. 市场法

市场法是土地使用权市场交易较为活跃、可比实例较多时普遍采用的一种方法。评估时,先选取与评估对象土地有可比性的市场交易实例（一般为三例及以上）。交易实例的可比性主要表现在土地规划用途的同一性、土地供求范围的同一性、土地生熟程度的同一性（重点关注处于生地、毛地、熟地、在建工程地、现房地中的何种程度）、土地规划条件的相似性（重点关注容积率及密度）、土地交易日期的相近性以及交易情况的正常性等，采用"招拍挂"成交案例时要注意区分是底价成交还是溢价成交，同时关注土地的附加条件。在交易日期、交易情况、区位状况、实物状况等方面予以调整，最终得出评估对象土地使用权价格。

采用市场法评估时应注重所选可比实例的可替代性。由于土地的稀缺性和位置的固定性，即使在同一供求圈内，每一宗土地都有自己的特点，也就是说土地的可替代性较差。因此，在采用市场法进行国有土地使用权抵押价值评估时，更要注意所选取的可比实例的用途和所处地段应相同，即有相同的土地利用方式和处于相同特征的同一区域或邻近地区，或处于同一供求圈内、同一等级土地内。否则，不能采用市场法评估。

2. 剩余法

剩余法是评估国有土地使用权价值的常用方法之一。其前提条件是评估对象土地规划设计条件已经规划主管部门审批。只有在此情况下，评估对象土地才有假定开发的具体规划设计方案，才能据此规划方案假设得到开发建设后的剔除建筑物部分的剩余土地部分价格。

剩余法评估涉及的专业面较广，需要采集很多行业数据，还需建造师、造价师提供帮助。剩余法中，评估对象开发完成后的价格可用市场法、收益法、长期趋势法估出，后续开发成本可从当地的工程造价部门定期公布的资料中查得。

3. 成本法

成本法是在评估对象土地使用权各组成部分项目明确、账目清楚时适合采用的一种方法。土地取得费用包括三部分：一是征地和房屋拆迁安置补偿费；二是土地使用权出让金或地价款；三是有关土地取得手续费和税金。

4. 基准地价法

使用基准地价法的关键是确定评估对象土地可适用的基准地价。基准地价是在一定区域范围内，根据用途相似、地段相连、地价相近的原则划分土地价值区段，然后调查测算出各区段在评价时点的平均价值水平。基准地价法的评估过程一般为：利用政府已经确定公布的基准地价，依据替代原理，通过对交易日期、区位状况和实物状况（包括土地使用权使用年限、剩余年限等）的比较修正，由基准地价调整得出评估对象出让土地价格。

（二）评估方法的选用

估算国有土地使用权价值时，要根据不同的土地取得方式、不同的土地类型选择不同的评估方法。

从土地使用权取得方式看，对于通过招标、拍卖、挂牌等出让方式取得的土地使用权，评估时宜优先选取市场法、剩余法。市场法充分考虑市场行情、市场承受力，而剩余法则充分考虑了宗地自身使用情况及将来可能带来的土地收益。

由于以协议方式出让土地使用权是双方协商的结果，没有引入市场竞争机制，出让透明度不高，主观随意性较大，评估时宜优先选取成本法、基准地价法。《城市房地产管理法》第13条第3款规定："采取双方协议方式出让土地使用权的出让金不得低于按国家规定所确定的最低价。"如其出让金低于国家规定所确定的最低价，则应依法调至国家规定最低价或适度高于最低价,通常不低于按照土地的基础设施完备程度、平整程度等对应的正常成本价格。

从土地用途看,住宅用地、商业用地由于市场发育程度相对较高,市场替代性较好,评估时宜优先选用市场法、假设开发法。工业用地一般采用成本法、基准地价法评估,若评估对象同一供求范围内土地成交较为频繁,也可采用市场法评估。

(三)评估注意事项

1. 集体土地

集体土地不能单独抵押,但集体土地有地上建筑物的,地上建筑物须和集体土地一并抵押。

2. 闲置土地

国有土地有偿使用合同或者建设用地批准书未规定动工开发建设日期,自国有土地有偿使用合同生效或者土地行政主管部门建设用地批准书颁发之日起满1年未动工开发建设的,或已动工开发建设但开发建设的面积占应动工开发建设总面积不足1/3或者已投资额占总投资额不足25%,未经批准中止开发建设连续满1年的为闲置土地。闲置土地1年以上的,可以征收相当于土地使用权出让金20%以下的土地闲置费,连续2年未使用的,经原批准机关批准,由县级以上人民政府无偿收回,因不可抗力或者政府有关部门的行为或者动工开发必需的前期工作造成动工开发迟延的除外。实际操作时,可由政府有关部门出具非闲置证明。

3. 权属证书

评估土地使用权价值,应查看评估对象的土地规划条件、土地使用权出让合同,已进入开发阶段的还要查看规划许可证、施工许可证,在这些文件中查找影响评估价格的因素。

> **想一想**
>
> 一宗商住综合用地的司法拍卖评估，该地国有土地使用证和土地规划条件通知书均显示使用权期限是50年。在测算土地价值时按住宅和商业分别进行估算，评估人员在测算商业用地部分时产生了意见分歧。
>
> A：有人认为法律规定商业用地最高使用年限是40年，因此应按照40年减去土地已使用年限得出本次评估商业用地部分的设定年限。
>
> B：也有人认为该宗地是商业、住宅综合用途，综合两种用途年限设定的是50年使用年期，土地证也是按50年显示的一个确定的使用权终止日期，因此不管是商业还是住宅，均应按50年减去已使用年限来设定剩余年期。
>
> 目前无法达成一致意见。试想您作为一名不良资产从业人员，您觉得应如何处理？

第二节 机器设备

一、机器设备概述

(一) 机器设备概念

1765年，瓦特利用科学理论，改良出了设有与汽缸壁分开的凝汽器的蒸汽机，之后成为了18世纪工业革命的引擎。现代社会中，机器设备作为生产材料中非常重要的一环，也常常作为不良资产的质押物。

一般来说，机器设备存在下面几个主要特征。

1. 由零部件组成

机器设备一般由不同数量的零部件组成，少则几个，多则几千个。这个特点意味着机器设备内部部件存在替代的可能性。当部分零件损坏时，我们可以通过替换部分零件而非整个设备来对其进行修复，降低企业生产成本。如果替换部分零件的费用大于重新购置安装该设备的费用，那么企业从经济角度考虑，会直接替换整个设备。

2. 零部件之间有确定的相对运动

零部件之间通过齿轮、带、摩擦轮等进行连接传动，使其有确定的相对运动，中间连接的部分在传动的同时可以改变运动的速度、方向等，使机器设备正常运转。

3. 有能量转换

机器设备的出现，最重要的作用便是对不同的能量进行转换，为人所用。以上面说的蒸汽机为例，能量转换便是使用石油等生物能转化为水的热能，热能再通过机器设备转化为机械动能。一般来说，我们会以机械效率来衡量设备输出功（有用功量）与输入功（动力功量）的百分比，机械设备的效率必定小于100%，不存在没有损耗的"完美机器"，因此，企业也会从经济角度考虑，在合适的情况下对机器设备进行改造或更新，从而提高生产效率。

（二）机器设备的经济管理

1. 机器设备的磨损

生活中，我们都知道机动车要在固定的时间进行年检，特别是车龄较长的机动车，需要每年检测一次或两次，确保车辆各个部件的安全性。这涉及机器设备管理中常见的一个概念——磨损。

设备的磨损，指设备在使用或闲置过程中，因为物理或科技进步的原因渐渐产生磨损而导致设备价值降低。根据形成原因的不同，磨损可以分为有形的和无形的两种。

有形磨损，是指设备发生的实体上的磨损或损失，主要分为两种。

第Ⅰ种有形磨损指的是在使用过程中，设备的零件由于摩擦、振动、腐蚀等产生的磨损。磨损一般体现在零部件的尺寸、形状的变化，精度降低等。以机动车为例，长时间的行驶会使轮胎与地面的摩擦导致轮胎形状发生变化，产生有形磨损，当磨损到一定程度，就需要进行更换，确保行车的安全。

第Ⅱ种有形磨损指的是在闲置过程中，因为自然力腐蚀、缺乏维护等而自然丧失精度和工作能力，使设备遭受有形磨损。机动车一直停在停车场，它内部的零件会因为长时间暴露在空气中发生腐蚀，因"年久失修"而影响使用。

有形磨损一般会产生两方面的影响：其一，它降低了设备使用价值，严重的甚至可能造成设备的报废；其二，它也会使设备效率降低，增加原料消耗、提高生产费用、产品合格率下降等，从而造成产品单位利润的下降，严重的甚至引发事故，造成更多的经济损失。

无形磨损是指生产相同结构的设备，由于工艺水平的提高，其重置价值不断降低，导致原有设备的价值降低，或是技术不断进步而制造出生产效率更高的设备，导致原有设备的价值降低。从上述描述也可以看出，无形磨损也分为两种。

第Ⅰ种无形磨损因重置价值降低造成，简单来说，就是现在买这个设备更加便宜了，这种磨损不影响设备的正常使用，也不影响其经济性能，一般不需要对其进行更新等处理。

第Ⅱ种无形磨损因出现性能更完善、效率更高的设备造成，换种说法，就是现在买同类设备，单位时间能生产更多的产品，或单位时间生产相同产品所需的费用减少等，这种磨损带来的是设备使用价值的部分或全部丧失。

当机器设备存在上述磨损时,应采取一定措施,即应进行"补偿"。如果磨损为有形磨损,一般可以采用修理、更换零件来进行补偿,如磨损为无形磨损,特别是第Ⅱ种无形磨损时,可以对原有设备进行技术改造,或更新为更加先进的机器设备。

2. 机器设备利用率

机器设备利用率,是指每年设备实际使用时间占计划用时的百分比。这个技术经济指标可以反映设备目前的工作状态及生产效率。常见的设备利用率有时间利用率和能力利用率。

1)时间利用率

设备的实际生产时间直接决定了其生产效率,在计算这个指标时,一般涉及四个时间概念,分别是日历时间、制度时间、计划工作时间、实际工作时间。我们可以通过下面这个例子来进行理解。

【例】某轮毂制造厂,2019年度,根据工作制度轮毂制造生产线每天工作8小时,无节假日,另计划扣除5天进行升级改造,同时,因新冠疫情原因,停工了60天,求2019年1月1日至2019年12月31日的各项时间。

【解】在这个例子中:日历时间为起点和终点之间的间隔时间,即365天乘以每天24小时,为8 760小时;制度时间是日历时间扣除节假日、公休日及不工作的轮班时间后,设备应工作的时间,即为365天乘以每天8小时,为2 920小时;计划工作时间为从制度时间中扣除计划停开后的工作时间,即减去改造的40小时,为2 880小时;实际工作时间为从计划工作时间中扣除因事故、材料供应、电力供应等原因造成的停工时间480小时,为2 400小时。

一般来说，我们会将实际工作时间与日历时间或是计划工作时间作比较来计算时间利用率，上面的例子中：

$$设备计划时间利用率 = \frac{实际工作时间}{计划工作时间} \times 100\%$$

$$= \frac{2\,400\,小时}{2\,880\,小时} \times 100\%$$

$$\approx 83.3\%$$

$$设备日历时间利用率 = 日历时间利用率 = \frac{实际工作时间}{日历时间} \times 100\%$$

$$= \frac{2\,400\,小时}{8\,760\,小时} \times 100\%$$

$$\approx 27.4\%$$

2）能力利用率

时间利用率在正常情况下可以对机器设备的生产效率进行评价，但如果设备出现状况，可能会存在设备的时间利用率非常高，但实际的生产效率却很低的情况，这时，便需要采用能力利用率评价设备的生产效率。

$$设备能力利用率 = \frac{单位时间内平均实际产量}{单位时间内最大可能产量} \times 100\% \quad (4\text{-}29)$$

其中最大可能产量数据应来自机器设备出厂的设计能力，但当设备经过了技术改造时，单位设计产量有可能会提高，此时便需要依据改造后的设计能力进行计算。单位时间内的平均实际产量应根据实际生产情况进行定期测量。

设备的时间利用率和能力利用率需要相互参考，综合验证，如发现这两种利用率中某种利用率过低，在评估时需要向厂区设备管理人员进行适当询问，了解其原因并对是否影响评估进行相应判断，常见的原因有：产品滞销导致设备开工时间较少，设备状态不佳需要大量时间维修，等等。

3. 机器设备寿命

日常生活中，机动车需要进行年检，以确保行驶过程中的稳定安全。其实年检便是对车辆寿命的一次检测。我国的《机动车强制报废标准规定》对营运车辆的寿命进行了强制规定。如何对机器设备的寿命进行合理的判定是需要在评估中考虑的。

机器设备的寿命，是指设备从启用到被淘汰所经过的时间，被淘汰的原因有多种，对应设备不同的寿命类型，最主要的有三种：自然寿命、经济寿命及技术寿命。

自然寿命是指设备从启用到因自然磨损而被淘汰所经历的时间。设备在存放和使用过程中，自然力侵蚀、摩擦、振动和疲劳等均可产生自然磨损，以机动车为例，在行驶过程中，轮胎会磨损、皮带轮等会摩擦，停放在车库内，同样会产生部件的锈蚀和氧化。一般情况下，这些因素都会共同作用于机器设备。

经济寿命指的是设备从启用到因遭受有形磨损和无形磨损，继续使用在经济上已不划算而被淘汰所经历的时间。对于经济寿命，目前主要有两种观点：第一种观点认为设备的经济寿命是指设备从启用到其年均费用最小的时间，使用年限超过设备经济寿命，设备的年均费用将上升；另一种观点认为对生产设备来说，设备经济寿命的长短不能单看年均费用的高低，而是要以使用设备时所获得的总收益的大小来决定，只要总收益仍然在增加，就是经济可行的。

技术寿命指的是机器设备从启用到因科技发展导致其功能落后被淘汰所经历的时间。技术寿命是由无形磨损造成的，自然寿命一般会长于技术寿命，且科技发展越快，技术寿命越短。

一般对机器设备寿命进行判断时，会通过磨损、疲劳等因素考虑设备的自然寿命，并通过最小平均费用法等考虑设备的经济寿命，然后进行综合判断。在不良资产评估时，机器设备一般存在数量众多、价值较低等特点，如何快速判断设备的寿命非常重要。对于体量不大的设备，可以通过行业内发布的该类企业所用设备的平均寿命进行快速判断，然后根据现场勘查的情况进行研判及调整，从而提高评估的效率。表4-9展示了一些常见通用设备的经济寿命。

表4-9　常见通用设备经济寿命参考年限表

设备分类	寿命年限（年）	设备分类	寿命年限（年）
一、机械设备		2. 泵类	
1. 普通金属切削机床	10—18	清水泵	8—12
其中：数控机床	10—12	污水泵、耐酸泵	8—10
龙门刨床	12—20	转油泵、卸油泵	11—14
摇臂钻床	10—14	3. 空压机	
砂轮机	8—10	移动式	6—10
切割机	8—12	固定式	10—14
抛光、磨光机	8—10	4. 储气罐、储油罐	
2. 锻压设备	10—16	室外	18—26
剪床	10—14	室内	20—30
冲床	10—16	储酒罐	20—30
折弯机	10—14	5. 风机（不含除尘）	8—14
其中：锻锤设备	10—14	6. 冷却塔	10—12
3. 试验设备		7. 除尘设备	10—16
其中：机械式	10—12	8. 工艺管线	
电子式	8—10	有腐蚀管线	8—10
4. 起重设备	12—18	无腐蚀管线	12—20
单、双梁行车	12—18	9. 其他动力设备	12—20
电动葫芦	8—10	三、传导设备	
电梯	12—16	1. 电气设备	12—18
5. 工程机械	10—15	2. 变电设备	16—25
6. 铸造设备	10—14	3. 配电设备	14—20
其中：冲天炉	12—16	4. 输电线路	24—30
混砂机	10—12	5. 电讯设备	18—24
7. 电镀设备	8—12	6. 铁塔水泥杆	25—40
8. 其他机械设备	10—14	7. 其他传导设备	18—25
二、动力设备		四、通信设备	
1. 锅炉		1. 电话通信设备、通信线路	8—10
4T/H以上蒸汽或热水锅炉	14—18	2. 交换机	8—10
4T/H以下快装锅炉	12—10	3. 手机	3—5
		4. 其他通信设备	5—8

4. 设备的更新及技术改造

设备更新是指用性能、经济性更佳的新设备来代替原有设备。设备的技术改造是指应用最新发展的科学技术，对原有设备结构进行局部改革，如安装新部件或新装置等来增强技术性能。对设备的技术改造是补偿第Ⅱ种无形磨损的重要方法。

设备在工作过程中，有形磨损使得设备的精度、功能逐渐下降，要通过修理加以恢复。但修理多次后会出现修理费用增加、修理间隔时间缩短，这时需要对是否更新改造设备或继续修理设备进行分析论证。一般我们采用最小年度费用法，将未来各年度发生的费用及一次性的投资费用换算成为未来年金，进行比较，我们可以通过下面的例子进行简单理解。

【例】某设备需要进行大修，预计大修修理费用为35万元，修理之后只能使用2年，每年的维修费用预计约为5万元，如果更新设备，预计花费90万元，10年内不需要大修理，每年的维修费用为2万元。折现率设为10%，不计算设备残值，从经济角度来看，是更新设备还是大修设备更为合理？

【解】更新还是大修，可使用的时间是不同的，无法直接比较，需要通过每年的费用进行比较。如果大修，修理费用根据2年的年金公式计算，每年的费用为20.16万元，加上每年的维修费用5万元，预计每年费用合计25.16万元；如果更新，更新费用根据10年的年金公式计算后，每年的费用为14.64万元，加上每年的维修费用2万元，预计每年费用合计16.64万元。在这个例子中，我们应选择更新设备，每年费用较小，较为经济。

5. 设备的淘汰报废

设备因为磨损或其他原因而无法继续工作的，称为设备报废。

设备报废的原因主要是由于长期工作导致零件老化、结构损坏、精度下降较大等，也有因为人为事故或自然灾害造成的报废，还有一种是因为污染严重致使国家层面下达的强制报废。最后一类情况较为特殊。当中央或地方政府颁布了相应的强制报废的法律法规或条款，如符合条件，即使是新购置的机器也只能根据规定立即报废或限期报废。不良资产评估时，经常会遇到停产的企业，了解其设备是否因能耗高、污染严重被列入强制报废目录内便十分必要，如确定其需强制报废，则基本不应予以评估。

（三）机器设备的现场勘查

在不良资产的现场勘查中，一般多会关注厂房、土地等价值量较大的资产，而忽略机器设备的现场勘查，但对于重点机器设备，我们仍然应该明确相应勘查重点，为进行机器设备评估提供基础。

1. 现场勘查内容

机器设备的现场勘查，主要包括以下几点：勘查明确设备是否存在、机器设备的存在状态并核查其法律权属资料。

勘查的内容主要可以分为宏观、微观以及权属三方面。

宏观调查主要以设备所在企业为主体，调查的主要内容如表4-10所示。

表4-10　机器设备宏观尽职调查表

企业的名称与地址	
企业的产品及生产工艺	① 企业生产的产品、副产品及其数量和用途
	② 企业的生产工艺
企业的生产能力	企业的设计生产能力、实际生产能力
企业机器设备等固定资产建设情况	工程建设及改扩建的日期、设计与施工单位、建设投资等信息

续　表

企业的生产组织和作业模式	生产组织调度、工作班制、作业模式、生产作业是否受季节性影响等
企业的设备维护政策	了解企业的设备维护制度、额外维护、过去及未来的维护费用
企业的生产经营情况	① 企业产品的市场情况和销售情况
	② 企业生产经营历史数据
	③ 企业的经营成果
企业的安全环保情况	调查企业能源及燃料单耗水平，能源、环保和安全政策，是否受到政策限制或面临设备设施的升级改进等

微观调查主要以设备本身为主体，调查的主要内容如表4-11所示。

表4-11　机器设备微观尽职调查表

基础信息	安装使用情况
机器设备的名称	安装状态
制造厂家	使用情况
品牌（商标）	维护保养情况
规格型号	
序列号	
主要技术参数	
出厂日期（役龄）	
购置日期	
附件及软件	

对于宏观及微观调查的内容，并非每一项都能了解到，评估人员应根据现场可取得资料的情况及后续的评估思路有针对地进行筛选

调查，一般来说微观调查部分会重要一些。

对于权属资料的调查，一般需要向资产占用方或相关当事人等进行收集，但需要注意的是，一般来说设备区别于不动产，除船舶、车辆等特殊的机器设备，大部分设备并没有产权证明的文件，对于不良资产，除了一部分存在基础无法移动的设备，其余设备还存在看管不善被盗走的可能性，因此，考查现场设备的看管情况也是十分必要的。

2. 现场勘查的方法及核实手段

一般来说，勘查的方法有逐项调查及抽样调查。对于数量较大的机器设备，在合理的判断下，可以采用抽样调查方法；而如果数量较少且设备体量较大，则采用逐项调查较为合适。

核实的手段主要是指具体的调查手段。一般来说，我们会通过设备的一些档案资料、专业机构出具的检测报告等，对设备的情况进行判断。

一个生产型企业内一般会有专门的设备管理部门，一般来说可以在该部门取得相关资料。资料一般分为三大类。

一是企业管理资料，一般包含设备的出厂铭牌、设备卡片、设备台账等。这些内容一般是管理部门为方便设备管理而制作，铭牌一般在设备表面，卡片及台账现在一般为电子媒介，上述材料通常会记录设备的基础信息，如设备的名称、型号、出厂日期、生产厂家名称及联系方式、主要技术参数等。

二是工厂及设计的原始技术文件，一般包括设备组成、基本技术性能、设计生产能力、经济指标、工艺及运行班次等资料，当然还包括设备的购买、安装、调试及技术服务的合同。这些材料可以反映设备的相应制造商、设备的构成和价格以及交易的条件，为我们后续评估提供相应资料及依据。

三是设备的财务及预决算资料，这些资料一般记录的是该设备项目涉及的实物及工程量和金额，是核实历史成本、测算重置成本的重要参考资料。这里并不仅仅需要设备投资安装时的内容，如发生技术改造等情况，也需取得相关资料。

四是设备的运行、维保记录，可以反映设备的运行质量和技术状态，能帮助我们了解企业设备的维修保养情况，有助于我们了解设备的完损情况、测算成新率或贬值额。

当我们认为某些设备需要进行专业的检测且一般的评估检查手段无法应用时，我们可以聘请专业机构对评估对象进行技术鉴定。由于许多设备的检测和鉴定需要有关部门核发的特殊资质，因此需了解该设备的相关准入专业检测机构。

另外，国家对于车辆、压力容器、电梯等设备均要求定期进行检测检验，收集年检或定期检测的报告也可以帮助我们了解判断设备目前状态。

3. 报废设备中各种材质的重量核实

在不良资产收购处置过程中，我们经常会接触到报废设备的评估，这时一般需要核实报废设备中各种材质的重量。现将核实方法归纳为如下两类。

1）过磅核实法

这是核实报废设备重量最为准确的方法，需要将报废设备分材质分别过磅计量。这种方法对于绝大多数单一材质（如铸铁件）报废设备重量的核实是最直接的，但因为这种方式需要交易对手付出较大的劳动量来对报废设备进行整理，交易对手不一定会给予积极的配合，尤其是在报废设备尚未拆除的情况下。如果遇到报废设备由多种材质组成（如变压器，其主要构成材质除了铁还有铜）则更加麻烦，因为需要将设备拆除并按材质拆解后过磅,更不易取得交易对手的配合。

2）查询资料法

查询资料法又分为直接查询法和间接查询法。相对而言,直接查询法比间接查询法更加准确。

（1）直接查询法,就是直接根据报废设备的相关资料分材质进行重量查询,具体又存在以下几种手段：

- 通过查阅设备铭牌查询设备材质重量；
- 通过查阅技术合同和制作安装合同（针对非标设备）查询材质重量；
- 通过查阅技术图纸查询材质重量（一般在图纸的右下角框图内会标注设备重量）；
- 通过查阅装箱单查询材质重量（装箱单上通常会根据设备各组成部分分别列示其材质和重量）；
- 采用运单查询法,运单上通常会标注所运输设备的重量；
- 部分设备使用说明或产品检验证书上会标注设备重量,可以通过查询获得。

（2）间接查询法,就是通过网络等媒介查询同类同规格型号设备或类似设备的重量。我们需要理解,即使是同类同规格型号同生产厂家的设备,网上查询到的重量也不一定和被评估报废设备的重量完全一致,这是由于企业出于实际生产管理的需要,在不影响设备正常功能的前提下,会对设备的具体配置作出相应的选择。

另外一种间接查询资料的方式是通过市场发现机制实现。评估人员可以联系当地多家废旧物资回收机构的相关人员对设备进行询价。

（四）不良资产业务中设备评估的特点

在不良资产业务中,容易变现的不动产及土地占了抵（质）押物大多数，设备往往不是"主角"，但如遇上大体量的设备，对价值的把握也至关重要，不良资产中设备主要存在以下特点。

1. 与对应厂房、土地相互依存

设备基本均位于企业厂区内，安置于企业工业用地上，大多数存在基础，不可移地使用。由于其不可移地使用，这也就意味着需要同厂房及土地共同进行处置及盘活。因此，在尽职调查中，如抵押物为设备，同时了解厂区厂房及土地的情况是十分有必要的，包括土地及厂房的抵押权人、是否存在产权瑕疵、厂房与设备的适配性等。

2. 涉及行业、品种类型众多

不良资产涉及行业众多，仅制造业的设备便是千差万别，因此也就需要尽职调查人员在现场与相关人员快速地了解该产业的基本情况，需要了解的情况包括：该产业位于产业链的位置、目前主要的生产技术、原材料供应、产品供需情况、强制报废情况等。此外，我国的产业较多具有集聚性，因此尽职调查人员也可以在厂区附近对相似企业进行走访。

3. 可取得设备资料少

不良资产相关企业一般为破产或停业企业，设备闲置，既无法了解历史生产情况、没有设备管理人员，也无法取得采购合同、财务决算等资料，因此也需要尽职调查人员在尽调现场进行勘查，尽可能地搜集主要设备型号、存放使用情况、抵押评估报告等资料。

4. 体量一般较小

一般制造型企业中，设备往往占用公司流动资金较少，其价值没有厂房和土地高。根据这个特点，尽职调查人员应抓大放小，着重于主要设备，对于价值小的其他设备，可以采取批量评估的方法，如价值很小，也可以不评估，将精力集中于体量较大的相应抵押物。

5. 监管困难

企业如遇破产或停业，当厂区监管人员不尽责时，可能会存在设备丢失或损坏等情况。由于设备的动产特性，债权人又很难通过产权登记进行追查追责，因此，尽调过程中，了解设备的监管情况也是十分必要的。同时，在合适的情况下，适当利用高科技手段，如电子监控、船舶自动识别系统查询等对设备进行监管，也不失为保护权益的一种方法。

综上，在不良资产的设备评估中，我们需要有两手准备。其一，我们仍然需要对设备评估的特性、基本方法有一个完整和系统的了解，这也会让我们在遇上真正需要认真考虑的大体量设备不良资产时，懂得如何发现掌握设备的价值。其二，我们还需要更加灵活地对设备价值进行判断，设备不良资产中缺少评估资料非常常见，也意味着我们很多时候需要借助历史数据、行业数据、统计数据等对设备进行判断，对小体量设备在合理的误差内得出评估。

二、成本法在机器设备评估中的应用

成本法是指通过评估测算机器设备的重置成本，然后扣减其在使用过程中的各种贬值，即设备的实体性贬值、功能性贬值、经济性贬值，从而评估设备评估结果的方法。成本法是评估机器设备中最常使用的方法。

在日常工作中，经常使用以下公式：

$$资产评估价值 = 重置成本 - 重置成本 \times (实体性贬值率 + 功能性贬值率 + 经济性贬值率) \quad (4-30)$$

$$综合贬值率 = 实体性贬值率 + 功能性贬值率 + 经济性贬值率 \quad (4-31)$$

$$综合成新率 = 1 - 综合贬值率 \quad (4-32)$$

$$资产评估价值 = 重置成本 \times 综合成新率 \quad (4-33)$$

（一）重置成本

重置成本分为复原重置成本和更新重置成本两种。复原重置成本指的是在评估基准日生产使用的制造工艺、材料等与原来完全相同的设备所需要的成本，适用于在评估基准日可以取得所需成本的情况；而更新重置成本指的是在评估基准日生产相同效用的设备所需要的成本，适用于在评估基准日原来使用的材料已被市场淘汰且市场上无法得到这些材料，无法确定它的成本，或者即使可以进行复原重置，其成本要高于更新重置成本，性能却低于更新重置方式建造的设备。

如表4-12所示：复原重置成本指的是用一样的工艺和材料现在造出一台一样的新的设备，它的成本是多少；而更新重置成本指的是用最新的工艺和材料现在造出相同效用的新的设备，它的成本是多少。一般来说，复原重置成本肯定是大于更新重置成本的，因为随着科技的进步，制造相同效用的机器的花费肯定是越来越少的，复原重置成本减去更新重置成本的差额，叫作超额投资成本。

表4-12 复原重置成本和更新重置成本

类别	说明
复原重置成本	制造工艺、材料与原来完全相同，只需要调整人、料、机的价格水平即可
更新重置成本	由于技术进步，无法（或没有必要）确认复原重置成本。比如：材料已被淘汰，无法确认目前成本；虽可以复原，但是复原成本高于更新成本，性能却低于更新重置方案

机器设备的重置成本包括购置或构建设备所发生的必要的、合理的直接成本、间接成本和因资金占用所发生的资金成本、合理利润、相关税费等（如图4-1所示）。

设备的直接成本一般包括设备本体的重置成本，以及设备的运杂费、安装费、基础费及其他合理成本；间接成本一般包括管理费、设计费、工程监理费、保险费等；资金成本一般指的是设备占用资金的资金占用费。直接成本能够与每一台设备直接对应，间接成本和资金成本等通常并不能一一对应到每台设备上，一般来说，我们会在计算每台设备的重置成本时按比例摊入。

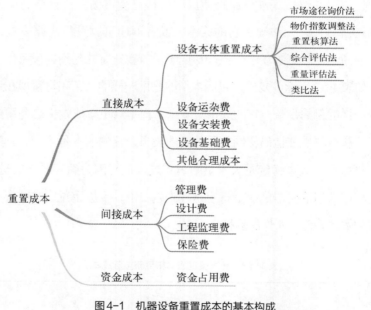

图4-1 机器设备重置成本的基本构成

1. 设备本体重置成本

设备本体的重置成本不包含运费、安装费等，一般来说，通用设备按照市场销售价格进行确认，而自制设备一般按现行制造标准及材料人工价格进行计算确认。获得本体重置成本的方法主要有市场途径询价法、物价指数调整法、重置核算法、综合评估法、重量评估法、类比法等六种。

1）市场途径询价法

市场途径询价法，指的是通过市场交易价格资料来确定设备本体重置成本的方法。这种方法最简单、有效，可信度也很高。这种方法最重要的是需要取得相关市场资料。该方法更加适用于通用设备，因为通用设备较容易在市场中取得价格资料，而非标准或专用设备由于在市场中流通较少，一般较难直接取得价格资料。

根据评估的替代性原则，在其他条件相同时，评估人员应选择获得的最低销售价格，这里需要注意的是，一些专用设备和特殊设备，即通俗理解"小众"一点的设备，厂家报价和实际成交价往往会存在不小的差异，一般不能直接使用报价，应向最近购买过该类产品的客户了解实际成交价。

评估人员除了直接从市场上了解相关价格，还可以从厂家或经销商提供的产品价格表、相关设备广告、出版的设备价格目录、设备价格数据库等途径对其价格进行了解。上述方法中，需要注意的主要是了解成本的时效性、地域性及可靠性。

2）物价指数调整法

物价指数调整法，指的是以设备历史成本为基础，根据同类设备的价格变化指数，确定设备本体的重置成本的方法。价格变化指数可以根据使用历史成本的口径不同，分为以下两种形式。

一是定基价格指数。定基物价指数以固定时期为基期，一般用百分比来表示。大于100%表示物价的上涨，反之表示下跌，我们可以通过下面的例子帮助理解。

某设备2016年购置,其历史成本为50 000元,计算2021年该设备的重置成本。2021年的物价指数为115,2016年物价指数为102,物价指数如表4-13所示。

表4-13 物价指数表

年　份	物价指数
2015	100
2016	102
2017	104
2018	106
2019	110
2020	113
2021	115

2021年该设备重置成本 = 50 000 × (115 ÷ 102)≈ 56 372.55 (元)

从表4-13可以得知,当以2015年为固定时期时,2016年的定基物价指数为102%,2017年为104%,依此类推。

二是环比物价指数。环比物价指数以上期为基期,一般也用百分比来表示,前表的定基物价指数用环比物价指数可表示为表4-14。

表4-14 环比物价指数表

年　份	物价指数
2015	—
2016	102
2017	101.9

续 表

年 份	物 价 指 数
2018	101.9
2019	103.7
2020	102.7
2021	101.7

举例来说，2020的环比物价指数就是2020年的物价指数除以上期2019年的物价指数。2020年环比物价指数 = $\frac{113}{110} \times 100\% \approx 102.7\%$。某设备2019年购置，其历史成本为50 000元，如果得知各年的环比物价指数表，则2021年该设备重置成本 = 50 000 × 102.7% × 101.7% = 52 222.95（元）。

物价指数可以从几个途径获得：国家统计局定期发布的工业生产者出厂价格指数中"通用设备制造业""专用设备制造业""交通运输设备制造业""电气机械及器材制造业""通信设备、计算机及其他电子设备制造业""仪器仪表及文化、办公用机械制造业"等类价格指数，以及其他行业专业网站总结的相关细分指数等。采用物价指数调整法计算时，应注意如下问题：选取的物价指数应与评估对象相匹配，一般采用某一类产品的综合物价指数；历史成本的真实合理性直接影响到评估，因此需要进行审核；一般来讲，物价指数并不能反映技术先进性，所以利用该方法计算得出的成本均为复原重置成本；对于购买时间较长或处于高通货膨胀时期的设备进行物价指数法评估时，评估人员应保持谨慎并尽可能用其他方法进行校验。

3）重置核算法

重置核算法，指的是通过分别测算设备的各项不同成本费用来确定设备本体重置成本的方法。这种方法主要用于评估非标准、自制的设备本体重置成本。该方法复杂且费时，需要排定每个零部件及工序，分别计算材料及制造费用，在实际评估中较少使用。

4）综合评估法

综合评估法，指的是根据设备的主材费和主要外购件费与设备成本费用之间存在的比例关系，通过确定设备的主材费用和主要外购件费用，推算出设备的完全制造成本，并考虑设计费和企业合理利润等费用，最终确定设备本体的重置成本，主要公式如下：

$$S = \left(\frac{C_{m1}}{Km} + C_{m2} \right) \times (1 + K_p) \times (1 + K_t) \times \left(1 + \frac{K_d}{n} \right) \quad (4-34)$$

式中，S = 评估结果；

C_{m1} = 主材费（不含主要外购件费）；

Km = 不含主要外购件费的成本主材费率；

C_{m2} = 主要外购件费；

K_p = 成本利润率；

K_t = 销售税金率；

K_d = 非标准设备设计费率；

n = 非标准设备生产数量。

5）重量评估法

假设人工费、车间经费、企业管理费及设计费是设备材料费的线性函数，根据相似设备的统计资料计算出单位重量的综合费率，以设备的重量乘以综合费率，并考虑利润和税金，根据设备的复杂系数进行适当调整后，确定设备本体的重置成本。主要公式如下：

$$S = W \times R_W \times K \times \frac{1 + r_p}{1 - r_t} \quad (4-35)$$

式中，S = 评估结果；

W = 设备的净重；

R_W = 综合费率；

K = 调整系数；

r_p = 利润率；

r_t = 综合税率。

该方法简单，计算速度快，适用于材料单一、制造简单、技术含量低的设备本体重置成本的计算。

6）类比法

类比法指的是通过相似设备的价格来确定重置成本的方法。某些设备的价格和产能呈某种指数关系，这个指数便是规模指数。主要公式如下：

$$RC = \left(\frac{A_1}{A_2}\right)^X \times S_2 \tag{4-36}$$

式中，RC = 设备评估结果；

A_1 = 评估对象产能；

A_2 = 参照物产能；

S_2 = 参照物价格；

X = 规模指数。

实际评估中较少采取该方法，因为我国在该方面资料较为缺乏，并且该数据需要适配该类设备，参考国外的资料，X取值一般落在0.4—1.2。

2. 设备运杂费

对于运杂费的计算，如购买的为国产设备，一般有两种方法：一是根据设备的运送距离、重量、体积、运输方式等要素的不同，根据相应运费计费标准计算；二是根据设备本体重置成本乘以一定比率进行计算，实际操作中较常采用第二种方法。

如购买的为国外进口设备，运杂费定义为设备从出口地运送至我国后，从所到达的港口、机场等地点，运送至设备使用地所发生的运费及与运费相关的费用，计算时一般也可以参考国产设备方法，需要注意的是，由于成本的差距，国产设备和进口设备的运费比率存在差异。

3. 设备安装费

安装费一般也是根据设备本体重置成本乘以一定费率进行计算，该费率通常以所在行业概算指标中规定费率为基础，根据安装难度进行适当调整，如设备安装简便但价格较高，则费率取值应低于该指标，反之亦然。

4. 设备基础费

设备的基础指的是为安装设备所建成的构筑物，通常由混凝土、钢筋等构成，该费用包含相应构筑物的人工费、材料费等一切费用。该部分应注意的是，通常这些构筑物与建筑物连接较为紧密，建筑物评估中如考虑该部分价值，则设备中不包含该类费用。

5. 进口设备相关从属费用

进口设备由于需要从国外购买运送，其从属费用较为复杂，主要包括国外运费及运输保险费、关税、消费税、增值税、银行财务费、公司代理手续费等，我们通过一个例子来简要了解以下相应费用的计算规则。

【例】某进口设备离岸价为100万美元，国外海运费为5%，运输保险费0.5%，关税税率为20%，消费税税率为10%，增值税税率为10%，银行财务费费率为5%，公司代理费率为1%，暂不考虑安装费、国内运费及基础费。汇率为1∶7。试计算该设备的重置成本。

【解】离岸价指的是卖方在合同规定的港口把货物装到买方指定的运载工具上的价格，我们可以理解为"上船价"，一般进口设备离岸价会在合同中规定，我们需要计算离岸价后的从属费用。

海运费一般以离岸价为计费基础，海运费＝设备离岸价 × 海运费率＝100 × 5%＝5（万美元）。

运输保险费一般以离岸价加海运费为计费基础，运输保险费＝（设备的离岸价＋海运费）× 保险费率＝（100＋5）× 0.5%≈0.53（万美元）。

离岸价、运费及运输保险费之和为设备的到岸价，关税以设备到岸价为计费基础，关税＝设备到岸价 × 关税税率＝105.53 × 20%≈21.11（万美元）。

消费税一般以关税完税价和关税之和为计费基础，由于消费税为价内税，消费税＝（关税完税价＋关税）÷（1－消费税税率）× 消费税税率＝（105.53＋21.11）÷（1－10%）× 10%≈14.07（万美元）。

增值税一般以关税完税价、关税和消费税之和为计费基础，增值税为价外税，增值税＝（关税完税价＋关税＋消费税）× 增值税税率＝（105.53＋21.11＋14.07）× 10%≈14.07（万美元）。

银行财务费一般以设备离岸价为计费基础，银行财务费用＝设备离岸价 × 费率＝100 × 5%＝5（万美元）。

公司代理手续费一般以设备到岸价为计费基础，外贸手续费＝设备到岸价 × 外贸手续费率＝105.53 × 1%≈1.06（万美元）。

则重置成本为离岸价与相关从属费用之和，重置成本＝100＋5＋0.53＋21.11＋14.07＋14.07＋5＋1.06＝160.84（万美元）＝160.84 × 7＝1 125.88（万元）。

（二）实体性贬值

如图4-2所示，我们对重置成本的价值构成要点进行了梳理。

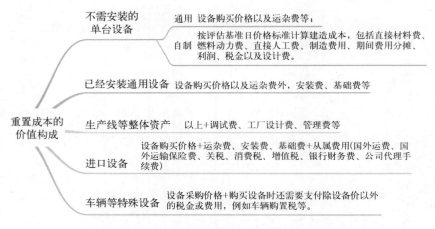

图4-2 重置成本的价值构成

我们在机器设备的磨损中讲到,设备使用中存在有形磨损,因为有形磨损产生的产能下降引起的贬值称为实体性贬值。设备的价值损失与重置成本之比,一般称为实体性贬值率。公式为:

$$实体性贬值率 = \frac{设备实体性贬值}{设备重置成本}$$

从公式中可以理解,全新的设备实体性贬值率为0,报废设备则为100%。计算实体性贬值的方法主要有:观察法、使用年限法、修复费用法。

1. 观察法

有形磨损一般会对设备状态造成变化,如声音变大、温度升高、产能下降等,评估时应现场勘查相应运行情况并询问设备管理人员相应情况,这种情况较为直观,但如机器设备闲置、无人管理等,则较难使用该方法。

表4-15是美国评估师协会使用的实体性贬值率参考表,对不同设备状态设定了相应的贬值率。

表4-15 设备状态与贬值率对照表

设 备 状 态		贬值率（%）
全新	全新、刚刚安装、尚未使用、资产状态极佳	0
		5
很好	很新、只轻微使用过，无须更换任何部件或进行任何修理	10
		15
良好	半新资产，但经过维修或更新，处于良好的状态	20
		25
		30
		35
一般	旧资产、需要进行某些修理或更换一些零部件，如轴承之类	40
		45
		50
		55
		60
尚可使用	处于可运行状况的旧资产，需要大量维修或更换零部件，如电机等	65
		70
		75
		80
不良	需要进行大修理的旧资产，如更换运动机件或主要结构件	85
		90
报废	除了基本材料的废品回收价值外，没有希望以其他方式出售	97.5
		100

2. 使用年限法

如前所述，设备存在使用寿命，而使用年限法则是假设设备价值与使用寿命成正比，则实体贬值率可简化为如下公式：

$$实体贬值率 = \frac{使用寿命消耗量}{总使用寿命} \quad (4-37)$$

设备使用寿命可以通过很多形式进行表示，比如时间单位、工作量、使用次数、行驶里程等，可以根据设备类型及实际情况进行选择。复杂设备各个组件使用寿命是不同且能够更换的，可以通过不同部件不同的贬值率乘以该部件成本权重比，最后加总为综合实体性贬值率。

3. 修复费用法

修复费用法假设设备的实体性贬值是可补偿的，则该贬值等于补偿所花费的费用。比如一台全新的机床重置成本为10万元，其电机损坏，更换后可以正常使用，更换费用为2万元，则在未发生其他贬值的情况下，其实体性贬值为2万元，设备评估为8万元。

但实际评估中需要区分可补偿性损耗和不可补偿性损耗，可补偿指的是在经济上较为合理，较为"合算"，有些损耗尽管能够修复，付出的费用可能比购置一台全新设备还高，那明显便是不合理的，为不可补偿性损耗，不可使用修复费用法对贬值进行计算。

一般情况下，可修复性损耗和不可修复性损耗在设备中是共同存在的，评估时应分别进行计算。

我们可以通过下面的例子对实体性贬值进行理解。

【例】一台数控机床，重置成本为100万元，已使用10年，其经济使用寿命约为20年。现该设备电机损坏，估计修复费用约20万元，其他部分工作正常。电机损坏是可修复性损耗，用修复费用法计算其贬值，贬值额为修复费用，约20万元。另外，该机器运

> 行10年，存在有形磨损等实体性贬值，我们用年限法来确定除损坏的电机之外部分所产生的实体性贬值。据上述案例可知重置成本为100万元，可修复性损耗实体性贬值20万元，不可修复性损耗引起的贬值 = $(100-20) \times \dfrac{10}{20} = 40$（万元）。据此计算实体性贬值 = $40+20=60$（万元），贬值率 = $\dfrac{60}{100} \times 100\% = 60\%$。

（三）功能性贬值

我们在机器设备的磨损中讲到，设备存在无形磨损，因为无形磨损而产生的价值损失即为设备的功能性贬值。设备的功能性贬值主要体现在超额投资成本和超额运营成本两方面。

如前所述，更新重置成本低于复原重置成本，多出的部分便是超额投资成本，超额投资成本的产生原因是科技及工艺的进步，相同功能的设备制造成本比过去减少。评估中，如果使用的是更新重置成本，则不需要计算超额投资成本。一般来说，评估时重置成本根据现行市场价格确定，价格中已经包含超额投资成本引起的相应贬值。

超额运营成本的产生原因是科技及工艺的进步，老设备在运营费用上高于新设备。该成本引起的功能性贬值是设备未来超额运营成本的折现值。运营费用主要体现在生产效率、维修保养费用、材料消耗、能源消耗、操作员工数量等方面，需要通过新旧设备的对比综合得出，而成本折现的年限取决于设备的剩余使用寿命。

我们可以通过下面的例子对功能性贬值进行理解。

> 【例】与新式印刷机比较，每年每台老式印刷机比新式印刷机多耗电2 400度，根据设备的现状，评估人员预计该印刷机尚可使用2年，如每度电按0.5元计算，所得税按25%，折现率为10%，则

该设备的超额运营成本为多少?

【解】根据例题得知:

每年超额运营成本 = 2 400 × 0.5 = 1 200(元)

净超额运营成本 = 1 200 × (1 − 25%) = 900(元)(超额电费会引起所得税减少,应把该部分所得税收益加入)

超额运营成本引起的贬值 = $\dfrac{900}{1+10\%} + \dfrac{900}{(1+10\%)^2} \approx 1\,561.98$(元)

(四)经济性贬值

设备的经济性贬值是指外部因素引起的贬值。外部因素主要包括:外部竞争激烈、需求减少导致设备开工时间减少、原材料能源涨价但售价未提高、设备因为环保问题需要强制报废或限期报废等导致设备使用寿命减少,等等。使用寿命减少导致的经济性贬值,我们可以通过下面的例子对经济性贬值进行理解。

【例】某工厂用锅炉,设计可使用20年,已使用10年,尚可使用10年。该锅炉的实体性贬值率 = $\dfrac{10}{20} \times 100\% = 50\%$。

由于环保问题,该锅炉只能再使用5年,因此少使用了5年。在这种情况下,该部分模具的经济性贬值率 = $\dfrac{5}{20} \times 100\% = 25\%$。

如果该部分模具的重置成本为200万元,经济性贬值额为200 × 25% = 50(万元)。

运营费用增加导致的经济性贬值可参考功能性贬值中超额运营成本部分进行计算。

三、市场法在机器设备评估中的应用

由于机器设备不像房地产一样，存在大量二级市场交易，因此一般较难采用市场法进行评估。但如果实际操作中，这类设备存在一个交易活跃真实的二手交易市场，则市场比较法是非常合适的（如目前存在的二手车市场）。

（一）市场法评估步骤

设备的市场法评估一般分为下列四个步骤：

（1）对评估对象进行现场勘查，获取基本资料，了解设备基本信息；

（2）根据了解的信息进行市场调查，选取相应市场参照物；

（3）根据参照物与评估对象的差异确定适当的比较因素并对差异进行调整；

（4）综合上述因素计算评估结果。

获取基本资料在机器设备的现场勘查中有提及，合适的市场参照物需要在交易市场及其他途径进行询价查找，完成上述步骤后，最重要的便是确定比较因素。比较因素是指可能影响机器设备市场价值的因素，设备的比较因素可分为个别因素、交易因素、时间因素、地域因素等四大类。

个别因素：常用的比较因素有型号规格、生产能力、制造厂家、技术指标、设备的出厂日期、役龄、安装方式等。

时间因素：不同交易时间的市场供求关系、物价水平等都会不同，需要对参照物的时间影响因素作出调整，因此我们应该尽可能选择与评估基准日最接近的交易案例。

交易因素：指交易动机、背景等会对价格产生影响，不同的交易动机和交易背景也都会对设备的出售价格产生影响。

地域因素：不同地区市场供求条件等因素不同，设备的交易价格同样也会受到影响，我们同样应尽可能选择与评估对象在同一地区的参照物。

(二)市场法评估的具体方法

如定义所述,市场法评估设备价值需要通过对市场参照物交易价格调整后得出,常用的调整方法有直接比较法、相似比较法和比率评估法三种。

1. 直接比较法

直接比较法根据与评估对象基本相同的市场参照物,通过直接比较来确定评估对象价值。这种方法主要适合基本相同的参照物,我们可以通过下面这个例子进行理解。

> 【例】评估对象为一辆轿车,从二手车市场上了解到,参照物与评估对象在型号、购置年月、行驶里程、发动机、主要系统的状况等方面基本相同,区别在于:参照物右轮胎需要更换,更换费用1 000元;评估对象加装了导航系统,价值2 000元。如该辆参照物轿车市场售价是100 000元,则评估对象的售价=100 000+1 000+2 000=103 000(元)。

2. 相似比较法

相似比较法是以评估对象相类似的参照物作为评估基础,通过比较并且调整两者之间的各种因素差异来确定评估对象价值。

直接比较法需要与评估对象基本相同的市场参照物,而相似比较法仅需要相似的参照物,一般来说更具有操作可行性,但由于仍然存在差异,进行差异分析及调整则显得尤其重要。评估实践中,需要把握的调整比较原则通常有:最好为相同制造商生产的产品;相同规格型号的产品;出厂日期和投产年限接近;销售时间与评估基准日接近;交易位置及安装方式接近;随机配件、附件相近;机器状态接近;交易方式接近;最好为同一个交易市场。

3. 比率评估法

比率评估法是在无法应用上述两种方法时,通过从大量市场交易中统计分析同类型设备使用年限与售价的关系,从而确定评估对象价值。使用这种方法需要注意的是:同类型设备的贬值程度与使用年限之间需要存在基本相同函数关系的统计规律;不同类型设备的这种函数关系是不同的。主要公式为:

$$评估结果 = 全新设备的价格 \times 变现系数 \qquad (4-38)$$

1)变现系数

通过对大量机器设备交易数据的统计,可以得到不同类型设备的变现系数,下面的例子可以帮助我们理解变现系数的计算过程。

为了统计金属切削机床的交易价格与使用年限之间的关系,评估人员从二手设备市场共收集了340台锻压机床的交易价格,并取得了各设备相应的全新设备价格。

按如下公式计算每台设备变现系数:

$$变现系数 = 二手设备价格 \div 全新设备的价格 \qquad (4-39)$$

计算相同使用年限样本的平均值,得到以下部分数据(如表4-16所示)。

表4-16　设备变现系数表

变现系数(Y)	已使用年限(x)	样本数(个)
0.74	3	6
0.72	4	3
0.71	5	5
0.70	6	6
0.61	7	2
……	……	……

2）回归方程

评估人员也可以建立变现系数 Y 与使用年限 x 之间的函数关系，得到计算方程。

将340个样本的数据按线性关系进行回归：

$$Y = ax + b$$

式中：Y = 变现系数；

x = 已使用年限；

a，b = 参数。

经计算得到的预测模型为：$Y = -0.0156x + 0.7108$

该方程表示设备的年限每增加1年，其变现系数将下降0.0156。

计算后我们还可以通过方程的判定系数 R^2 的计算来验证方程的拟合度，判断该方程是否合适。一般来说，判定系数越高，拟合度越好。根据计算，方程的判定系数 R^2 为0.8676，说明方程有较好的拟合度。

有时线性模型不能很好地解决问题。实践证明，很多设备的折扣率与使用年限之间是指数关系，方程为：

$$Y = ae^{bx}$$

表4-17为41宗二手车交易数据。

表4-17　二手车交易数据

已使用年限	变现系数	样本数（个）
1	0.7860	1
2	0.7844	1
3	0.5907	22

续 表

已使用年限	变现系数	样本数（个）
4	0.5705	8
5	0.5521	3
6	0.4511	1
7	0.4407	1
8	0.4208	4

根据以上数据进行拟合，得出的方程为 $Y = 0.8633e^{-0.096x}$。

（三）应用举例

下面我们通过一个案例来对相似比较法进行理解。

评估人员首先对被评估对象进行勘察，基本情况如下：

设 备 名 称：车削机床

规 格 型 号：CA8040×1700

制 造 厂 家：A机床厂

出 厂 日 期：2019年1月

投入使用时间：2019年1月

安 装 方 式：未安装

附 件：齐全（包括仿形车削装置、快速换刀架、快速移动机构）

实 体 状 态：评估人员通过对车床的传动系统、导轨、进给箱、溜板箱、刀架、尾座等部位进行检查、打分，确定其综合分值为8分。

评估计算过程如下所述。

1. 可比案例选择

评估人员对二手设备市场进行调研,确定了与被评估对象较接近的三个市场参照物(如表4-18所示)。

表4-18 可比案例选择表

比较项目	评估对象	参照物A	参照物B	参照物C
名称	车削机床	车削机床	车削机床	车削机床
规格型号	CA8040×1700	CA8040×1700	CA8040×1700	CA8040×1700
制造厂家	A机床厂	A机床厂	B机床厂	B机床厂
出厂日期/役龄	2019/2年	2018年/3年	2019/2年	2020年/1年
安装方式	未安装	未安装	未安装	未安装
附件	仿形车削装置、快速换刀架、快速移动机构	仿形车削装置、快速换刀架、快速移动机构	仿形车削装置、快速换刀架、快速移动机构	仿形车削装置、快速换刀架、快速移动机构
状况	良好	良好	良好	良好
实体状态描述	传动系统、导轨、进给箱、溜板箱、刀架、尾座等各部位工作正常,无过度磨损现象,状态综合分值为8分	传动系统、导轨、进给箱、溜板箱、刀架、尾座等各部位工作正常,无过度磨损现象,状态综合分值为7.6分	传动系统、导轨、进给箱、溜板箱、刀架、尾座等各部位工作正常,无过度磨损现象,状态综合分值为7.9分	传动系统、导轨、进给箱、溜板箱、刀架、尾座等各部位工作正常,无过度磨损现象,状态综合分值为8.5分
交易市场		评估对象所在地	评估对象所在地	评估对象所在地
市场状况		二手设备市场	二手设备市场	二手设备市场
交易背景及动机	正常交易	正常交易	正常交易	正常交易

续表

比较项目	评估对象	参照物A	参照物B	参照物C
交易数量	单台交易	单台交易	单台交易	单台交易
交易日期	2021-3-31	2021-2-10	2021-1-25	2021-3-10
转让价格		33 000元	37 100元	42 300元

2. 确定调整因素，进行差异调整

（1）制造厂家调整。所选择的3个参照物中，1个与评估对象的生产厂家相同，另外2个为B厂家生产。在新设备交易市场，A、B两个制造商生产某相同产品的价格分别为5万元和5.25万元，即B厂家生产的该产品市场价格比A厂家高5%，以此作为被评估旧设备的调整比率。

（2）出厂年限调整。被评估对象出厂年限是2年，参照物A、B、C的出厂年限分别是3年、2年和1年，根据市场同类设备交易价格的统计资料，调整比率应为：+5%、0、−7%。

（3）实体状态调整（如表4-19所示）。

表4-19 实体状态调整表

参照物	实 体 状 态 描 述	调整比率
A	传动系统、导轨、进给箱、溜板箱、刀架、尾座等各部位工作正常，无过度磨损现象，状态综合分值为7.6分	+7%
B	传动系统、导轨、进给箱、溜板箱、刀架、尾座等各部位工作正常，无过度磨损现象，状态综合分值为7.9分	+2%
C	传动系统、导轨、进给箱、溜板箱、刀架、尾座等各部位工作正常，无过度磨损现象，状态综合分值为8.5分	−8%

3. 评估结果

根据上表，计算参照物结果如表4-20所示。

表4-20　实体状态调整系数表

调整项目	参照物A	参照物B	参照物C
交易价格	33 000元	37 100元	42 300元
制造厂家因素调整	1.00	0.95	0.95
出厂年限因素调整	1.05	1.00	0.93
实体状态因素调整	1.07	1.02	0.92
调整后结果	37 075元	35 949元	34 382元

被评估对象的评估结果 =（37 075 + 35 949 + 34 382）÷ 3 = 35 802（元）

本 章 小 结

本章介绍了物权类不良资产的评估方法。在使用不同的评估方法时应当充分考虑各个方法的适用性和适用范围。

对不动产进行评估可使用收益法、市场法、成本法、剩余法，适用范围如表4-21所示。收益法适用于有收益房地产的价值评估，如商场、写字楼、旅馆、公寓等。收益法可以单独评估土地的价值，也可以单独评估地上建筑物价值，还可以评估房地合在一起的房地产价值。市场法适用于有类似房地产交易实例的房地产评估。运用市场法，就是通过与近期交易的类似房地产进行比较，并对一系列因素进行修正，从而得到被评估房地产在评估基准日的市场状况下的价值水平。成本法与其他评估方法相比具有特殊用途，一般特别适用于房地产市场发育不成熟，成交实例不多，无法利用市场法、收益法等方法进行评估的情况，但是在土地评估中应用范围受到一定限制。假设开发法主要适用于评估待开发土地的价值。

表4-21 不同物业评估方法小结

评估方法	物业类型							
	住宅	办公楼	商铺	大型城市综合体	旅馆房地产	标准厂房	非标厂房	非经营性物业
比较法	√	√	√			√		
收益法	√	√	√	√	√	√		
成本法		?	?	√	√	?	√	√

注：? 表示在其他评估方法均不能使用时，不得已采用的方法。

对机器设备进行评估可使用成本法和市场法。成本法适用于继续使用前提下的机器设备评估，需分别计算重置成本、实体性贬值、功能性贬值和经济性贬值。市场法主要适用于单项机器设备变现价格的估测，通过对市场参照物进行价值调整完成评估，常用的调整方法有三种：直接比较法、相似比较法、比率评估法。

本章重要术语

不动产　净收益　客观总收益　客观总费用
机器设备　进口设备相关从属费用

复习思考题

1. 当不良资产为住改商、老旧工业厂房变更文创园类型时，该如何进行评估？

2. 不动产评估主要有哪些方法？各种方法的评估原理和适用范围是什么？

3. 在收益法评估中，如何选择使用合同租金和市场租金参数？

4. 不动产资本化率与折现率的经济内涵是什么？它们的关系是什么？

5. 运用收益法时，财务费用和折旧成本是否属于运营费用的组成部分，为什么？

6. 某城市房管部门直管公房，产权证载用途为住宅，地处繁华商业区内，建筑面积为1 500平方米，占地2 900平方米，土地使用权性质为划拨，房屋建于1955年，后经过两次大修，目前处于正常使用状态。现政府拟将该房地产出售，委托房地产估价机构评估其市场价值。经过调查了解，该区域内建筑容积率为3及以下的商业用途土地价格为2万元/平方米，商品住宅销售均价为1.2万元/平方米。据此，评估人员拟定了以下两种评估思路：一是以商品住宅销售均价为基础评估；二是以商业用途土地价格为基础评估。

要求：

（1）上述两种评估思路中哪种较合适？并说明理由。

（2）针对你所选的评估思路，描述其评估技术路线。

7. 被评估不动产A是一幢1 000平方米的商业用房，评估人员经调查了解到，不动产A的土地使用权是在2016年5月31日取得的，出让年限为法定最高年限。2018年5月底开发建设完工并投入运营，不动产A投入使用之初，该不动产产权拥有人将其出租给他人使用，租期为5年（租期到2023年5月31日结束），租赁合同规定，使用人在5年租用期间，租金是按合同第一年规定租金每年每平方米110元为基准，每年增加10元，不动产使用中发生的费用由承租人承担，合同同时规定，如果不动产A的产权拥有人提前终止租赁合同需要支付违约金5万元。评估人员还了解到，评估基准日（2020年5月31日）市场上同类商业用房的正常租金（与评估对象A租金口径一致）保持在每年每平方米150元水平上，经评估人员预测，评估基准日后的前3年的市场租金水平将在评估基准日市场租金水平的基础上每年递增1%，评估基准日3年后的市场租金水平基本维持在评估基准日后第3年的租金水平上，假设不动产A折现率和资本化率均为10%。

估算不动产A的最佳转让价值（写出评估过程，给出得出评估结论的理由或根据）。

8. 某评估人员对乙企业的一幢抵押的办公楼进行评估，评估基准日为2017年12月31日，采用重置成本法。

该办公楼由企业出资委托施工企业承建，建设工期1年，于2010年12月底建成并投入使用，建筑面积10 000平方米，经济使用年限50年，办公楼使用、维修和保养正常。

评估人员对该厂房的结构部分、装修部分和设备部分的状况进行了评判打分（满分100分），分值分别为92、69、88，权重系数分别为85%、10%、5%。

按照重编预算的方法计算得出土建工程造价为3 785万元，安装工程造价为705万元。前期费用费率为2%，期间费用费率为5%，资金成本率为4.35%，利润率为5%。

评估该办公楼的价值。

9. 机器设备重置价值的构成内容是什么？

10. 影响机器设备变现的因素有哪些？

11. 某企业一套大型成套设备，购建于2014年10月30日，评估基准日为2020年10月30日。大型成套设备由两部分组成，其中一部分属于自制非标设备，另外一部分属于外购通用设备。

根据技术经济指标，规定大型成套设备正常使用强度下每天的运转时间为8小时,由于其生产的产品自2015年初至2018年末期间在市场上供不应求,企业主在此期间一直超负荷使用该设备,每天实际运转时间为10小时,自2019年初恢复正常使用。

自制非标设备根据设计图纸,该设备的主材为钢材,净耗量为15吨,钢材利用率90%,评估基准日钢材的不含税市价为3 850元/吨,主要外购件含税价格为55 000元,加工工程中发生人工费5 000元,冷加工费为30 000元,热加工费按钢材耗量净重每公斤2元,其他费用为主材费的15%。成本利润率为15%,设计费率为14%,产量2台,增值税税率为17%。另外,经工程技术人员现场鉴定,该部分寿命和在大型成套设备相同,还可以使用9年,设备的预计残值率是5%,与该企业最近生产的同类设备相比,被评估设备每个月多耗电5 000度,每度电0.5元,该企业所得税率为25%,该企业所在行业平均投资收益率为10%。

在大型成套设备之外外购一部分通用设备,在2018年9月30日更换为全新设备,该设备的当时的购买价格为5万元,到评估基准日,同类设备价格累计上涨了20%。该设备还可以使用3.6年,设备的预计残值率是10%。

要求:

(1)计算大型成套设备的重置成本。

(2)计算大型成套设备的两个部分的实体性贬值率和综合的实体性贬值率,并计算实体性贬值额。

(3)计算大型成套设备的功能性贬值额。

(4)计算该设备的评估值。

12. 在评估实务过程中,评估人员往往采用综合成新率法估算设备的成新率。综合成新率系通过赋予勘查成新率不同的权重进行加权后计算得到。那么,综合成新率的计算与三项贬值因素在方法上有什么区别,各自的使用前提条件是什么?

第五章

股权类不良资产评估方法

企业整体价值是指在假设将从企业获取资金回报（利息）的债权人等同为投资者的全投资口径下，归属于含企业股东和获取资金回报（利息）的债权人在内的投资者的企业价值，包括企业股东全部权益价值和付息债务价值。

企业价值是一个复合的概念，它的表现形式是多层次的，除了企业整体价值、股东全部权益价值和股东部分权益价值之外，还存在其他概念。股权类不良资产是不良资产中的一个细分大类，主要包括政策性债转股、商业性债转股、抵债股权、质押股权等。相较于其他类型的不良资产，股权类不良资产所隐伏的风险亦有所区别，需要评估人员进行充分的尽职调查。股权类不良资产评估较传统评估中的企业价值评估有着较大区别。

第一节　企业价值（股权）评估基础

一、企业价值

（一）企业的内涵及特点

评价企业价值，首先要了解企业的概念和特征。企业是将土地、资本、劳动、管理等生产要素有效地结合起来，进行生产经营，以达到创造利润的目的的组织。在现实经济社会中，企业是承担一定社会责任的法人。

虽然企业的每一项要素资产都有不同的绩效，但只要它们在遵循特定制度目标的前提下构成整个企业，企业的每一项要素资产的功能就可能是互补的。因此，它们可以集成到具有良好整体功能的资产综合体中。当然，即使企业每一项要素资产的个别功能是好的，如果不能与具体的系统目标相符合，它们之间的功能也可能不匹配，企业的整体功能也可能不是很好。企业作为生产经营能力和盈利能力的载体，因此具有完整性的特征。

（二）企业价值评估的对象

企业价值评估（business valuation）是现代市场经济的产物，是为适应企业重组、公司上市、企业兼并、跨国经营等经济活动的需要而产生和发展起来的。企业权益具有可分性，在评估实务过程中我们通常将企业价值评估对象分为企业整体价值、股东全部权益价值、股东部分权益价值。

其中，企业整体价值是指在假设将从企业获取资金回报（利息）的债权人等同为投资者的全投资口径下，归属于含企业股东和获取资金回报（利息）的债权人在内的投资者的企业价值，包括企业股东全部权益价值和付息债务价值。股东全部权益价值是企业整体价值扣除全部付息债务后的价值。股东的部分权益价值是股东全部权益价值乘以股权比例乘以折溢价因子。

不良资产评估所涉及的企业价值评估往往是部分股权的评估，因此评估时应充分考虑该部分股权变动是否会触发控制权变动。如果发生控制权变动则需考虑控制权溢价因素。

二、现场勘查工作要点

（一）资料的获取

（1）被评估单位撰写的未来收益预测资料。

（2）被评估单位经营发展规划。

（3）近三年增资和股权转让涉及的评估或交易资料。

（4）无形资产的权属证明文件。

（5）无形资产是否存在权属法律纠纷的说明。

（6）近三年对企业经营业绩作出重要贡献的重大合同。

（7）对未来业绩有重要支撑的重大合同。

（8）近三年重要合同执行证据资料，比如合同执行进度表、收款证明、产品交付等。

（9）所处行业面临的政策监管文件。

（10）被评估单位竞争对手、上下游行业分析。

（11）被评估单位经营模式、盈利模式介绍。

（12）被评估单位核心技术先进性说明、生产技术工艺介绍。

（13）被评估单位近三年前十大客户名单、签订合同金额、合同执行金额、占当年业务收入比重等统计资料。

（14）被评估单位近三年前十大供应商名单、签订合同金额、合同执行金额、占当年采购总额的比重等统计资料。

（15）被评估单位核心业务对未来收益预测有重要影响的非财务数据指标，如游戏行业的"长期在线人数"、广告行业的"浏览点击量"、影视行业的"院线票房"。

（16）被评估单位评估基准日适用的税收优惠政策和批文。

（17）近三年企业营业收入分产品或服务的收入明细。

（18）近三年企业成本分项目明细表。

（19）被评估单位核心竞争力说明，包括不限于企业声誉、行业地位、资质、技术、核心团队等方面。

（20）通过优化内部管理提升盈利能力的企业，提供优化企业经营管理的措施清单和落实情况，并详细评价对提升未来盈利能力的影响。

（21）企业面临的法律诉讼、资产权属瑕疵、资产抵押担保、受行政处罚、行政许可证被吊销、业务经营受限等方面的风险介绍。

（二）与企业的访谈

（1）通过访谈了解企业经营模式、盈利结构、未来发展方向等信息，以作为未来收益预测的判断依据。

（2）对被评估单位近三年重要客户进行访谈，以判断重大合同的真实性和可执行性。

（三）勤勉尽责事项

（1）评估人员应关注被评估单位核心无形资产是否存在权属问题、是否存在法律纠纷等瑕疵事项。

（2）评估人员应对被评估单位经审计的财务资料进行必要的分析和判断，以有效识别和判断交易双方是否存在盈余管理的动机。

（3）评估人员应查验重大合同原件以及产品交付、收款证明等原件。

（4）评估人员应通过对企业重大合同对应客户的访谈以判断重大合同的真实性。

（5）评估人员应对企业的技术和资质进行必要的分析和查验，如企业的技术在预测期是否可以保持领先优势、某类新业务是否具备持续性、特殊经营资质到期后是否可以延续等。

（6）评估人员应重点关注财务数据之间逻辑的一致性、财务数据与非财务数据之间逻辑的一致性，比如游戏行业的"长期在线人数"、广告行业的"浏览点击量"、影视行业的"院线票房"等核心业务指标与收入增长之间的逻辑关系。

（7）评估人员应对企业提供的核心竞争力资料描述的企业竞争优势进行调查、分析，以客观评价企业实际情况。

（8）评估人员应谨慎对待企业未来收益预测出现的新产品、新业务类型、新经营模式，评估人员应对新产品、新业务类型、新经营模式的市场接受程度进行分析，并对其面临的风险进行分析和衡量，如技术成熟度风险、技术替代风险、政策风险等。

（9）评估人员应对企业的生产、销售状况进行深入调研，了解其是否存在产品不能正常销售或交付的风险。

（10）评估人员应与企业建立重大信息及时通告渠道，了解评估现场工作结束后至出具报告日前企业发生的对评估结论可能造成重要影响的重大事项，特别是诉讼、仲裁、处罚等事项。

（11）评估人员不能代替被评估单位编制未来收益预测资料。

三、不良资产评估中企业价值评估的框架

当企业成为不良资产时，评估人员往往很难拿到可供评估使用的企业详细资料，传统评估方法的有效性会降低，故需要针对不良资产涉及的企业价值进行特殊考虑。实践中，不良资产管理公司通常按如下步骤分析企业价值。

首先，评估人员应区分该部分股权评估时是否可以取得详细的尽职调查资料。若质押股权为正常经营的上市公司或可获取详细资料的企业，可采用市场法对企业价值进行评估。

其次，若质押股权为非正常经营的上市公司股权，则需阅读上市公司公告及相关舆情，分析上市公司持续经营的可能性、违反上市公司相关规定触发退市的可能性以及破产的可能性，并采用假设清算法对股权进行清算，分析剩余股权的价值。

最后，对于不可获取详细资料的非正常经营企业，需要分析其持有的长期股权投资情况。若无相关财产线索，通常将其评估为0。

第二节 流通受限股权评估

在不良资产交易中，往往存在上市公司非流通股权作为质押物的情况。该类资产由于交易的限制无法快速变现，在评估上应予以特别考虑。2017年9月，中国基金业协会发布《证券投资基金投资流通受限股票估值指引（试行）》（以下简称《指引》）。《指引》中给出了流通受限股票确定评估基准日价值的具体计算公式。本节我们将探讨《指引》中所涉及的各评估参数的确定方法。

一、关于流通限售股

目前我国A股市场的限售股，主要分为两类：一类是股改产生的限售股，一类是新股首次发行上市（IPO）产生的限售股。目前金融机构中的不良资产抵押物均为后者——新股限售股。

《公司法》及交易所上市规则对于首次公开发行股份并上市的公司，于公开发行前股东所持股份都有一定的限售期规定。这类限售股目前已经占到全部限售股的大多数。新股上市后，新股限售股于解除限售前历年获得的送转股也构成了限售股。

除股改限售股和新股限售股外，目前市场上还有一些有限售期要求的股票，主要是机构配售股和增发股。机构配售股是指IPO的时候，参与网下申购的机构投资人获得的股票；增发股类似机构配售股，是指定向增发后的股票。[①]

《指引》中所称的流通受限股票与本书定义一致，是指在发行时明

[①] 国家税务总局所得税司关于印发《限售股个人所得税政策解读稿》的通知（国税所便函〔2010〕5号）。

确一定期限限售期的股票,包括但不限于非公开发行股票、首次公开发行股票时公司股东公开发售股份、通过大宗交易取得的带限售期的股票等,不包括停牌、新发行未上市、回购交易中的质押券等流通受限股票。[①]

二、《指引》推荐评估模型

（一）评估模型简介

《指引》中流通受限股票的评估处理如下。

1. 股票价值

流通受限股票按以下公式确定评估基准日该流通受限股票的价值,即:

$$FV = S \times (1 - LoMD) \qquad (5-1)$$

式中,FV = 评估基准日该流通受限股票的价值;

S = 评估基准日在证券交易所上市交易的同一股票的公允价值;

$LoMD$ = 该流通受限股票剩余限售期对应的流动性折扣。

该公式为基本公式,即评估基准日流通受限股票的价值由评估基准日在证券交易所上市交易的同一股票的公允价值与该流通受限股票剩余限售期对应的流动性折扣两项因素决定。

如果某人持有一定数量的流通受限股票,同时,其按照自由市场价格购买以该股票为合同标的、标的股票数量与持股数量相同、合同期限与所持流通受限股票剩余限售期相同的看跌期权。在股票限售期结束时,如果股票价格下跌,则投资者可以通过购入的看跌期权获得

[①] 中国证券投资基金业协会关于发布《证券投资基金投资流通受限股票评估指引(试行)》的通知(中基协发〔2017〕6号)。

损失补偿。该流通受限股票连同购入的看跌期权形成的组合，等同于投资者持有流通不受限的股票，即股票持有人可以通过购入看跌期权得到该股票的流动性。因此，投资者购买看跌期权的价值，应该等于缺乏流动性所造成的股票价值折扣金额。而看跌期权的价值，可以使用期权模型来估计。

2. 流动性折扣

引入看跌期权计算该流通受限股票对应的流动性折扣，即：

$$LoMD = \frac{P}{S} \qquad (5-2)$$

式中，P = 评估基准日看跌期权的价值。

目前，可以用于评估股权的流动性折扣的期权模型主要有三个，分别是：1993年Chaffee提出的BSP模型，其采用的是欧式看跌期权；[①] 1995年Longstaff提出的LBP模型，其运用的是回望式看跌期权；[②] 2002年Finnerty提出的AAP模型，其基础是亚式看跌期权。[③]

《指引》中采用了亚式看跌期权为基础的AAP模型确定看跌期权价值。

3. AAP模型

流通受限股票在评估基准日按平均价格亚式期权模型（即AAP模型）确定评估基准日看跌期权的价值。

AAP模型公式如下所示：

[①] Chaffe D. Option Pricing as a Proxy for Discount for Lack of Marketability in Private Company Valuations[J]. Business Valuation Review, 1993, 12(4):182-188.
[②] Longstaff F A. Placing no arbitrage bounds on the value of nonmarketable and thinly traded securities[J]. Advances in Futures and Options Research, 1995(8): 203-228.
[③] Finnerty J D. The Impact of Transfer Restrictions on Stock Prices[J]. SSRN Electronic Journal, 2002.

$$P = Se^{-qt}\left[N\left(\frac{v\sqrt{T}}{2}\right) - N\left(-\frac{v\sqrt{T}}{2}\right)\right] \quad (5\text{-}3)$$

$$v\sqrt{T} = \{\sigma^2 T + \ln[2(e^{\sigma^2 T} - \sigma^2 T - 1)] - 2\ln(e^{\sigma^2 T} - 1)\}^{\frac{1}{2}} \quad (5\text{-}4)$$

式中，S = 评估日在证券交易所上市交易的同一股票的公允价值；

T = 剩余限售期，以年为单位表示；

σ = 股票在剩余限售期内的股价的预期年化波动率；

q = 股票预期年化股利收益率；

N = 标准正态分布的累积分布函数。

目前常用于估算限售股票公允价值的期权定价模型包括以下三种。

1）BSP 模型

1993 年，David BH Chaffee 提出采用 BS 模型中的看跌期权（put option）估算缺少流动折扣率。该方法的实质是通过投资组合，将投资一个具有限售期的股票和投资一个期限为股票限售期，期初价格 S_0 为限制股投资日价格，行权价正好是投资日限售股票的投资价格，再考虑限售期时间价值调整后的价格，即将投资日限售股的价格以无风险收益计算到限售期结束后的终值，看跌期权的投资组合等效于投资一个没有限售期的股票，即：一个限售股投资加一个期权的投资组合等效于投资一个没有限售的股权投资。这样，限售股票的价格与没有限售股票的价格差异就是这个看跌期权的价格，再通过估算这个看跌期权的价格来估算缺少流动折扣率。

2）AAP 模型

AAP 模型是 Finnerty 首先提出来的。该模型与 BSP 模型不同之处是采用亚式期权替代David BH Chaffee提出的BSP模型中的欧式看跌期权。亚式期权与欧式期权的主要差别在于行权价的确定，欧式期权在期权初始日就已经确定行权价为一个确定的数值，例如在David BH Chaffee提出的BSP模型中，行权价为限售股的初始投资价值按照无风险收益率计算得到的期权终止日的终值，这个数据是已经确定的价格，但是亚式期权确定的行权价，在期权初始日不是一个确定的价格，而是一个确定行权价格的规则，例如一般的亚式期权确定的行权价是限售日期内股票波动价的算术平均值，因为股票在限售日期内存在波动，亚式期权的行权价确定为到限售日结束后，计算一下在限售期内该股票波动的平均值，以这个平均值作为行权价。

显然这个行权价在期权初始日是无法确定为一个具体数额的，必须等到限售期结束后"往回看"才能计算出这个平均值。这就是AAP模型计算缺少流动折扣率的方式。

3）LBP模型

LBP模型是Longstaff提出的。该模型与BSP模型和AAP模型不同之处也是在于选择期权的行权价的方式不同，BSP模型是选择限售股初始价的终值作为行权价；AAP模型是选择限售股在限售期内的算术平均值作为行权价；而LBP模型则是选择在限售期内股票波动的最高价作为行权价，即在限售期结束日，"向回看"选择股票在限售期内波动的最高价作为期权的行权价，这种期权也被称为回望式期权。

我们可以这样理解：

- BSP模型实质是以期权初始日，也就是限售股票初始投资价格按照无风险收益率计算得到的限售期终止日的终值作为限售股在基准日的公允价值；

- AAP 模型是以限售股在未来限售期内股票波动的平均值作为初始日的公允价值；
- 而 LBP 模型则是以限售期内股票波动的最高价作为限售股在初始日的公允价值。

如果按照这样理解，那么显然 AAP 模型更为合理一些，因为其采用的股票未来波动的算术平均值作为其公允价值显然更具合理性，这也是实务中都采用亚式期权估算财务报告目的公允价值的主要原因。

（二）相关参数计算规则

1. 公允价值 S

对于评估基准日在证券交易所上市交易的同一股票的公允价值 S，《指引》中倾向于采用收盘价确定，建议采用评估基准日当天或者评估时最近交易日的收盘价。实际操作时，评估人员亦可采用评估基准日前后一定区间内的收盘价均值确定公允价值 S。鉴于《指引》中也提出可以采用评估模型确定公允价值 S，针对具体项目情况，也可以考虑采用 DDM、FCFE、EVA、PE、PB、PS、PEG 等评估方法确定股票公允价值。

2. 剩余限售期 T

非公开发行股票的限售期起始日为发行结果披露日，发行结果披露日为非交易日的，限售期起始日为发行结果披露日下一交易日。限售期结束日原则上为预计上市流通日期的前一自然日。非公开发行股票的预计上市流通日期根据发行结果公告确定，若发行结果公告未明确预计上市流通日期，则根据发行结果公告中的在登记机构完成股份登记日期加限售期限计算预计上市流通日期；若发行结果公告也未明确在登记机构完成股份登记日期，则按发行结果披露日加限售期限计算预计上市流通日期。中国证监会、上海证券交易所或深圳证券交易所对限售期有其他规定的，从其规定。

剩余限售期为评估日至限售期结束日之间所含的自然日天数总和（自然天数总和 = 限售期结束日 − 评估日），折算为以年为单位表示（T = 剩余限售期的自然天数总和 ÷ 365天）。根据《指引》，限售期结束日原则上为预计上市流通日期的前一自然日。非公开发行股票的预计上市流通日期根据以下三种情形确定。

（1）发行结果公告明确预计上市流通日期或明确锁定起始日加限售期的情况，则可得出预计上市流通日期。

（2）若公告信息未包含第一种情形的内容，则根据发行结果公告中的在登记机构完成股份登记日期加限售期限计算预计上市流通日期。

（3）若公告信息未包含前两种情形的内容，按发行结果披露日加限售期限计算预计上市流通日期。公开发行股票网下配售部分（含老股转让）的预计上市流通日期按证券交易所上市交易日加限售期限计算。中国证监会、上交所或深交所对限售期有其他规定的，从其规定。

评估基准日确定后，评估标的的剩余限售期 T 也是确定的。可能存在计算差异的地方为"将自然日天数折算为以年为单位表示"[①]。折算时除以360还是365没有明确的规定。在测算债券回购利息基础天数

---

① 参见《证券投资基金投资流通受限股票估值指引（试行）》。

时，上交所通常按照"360"，深交所通常按照"365"，这里建议按照"365"折算，以便与下文测算波动率对应。

3. 预期年化波动率 σ

股票在剩余限售期内的股价的预期波动率，通过计算股票评估日前对应的剩余限售期内的每个交易日（对应的剩余限售期内的交易日不足20日，以20日为计算周期）相对上一个交易日的对数收益率的标准差，并将该标准差年化后得到年波动率。

首先，确定时间窗口。

（1）如果股票评估日往前对应的剩余限售期内包含的交易日不小于20个交易日，则时间窗口为股票评估日起向前追溯 T 个自然日（包括头尾两天的交易日）。

（2）如果股票评估日往前对应的剩余限售期内包含的交易日小于20个交易日，则时间窗口为股票评估日起向前追溯20个交易日（包括头尾两天的交易日）。

其次，补齐时间窗口内缺失的数据。如果股票在时间窗口内存在未上市阶段、停牌等交易日内股价信息缺失的情况，则用该股票对应的中基协（AMAC）行业指数的对数收益率替代股票的对数收益率。

最后，计算股价历史波动率。历史波动率为时间窗口内，对数收益率的每日标准差，再按250个交易日换算成年化波动率（年化波动率的平方 = 每日标准差的平方 × 250）。

4. 股票预期股利收益率 q

股票预期股利收益率是自股票评估日起过去一年的股利收益率来估计。

（1）如果股票自评估日开始上市满一年，则用股票过去一年的股利收益率（股利收益率 = 过去一年现金股利总和 ÷ 评估日总市值）。

（2）如果股票自评估日开始上市不足一年，则采用对应的中基协基金行业股票估值指数的股利收益率作为该股票股利收益率（行业指数股利收益率 = 行业指数成分股过去一年现金股利总和 ÷ 评估日成分股市值总和）。

综上所述，实务操作中按照《指引》测算流通受限股票的价值只需要确定评估基准日在证券交易所上市交易的同一股票的公允价值 S、剩余限售期 T、股票在剩余限售期内的股价的预期年化波动率 σ 和股票预期年化股利收益率 q 即可。

> **进一步阅读**
>
> （1）具体操作步骤参见《流通受限股票估值探讨》[1]。
>
> （2）模型计算机实现参见中金固收团队研报《定增基金的新机遇：限售股 AAP 估值及 Python 实现方法》[2]。

三、其他缺少流动性折扣评估方法

实务操作中，国内评估人员分别收集和对比分析了发生在截止于 2021 年的非上市公司的少数股权交易并购案例和上市公司市盈率数据，得到如表 5-1 所示的缺少流通折扣率。

---

[1] 张懿：《流通受限股票估值探讨》，中同华，http://www.ztonghua.com/ImgContext/7aa40360-4733-4222-8daf-c9adf79be19d.pdf，访问日期：2023 年 4 月 2 日。

[2] 分上下两篇，上篇地址为 https://mp.weixin.qq.com/s/2fLa2YMJIBVWrcDglfx7xw，下篇地址为 https://mp.weixin.qq.com/s/I7yJj8acO9Ce8dy6zb-eMw，访问日期：2023 年 4 月 2 日。

表5-1 缺少流通折扣率估算表

序号	年份	非上市公司并购		上市公司		缺少流通折扣率（行业平均值）
		样本点数量	市盈率平均值	样本点数量	市盈率平均值	
1	2021	798	23.03	3 042	36.43	32.7%
2	2020	679	23.59	2 423	37.09	28.1%
3	2019	394	20.75	1 990	35.97	36.0%
4	2018	628	22.42	2 299	33.55	29.3%
5	2017	1 179	16.14	1 450	36.57	54.3%
6	2016	988	19.64	951	44.07	52.4%
7	2015	722	20.23	1 078	50.35	56.8%
8	2014	571	23.02	1 022	39.84	42.2%
9	2013	623	17.17	1 213	33.10	42.7%
10	2012	386	15.08	1 436	27.18	43.3%
11	2011	531	20.61	1 823	32.55	35.5%
	合计/平均值	6 968	20.11	16 904	37.42	41.8%

注：并购交易案例数据来自CVSource；上市公司数据来自Wind & iFind。

第三节　非上市公司股权价值评估

非上市公司股权，是指投资机构对未上市企业进行的股权投资。对于已在全国中小企业股份转让系统挂牌但交易不活跃的企业，也可以参照本节所述的评估方法进行评估。

非上市公司股权的评估是在被评估企业整体股权价值的基础上，考虑持股比例并结合流动性折扣等因素评估确定。非上市公司股权的常用评估方法包括市场法、收益法和成本法。评估人员应根据被评估企业实际情况、市场交易情况及其他可获得的信息，采用一种或多种评估方法，并选取在当前情况下最能代表公允价值的金额作为公允价值。

一、估值原则

评估人员应当在评估基准日估算各单项投资的公允价值。具有相同资产特征的投资每个评估基准日采用的评估方法应当保持一致。

评估人员在确定非上市股权的公允价值时，应当遵循实质重于形式的原则，对于可能影响公允价值的具体投资条款作出相应的判断。

由于通常不存在为非上市股权提供活跃报价的交易市场，因此在估算非上市股权公允价值时，无论该股权是否准备于近期出售，评估人员都应假定评估基准日发生了出售该股权的交易，并以此假定交易的价格为基础计量该股权的公允价值。

若投资于同一评估对象发行的不同轮次的股权，且各轮次股权的权利与义务存在差异，评估人员需考虑各轮次股权不同的权利和义务对公允价值的影响并对其分别进行估值。

在估算某项非上市股权的公允价值时，评估人员应从该股权的自身情况和市场环境出发，谨慎选择使用多种分属不同估值技术的评估方法，在可合理取得市场参与者假设的前提下采用合理的市场数据。选择估值技术时，至少应当考虑以下因素：

（1）根据可获得的市场数据和其他信息，其中一种评估方法是否比其他评估方法更恰当；

（2）其中一种评估方法所使用的输入值是否更容易在市场上观察

到或者只需作更少的调整；

（3）其中一种评估方法得到的评估结果区间是否在其他评估方法的估值结果区间内；

（4）多种评估方法的评估结果存在较大差异时，应进一步分析存在较大差异的原因，例如其中一种评估方法可能使用不当，或者其中一种评估方法所使用的输入值可能不恰当，等等。

评估人员应当对各种评估方法形成的评估结果之间的差异进行分析，结合各种评估方法的适用条件、重要参数的选取依据、评估方法的运用过程等相关因素，综合判断后确定最合理的评估结果。

评估人员可以采用情景分析的方式综合运用多种评估方法。评估人员可以从非上市股权投资的各种潜在退出方式出发，在不同退出方式下采用不同的评估方法，并结合具体退出方式的可实现概率对非上市股权的公允价值进行综合分析。

二、评估方法

评估人员应当充分考虑市场参与者在选择评估方法时考虑的各种因素，并结合自己的判断，采用多种分属不同评估方法对非上市股权进行估值。

（一）市场法

在估算非上市股权的公允价值时，通常使用的市场法包括参考最近融资价格法、市场乘数法、行业指标法。

1. 参考最近融资价格法

评估人员可采用评估对象最近一次融资的价格对非上市股权进行评估。由于初创企业通常尚未产生稳定的收入或利润，但融资活动一般比较频繁，因此参考最近融资价格法在此类企业的评估中应用较多。

如果待评估的非上市股权本身是在近期取得，且交易日后未发生影响公允价值计量的重大事件，其投资成本可作为公允价值的最佳估计。

在运用参考最近融资价格法时，评估人员应当对最近融资价格的公允性作出判断。如果没有主要的新投资人参与最近融资，或最近融资金额对评估对象而言并不重大，或最近交易被认为是非有序交易（如被迫出售股权、对评估对象陷入危机后的拯救性投资、员工激励或显失公允的关联交易等），则该融资价格一般不作为评估对象公允价值的最佳估计使用。此外，评估人员还应当结合最近融资的具体情况，考虑是否需要对影响最近融资价格公允性的因素进行调整，相关因素包括但不限于：

（1）最近融资使用的权益工具与非上市股权在权利和义务上是否相同；

（2）评估对象的关联方或其他第三方是否为新投资人提供各种形式的投资回报担保；

（3）新投资人的投资是否造成对原股东的非等比例摊薄；

（4）最近融资价格中是否包括了新投资人可实现的特定协同效应，或新投资人是否可享有某些特定投资条款，或新投资人除现金出资外是否还投入了其他有形或无形的资源。

特定情况下，伴随新发股权融资，评估对象的现有股东会将其持有的一部分股权（以下简称"老股"）出售给新投资人，老股的出售价格往往与新发股权的价格不同。针对此价格差异，评估人员需要分析差异形成的原因，如老股与新发股权是否对应了不同的权利和义务、是否面临着不同的限制，以及老股出售的动机等。评估人员应当结合价格差异形成原因，综合考虑其他可用信息，合理确定公允价值的取值依据。

评估基准日距离融资完成的时间越久，最近融资价格的参考意义越弱。评估人员在后续评估基准日运用最近融资价格法时，应当根据市场情况及评估对象自身情况的变化判断最近融资价格是否仍可作为公允价值的最佳估计。评估人员在后续评估基准日通常需要对最近融资价格进行调整的情形包括但不限于：

（1）评估对象的经营业绩与财务预算或预设业绩指标之间出现重大差异；

（2）评估对象实现原定技术突破的预期发生了重大变化；

（3）评估对象面对的宏观经济环境、市场竞争格局、产业政策等发生了重大变化；

（4）评估对象的主营业务或经营战略发生了重大变化；

（5）评估对象的可比公司的业绩或者市场估值水平出现重大变化；

（6）评估对象内部发生欺诈、争议或诉讼等事件，管理层或核心技术人员发生重大变动。

若评估人员因评估对象在最近融资后发生了重大变化而判定最近融资价格无法直接作为公允价值的最佳估计，同时也无法找到合适的可比公司或可比交易案例以运用市场乘数法进行估值，评估人员可以根据评估对象主要业务指标自融资时点至评估基准日的变化，对最近融资价格进行调整。主要业务指标包括但不限于有代表性的财务指标、技术发展阶段、市场份额等，在选择主要业务指标时，应重点考虑评估对象所处行业特点及其自身的特点，选择最能反映评估对象价值变化的业务指标。

2. 市场乘数法

根据评估对象的所处发展阶段和所属行业的不同，评估人员可运用各种市场乘数（如市盈率、市净率、企业价值/销售收入、企业价值/息税折摊前利润等）对非上市股权进行估值。市场乘数法通常在评估对象相对成熟、可产生持续的利润或收入的情况下使用。

在运用市场乘数法时，评估人员应当从市场参与者角度出发，参照下列步骤完成估值工作。

第一，选择评估对象可持续的财务指标（如利润、收入）为基础的市场乘数类型，查找在业务性质与构成、企业规模、企业所处经营阶段、风险状况和盈利增长潜力等方面与评估对象相似的可比上市公司，通过分析计算获得可比市场乘数，并将其与评估对象相应的财务指标结合得到股东全部权益价值（调整前）或企业价值。选择交易案例时应选择与评估对象在同一行业或受同一经济因素影响的交易，交易的发生时间与评估基准日接近。

第二，若市场乘数法计算结果为企业价值，评估人员应当扣除企业价值中需要支付利息的债务，得到股东全部权益价值（调整前）。评估人员应当在股东全部权益价值（调整前）基础上，针对评估对象的溢余资产或负债、非经营性资产或负债、或有事项、流动性、控制权、其他权益工具（如期权）可能产生的摊薄影响及其他相关因素等进行调整，得到评估对象的股东全部权益价值（调整后）。

第三，如果评估对象的股权结构复杂，各轮次股权的权利和义务存在明显区别，评估人员应当采用合理方法将股东全部权益价值（调整后）分配至被评估的股权。

市场乘数的分子可以采用股东权益价值（股票市值或股权交易价格）或企业价值，评估人员应当基于评估基准日的价格信息和相关财务信息得出，若评估基准日无相关信息，可采用距离评估基准日最近的信息并作一定的调整后进行计算。市场乘数的分母可采用特定时期的收入、利润等指标，也可以采用特定时点的净资产等指标，上述时期或时点指标可以是历史数据，也可采用预期数据。评估人员应确保估值时采用的评估对象的利润、收入或净资产等指标与市场乘数的分母在对应的时期或时点方面保持完全一致。

在估值实践中，各种市场乘数均有应用，如市盈率（P/E）、市净率（P/B）、企业价值/销售收入（EV/Sales）、企业价值/息税折摊前利润（EV/EBITDA）、企业价值/息税前利润（EV/EBIT）等。评估人员应当从市场参与者角度出发，根据评估对象的特点选择合适的市场乘数。

在使用各种市场乘数时，应当保证分子与分母的口径一致，如：市盈率中的盈利指标应为归属于母公司的净利润，而非全部净利润；市净率中的净资产应为归属于母公司的所有者权益，而非全部所有者权益。一般不采用市销率（P/Sales）、市值/息税折摊前利润（P/EBITDA）、市值/息税前利润（P/EBIT）等市场乘数，除非可比公司或交易与评估对象在财务杠杆和资本结构上非常接近。

考虑到评估对象可能存在不同的财务杠杆和资本结构，在EV/EBITDA适用的情况下，通常可考虑优先使用EV/EBITDA。在EV/EBITDA不适用的情况下，可考虑采用市盈率进行估值，但需要注意评估对象应具有与可比公司或可比交易案例相似的财务杠杆和资本结构，并通常应对净利润中包括的特殊事项导致的利润或亏损进行正常化调整，同时考虑不同的实际税率对市盈率的影响。如果评估对象尚未达到可产生可持续利润的阶段，评估人员可以考虑采用销售收入市场乘数（EV/Sales），在确定评估对象的收入指标时，可以考虑市场参与者收购评估对象时可能实现的收入。

市场乘数通常可通过分析计算可比上市公司或可比交易案例相关财务和价格信息获得。评估人员应当关注通过可比上市公司和可比交易案例两种方式得到的市场乘数之间的差异并对其进行必要的调整。对于通过可比交易案例得到的市场乘数，在应用时应注意按照评估基准日与可比交易发生日市场情况的变化对其进行校准。

评估人员应充分考虑上市公司股票与非上市股权之间的流动性

差异。对于通过可比上市公司得到的市场乘数,通常需要考虑一定的流动性折扣后才能将其应用于非上市股权估值。流动性折扣可通过经验研究数据或者看跌期权等模型,并结合非上市股权投资实际情况综合确定。常用的看跌期权模型有欧式看跌期权以及亚式看跌期权(参见本章第二节)。除上述分析方法以外,若能合理估计流动性折扣的,也可采取其他分析技术。

对市场乘数进行调整的其他因素包括企业规模和抗风险能力、利润增速、财务杠杆水平等。上述调整不应包括由于计量单位不一致导致的溢价和折扣,如大宗交易折扣。

3. 行业指标法

行业指标法是指某些行业中存在特定的与公允价值直接相关的行业指标,此指标可作为评估对象公允价值估值的参考依据。行业指标法通常只在有限的情况下运用,此方法一般被用于检验其他估值法得出的估值结论是否相对合理,而不作为主要的估值方法单独运用。

并非所有行业的评估对象都适用行业指标法,通常在行业发展比较成熟且行业内各企业差别较小的情况下,行业指标才更具代表意义。

(二)收益法

在估计非上市股权的公允价值时,通常使用的收益法为现金流折现法和股利折现法。

评估人员可采用合理的假设预测评估对象未来现金流及预测期后的现金流终值,并采用合理的折现率将上述现金流及终值折现至评估基准日得到评估对象相应的企业价值。评估人员应当首先对评估对象的历史财务报表进行分析,了解各项收入、费用、资产、负债的构成状况,判断影响历史收益的各类因素及其影响方式和影响程度,同时对历史财务报表进行必要的调整。现金流的预测应当综合考虑评估对象的经营状况、历史经营业绩、发展趋势，宏观经济、所在行业现状与发展前景等因素。折现率的确定应当能够反映现金流预测的内在风险，综合考虑评估基准日利率水平、市场投资收益率等资本市场相关信息和所在行业、估值对象的特定风险等因素。

评估人员在确定此方法采用的财务预测、预测期后终值以及经过合理风险调整的折现率时，需要大量的主观判断，折现结果对上述输入值的变化较为敏感，因此，现金流折现法的结果易受各种因素干扰。特别是当评估对象处于初创、持续亏损、战略转型、扭亏为盈、财务困境等阶段时，评估人员通常难以对评估对象的现金流进行可靠预测，应当谨慎评估运用现金流折现法的估值风险。

股利折现法是将预期股利进行折现以确定评估对象价值的估值方法。股利折现法适用于评估对象平稳发展、股利分配政策较为稳定，且能够对股利进行合理预测的情形。

（三）成本法

在估计非上市股权的公允价值时，通常使用的成本法为净资产法。

评估人员可以评估对象评估基准日的资产负债表为基础，使用适当的方法分别估计评估对象表内及表外各项资产和负债的公允价值（在适用的情况下需要对溢余资产和负债、非经营性资产或负债、或有事项、流动性、控制权及其他相关因素进行调整），综合考虑后得到股东全部权益价值，进而得到股权价值。如果评估对象股权结构复杂，评估人员还应参照市场乘数法中提及的分配方法得出持有部分的股权价值。

净资产法适用于企业的价值主要来源于其占有资产的情况，如重资产型的企业或者投资控股企业。此外，该方法也可以用于经营情况不佳、可能面临清算的评估对象。

三、非上市公司评估案例

（一）评估案例基本情况

根据主辅分离原则，某集团公司拟将其持有的ABC基金公司转让给某金投公司。本次评估系为ABC基金管理公司股东拟转让股权涉及的ABC基金的股东全部权益的市场价值提供参考。

ABC基金公司已存续多年，目前管理规模53.83亿元，在公司清查及注册会计师审计的基础上，其申报评估的资产明确，可根据财务资料、购建资料及现场勘查进行核实并逐项评估。经查询和市场调查，可以获得与被评估单位在经营范围、资产规模、资产结构、管理能力、发展阶段及盈利水平等方面相似或可比的股权交易案例，本次评估适用市场法进行评估。

（二）评估计算过程与结果

1. 交易案例的选取

我们选择与被评估单位行业性质一致的基金管理公司交易案例。根据上述原则，我们选取了以下三个交易案例作为可比交易案例。

各交易案例及待估对象相关信息如表5-2所示。

表5-2　交易案例及待估对象信息表

项　目	交易案例一	交易案例二	交易案例三	待估对象
基金公司	东基金	华基金	华基金	ABC基金
购买方	A证券	B证券	B证券	
交易方式	竞拍	竞拍	竞拍	竞拍
交易价格（万元）	11 900	58 880	160 000	

续 表

项　目		交易案例一	交易案例二	交易案例三	待估对象
交易时间		2014年2月	2013年11月	2013年5月	2014年
交易标的	交易股权比例	21%	3.2%	10%	100%
	付款方式	过户后付清	过户后付清	过户后付清	过户后付清
个别因素	交易背景	原股东，收购后持有增至70%	原股东，收购后持有至62.2%	原股东，收购后持有至59%	
基金公司整体状况	行业排名	52	1	1	78
	人员资质	符合监管要求	符合监管要求，人力资源丰富	符合监管要求，人力资源丰富	符合监管要求
	管理费率	公募基金为主	公募基金为主	公募基金为主	专户为主
	业务资质	相同	相同	相同	相同
	成立时间	2004年	1998年	1998年	2010年

2. 价值比率乘数的选取

基金管理公司的业务性质属于"受人之托、代理理财"的范畴，其主要的业务收入来源于基金管理费。基金管理费一般是根据基金的投资类型，按照基金管理资产规模的一定百分比计提。因此，行业成长性、公司成长性、公司盈利能力、市场占有率、基金管理资产规模等因素对基金管理公司的价值有较大的影响，特别是基金管理资产规模在一定程度上反映了基金管理公司的收入规模和股权价值。基金管理公司管理资产的规模一般和基金投资收益、基金销售渠道、研投能力、公司品牌等关系密切，而和基金管理公司的资本金多少没有直接的关系。

基于上述分析,在采用市场法评估基金管理公司的股权价值时,常用的评估模型有市盈率(P/E)乘数模型、价格与管理资产规模比率(Price/AUM)乘数模型等。而评估传统行业常用的市净率(P/B)乘数模型则不适宜基金管理公司的股权价值评估。

和P/E乘数模型相比,Price/AUM乘数模型简明地反映了基金管理公司的股权价值和资产管理规模之间的关系,因此,Price/AUM乘数模型在评估基金管理公司的股权价值时应用更为普遍。此次市场法评估最终确定采用Price/AUM乘数模型。

Price/AUM乘数模型是将被评估的基金管理公司股权和市场近期已交易的基金管理公司股权相比较,找出评估对象与每个参照实例之间的股权价值影响因素方面的差异,并据此对参照实例的交易价格进行比较调整,从而得出多个参考值,再通过综合分析,调整确定评估对象的评估值。

对于搜集到的具有可比性的交易案例,主要掌握交易标的的购买方、交易方式、交易价格、交易时间,对交易标的状况(交易股权比例、付款方式、交易背景等)和基金公司整体状况(行业排名、人员资质、管理费率、业务资质种类、成立时间等)因素进行修正,综合得出评估基准日评估对象的每亿元资产管理规模价值。计算公式为:

$$V = V_B \times A \times B \times C \times D \tag{5-5}$$

式中,V = 待估对象每亿元资产管理规模价值(万元);

V_B = 参照实例每股成交金额/参照实例资产管理规模;

A = 待估对象交易方式因素值/参照实例交易方式因素值;

B = 待估对象交易时间因素值/参照实例交易时间因素值;

$C=$ 待估对象交易标的个别因素值/参照实例交易标的个别因素值；

$D=$ 待估对象基金公司整体状况因素值/参照实例基金公司整体状况因素值。

评估价值
=每亿元资产管理规模价值（万元）× 资产管理规模（亿元）

（5-6）

3. 交易案例比率乘数的计算

根据交易案例具体情况确定交易方式、交易时间、交易标的个别因素、基金公司整体状况修正系数。

交易案例均为公开挂牌竞拍，交易方式无须修正。

基金管理办法的实施为基金行业发展提供了更多的机遇，故将交易时间做相应修正。

由于交易股权比例、交易背景、行业排名、人员资质、管理费率、成立时间不同，对每亿元资产管理规模价值有一定的影响，需做相应修正。

其他因素如付款方式、业务资质相同，无须进行修正。

具体修正系数参见表5-3所示。

表5-3 各交易修正系数表

项目	交易案例一	交易案例二	交易案例三	待估对象
基金公司	东基金	华基金	华基金	ABC基金
交易方式	100	100	100	100
交易时间	100	100	95	100

续 表

项目		交易案例一	交易案例二	交易案例三	待估对象
交易标的个别因素	交易股权比例	105	115	110	100
	付款方式	100	100	100	100
	交易背景	90	90	90	100
基金公司整体状况	行业排名	100	108	108	100
	人员资质	100	105	105	100
	管理费率	105	103	103	100
	业务资质	100	100	100	100
	成立时间	95	90	90	100

4. 因素修正调整计算

具体修正计算过程参见表5-4所示。

表5-4 修正计算过程表

项目		交易案例一	交易案例二	交易案例三
基金公司		东基金	华基金	华基金
购买方		A证券	B证券	B证券
交易价格		11 900	58 880	160 000
交易方式		1.0000	1.0000	1.0000
交易时间		1.0000	1.0000	1.0526
交易标的个别因素	交易股权比例	0.9524	0.8696	0.9091
	付款方式	1.0000	1.0000	1.0000

续　表

项　目		交易案例一	交易案例二	交易案例三
交易标的个别因素	交易背景	1.1111	1.1111	1.1111
基金公司整体状况	行业排名	1.0000	0.9259	0.9259
	人员资质	1.0000	0.9524	0.9524
	管理费率	0.9524	0.9709	0.9709
	业务资质	1.0000	1.0000	1.0000
	成立时间	1.0526	1.1111	1.1111
每亿元资产管理规模价值（万元）		570.65	570.15	545.62
平均值		562.14		

根据上面对相关因素进行修正后，ABC基金每亿元资产管理规模价值562.14万元，从而ABC基金的股东全部权益价值为562.14 × 53.83 ≈ 30 260.00（万元）。

本 章 小 结

本章主要介绍了企业价值的内涵、不良资产评估中企业价值的评估思路。流通限售股可以参考中国基金业协会发布《证券投资基金投资流通受限股票估值指引（试行）》中介绍的亚式期权方法进行估算。非上市公司可以根据具体资料的收集情况采用合适的方法进行估算。其中，收益法基于未来现金流量折现原理，揭示了资产价值的决定因素，体现了资产价值的本质，具有逻辑严密性。但收益法的输入参数均需要预测，增加了评估结果的不确定性以及人为操控的空间。市场法通过对可比公司的价值乘数进行修正，得到标的企业的价值乘数，然后运用价值乘数对标的企业进行估值。当可比公司的质量和数量满足要求时，市场法具有较好的可靠性。成本法将单项可辨认资产价值相加，得到企业整体价值。该方法忽视了企业的不可辨认资产以及资产之间的协同效应，没有体现企业盈利能力和风险这两个关键的价值决定因素，一般会低估持续经营企业的价值。但是，资产基础法可作为企业价值估值的底线，对收益法和市场法的评估结果进行校验。

本章重要术语

企业价值　　　　企业整体价值　　股东全部权益价值
股东部分权益价值　限售股　　　　亚式期权

复习思考题

1. 简述企业价值的分类及意义。

2. H公司是一家非上市证券公司，丙公司拟将其持有的H公司15%的股权转让给乙公司进行抵债，委托评估机构对H公司的股东权益价值进行评估。评估基准日为2016年12月31日。评估机构拟采用上市公司比较法进行评估。

（1）H公司的股权结构如下：甲公司持股比例为51%，乙公司持股比例为34%，丙公司持股比例为15%。

（2）经过初步筛选，评估师拟从五家上市公司中选取可比公司，评估基准日被评估企业和五家上市公司的基本情况如表5-5所示。

表5-5 被评估企业及五家上市公司基本信息统计表

	被评估企业	A公司	B公司	C公司	D公司	E公司
净资产（亿元）	500	1 100	550	800	600	900
总股数（亿股）	60	80	50	75	65	75
基准日前30日平均收盘价		20	17	18	15	19

（3）根据H公司行业性质、企业资产构成与业务特点，确定价值比率为市净率（P/B），并采用因素调整法对可比公司的价值比率进行调整。被评估企业和五家上市公司各因素评分情况如表5-6所示。

表5-6 价值比率调整因素评分表

指标类别	被评估企业	A公司	B公司	C公司	D公司	E公司
营运能力	100.0	110.0	101.0	105.2	102.2	106.5
盈利能力	100.0	106.0	98.6	103.0	101.0	104.2
成长能力	100.0	105.5	102.2	102.5	103.0	103.8

（4）经调查，评估基准日证券行业缺乏流动性折扣的平均值为27%，控制权溢价平均值为30%。

（5）价值比率调整系数经四舍五入保留小数点后四位，价值比率和最终评估值保留两位小数。

要求：根据以上资料测算H公司股东全部权益价值。

3. 选取一个上市公司限售流通股，采用AAP模型估算其价值。

第六章

不同评估目的不良
资产评估

公允价值计量假设资产或负债的交易发生在主要市场或最有利市场。主要市场是指对资产或负债而言有最大交易量或最高水平活跃程度的市场。金融工具公允价值评估遵循审慎性、独立性和充分披露原则。

由于评估的特定目的、被评估的不良资产所处的市场条件的不同，对被估资产未来预计的使用状态的设定以及资产价值类型的选择的不同，可以选择的评估方法也是有区别的。每一种评估方法都有其自成一体的运用过程，都有其必须具备的信息基础，每一种方法也都是从某一角度反映资产的价值。由于评估方法自身的特点，在不同类型业务下评估不良资产价值时，就有了效率上和直接程度上的差别。因此，根据评估目的、价值类型，选择最直接且最有效率的评估方法，是评估人员应具备的能力。

第一节　不良资产业务类型概述

一、收购业务

不良资产的收购业务，指管理机构或投资机构利用自身专业能力、资源和优势，向不良资产持有人收购不良资产的业务。从收购来源看，其可分为非金融机构不良资产收购业务、非银行业金融机构不良资产收购业务，以及银行业不良资产收购业务。从收购方式看，其可分为不良资产自营收购业务、不良资产受托收购业务和不良资产远期收购业务三种业务类型。

不良资产自营收购业务，指管理机构以自行经营为目的，根据市场原则收购出让方的不良资产。管理机构根据尽职调查及定价结果，通过参与招标、拍卖或公开竞价等公开竞争方式或与资产转让方个别协商方式收购不良资产，并进行管理、经营和处置。

受托不良资产收购业务，指管理机构接受委托方的委托，按双方约定的价格、收购方式，代理委托方对特定不良资产进行收购。根据拟收购资产的类型，其可分为金融不良资产受托收购和非金融不良资产受托收购。根据收购的资金来源，其又可以分为配资受托不良资产收购和全额受托不良资产收购。在配资受托不良资产收购业务中，管理机构需要为委托方提供资金垫付，并收取一定的资金占用费。在全额受托不良资产收购业务中，收购资金由委托方提供，管理机构仅承担受托收购职责。

不良资产远期收购业务，指管理机构依托不良资产管理及处置的专业能力，应申请人的要求，以向债权人出具承诺函或签订相关协议的形式，承诺在出现指定的收购条件时无条件以确定价格收购债权，并提供资产估值、运行监管、风险监测、不良处置等风险管理服务，根据服务事项收取一定报酬的业务。

二、处置业务

不良资产的处置业务，指管理机构通过发挥专业能力，综合运用多种处置手段与方法，对所持有的不良资产进行处置，以获取经济收益的业务。根据实现价值手段的不同，处置业务可以进一步细分为传统处置类业务和投行化处置类业务。

不良资产的传统处置类业务，指不良资产管理机构运用传统处置方式开展的不良资产处置业务。传统处置方式是指对不良债权自身或不良债权的抵（质）押物、担保人等进行直接处置，具体包括：直接催收、司法清收、债权/收益权转让、破产清收、委托处置、资产证券化等。

不良资产的投行化处置类业务，指管理机构运用投行化处置手段开展的不良资产处置业务，这也是近年来很多资产管理公司提到的"不良+投行"概念。投行化处置类业务通常以收购债权或债权投资的形式介入，部分项目存在转股或股权收购的情况。具体来说，投行化处置方式业务包括债务重组、破产重整、共益债和市场化债转股等。

传统的处置方式，侧重于从出让方低价获取资产包，快速实现债权变现，通过收购与处置的价差获取收益，可以看作是冰棍理论的应用。而投行化处置方式，注重于改善企业的经营状况，恢复企业的造血功能，通过企业价值提升获取收益，可以看作是根雕理论的应用。

三、投资业务

不良资产的金融投资类业务，指以投资标准化金融产品的形式开展的不良资产投资和管理业务。不良资产的金融投资类业务包括不良资产证券化产品投资业务、违约信用债投资业务和其他类投资业务等。

不良资产证券化产品投资业务，指管理机构投资银行或其他金融机构发行的基于不良资产作为底层资产的资产证券化产品。不良资产证券化产品一般分为优先级份额和次级份额。优先级份额为固定收益，次级份额为浮动收益。银行类机构是最大的优先级份额投资方。不良资产管理机构由于自身的能力特点和资金成本高于银行机构，往往投资于次级份额。与投资基于正常资产的证券化产品不同，基于不良资产的资产证券化产品的投资业务除考虑产品本身的持有到期兑付收益外，还需要考虑远期不能兑付所触发的不良资产收购和管理动作。

这样从投资到收购及处置的完整方案安排也隐含了远期不良收购与处置业务预案，体现了管理机构有别于一般投资机构的价值。

违约债券投资业务，指管理机构投资已经出险的违约债券，以获取信用修复后的债权清偿或后期介入重整机会的业务。违约债权可分为担保债券和信用债券。在资本市场上，出现违约情况的以信用债券居多。违约信用债券作为纯信用担保所发行的债券，与多数有抵（质）押物作为担保的银行不良债权完全不同。由于其底层资产的差异，信用债券在受偿顺序上并没有优先受偿的资格。这样的情况决定了在处置方式上，管理机构不能采用常用的通过司法手段推动抵（质）押物拍卖的方式进行处置。管理机构开展违约债券投资多采用投行化手段进行处置。从投资逻辑上来分，也可以分为主动型投资和被动型投资两种。主动型投资是以违约信用债作为进入手段，或整合已有债权，或推动债务重组等方式进行处置并退出。被动型投资则基于管理机构对企业只是处于暂时流动性困境的判断，或判断短期有明确的救助方介入。管理机构在折价较高的时点进行投资，而在暂时性危机度过之后，债券价值恢复，则通过债券市场交易退出。

管理机构的其他投资类业务一般来说还包括面对资本市场的上市公司纾困、定向增发和一级股权投资三种类型。上市公司纾困业务是通过收购上市公司股票质押出险资产为上司公司纾困。2017年的股市下跌引发了大面积困境上市公司救助需求，在此之后上市公司纾困业务开始备受不良资产管理行业关注。2020年4月17日，沪深交易所发布了《关于通过协议转让方式进行股票质押式回购交易违约处置相关事项的通知》。该通知放宽了股票质押式回购违约处置涉及的协议转让办理要求，对符合条件的股票质押回购违约处置协议转让，适当调整最低受让比例及转让价格下限，具体为单个受让方的受让比例下限由5%降至2%，转让价格下限由原来的九折调整为七折，即不低于转让协议签署日前一交易日公司股票收盘价的70%。

四、管理业务

不良资产的管理类业务，指管理机构接受委托方委托或指定，对问题企业或问题资产进行管理的业务。管理机构依靠自身在不良资产管理和风险处置方面的能力和经验，在处置过程中化解金融风险，重塑企业价值，维持社会稳定。不良资产的管理类业务包括投行顾问业务、受托管理业务、破产管理业务和基金管理业务。

投行顾问业务，指管理机构以顾问的身份，提供咨询服务，协助金融机构、工商企业或投资者完成不良资产相关管理或交易活动的业务。管理机构以收取顾问服务费的形式获得收入。

受托管理业务，指出资者或其代表在所有权不变的条件下，以契约形式在一定时期内将企业的法人财产权部分或全部让渡给管理机构经营或管理。

破产管理业务，指管理机构在法院的指挥和监督之下全面接管拟关闭、破产、清算企业或金融机构的财产、负债和人员，并负责对其进行保管、清理、估价、处理和分配，以使其完成从市场退出的过程。一般破产管理人由法院通过相关程序选定符合资质的律师事务所、会计师事务所或资产管理公司担任。资产管理公司在不良资产处置中积累了较多的经验和资源，可在破产管理中提供较为综合的专业服务。

基金管理业务，指管理机构通过非公开方式向特定主体募集基金，用于不良资产、债权型、权益性等类型资产的投资。该业务在投资实施过程中考虑将来的权益增值、资产增值、退出机制等因素，最后通过企业上市、并购重组等方式取得收益。

第二节 不良资产转让交易中的评估

不良资产的转让交易分为单户转让和批量转让。根据《金融企业不良资产批量转让管理办法》(财金〔2012〕6号),债权批量转让是指金融企业对一定规模(10户/项及以上)的不良资产进行组包和定向转让。之后,原银保监会又多次发文,将不良资产批量组包转让的门槛由10户降至3户。理论上,在同一时点,卖家的评估值应该等于买家的评估值,即双方对资产的公允价值估值相同。事实上这样的情形是较为少见的,由于交易双方对不良资产的信息不对称,因而对转让标的资产有着不同的心理预期,从而促使了交易的形成。总体而言,不良资产的收购评估模型与处置评估模型在评估方法层面是一致的。

一、单笔债权的评估

不良资产的评估模型为:

$$\begin{aligned}&\text{不良资产评估值}\\&=\text{优先受偿金额}+\text{借款人可偿还金额}+\text{保证人可代偿金额}\\&+\text{其他债务相关方可偿还金额}-\text{处置成本}\end{aligned} \quad (6\text{-}1)$$

按照上述模型对不良及问题资产进行评估,需要对优先受偿金额、借款人可偿还金额、保证人可代偿金额、其他债务相关方可还金额等分别进行评估,每类评估对象适用的评估方法有所不同。

对优先受偿金额进行评估时,一般首选市场法,采矿权、工业房地产等市场成交可比案例较少的特殊情况除外(如图6-1所示)。如涉及多个抵(质)押物、查封物,须分别进行评估并加总。

第六章　不同评估目的不良资产评估 | 219

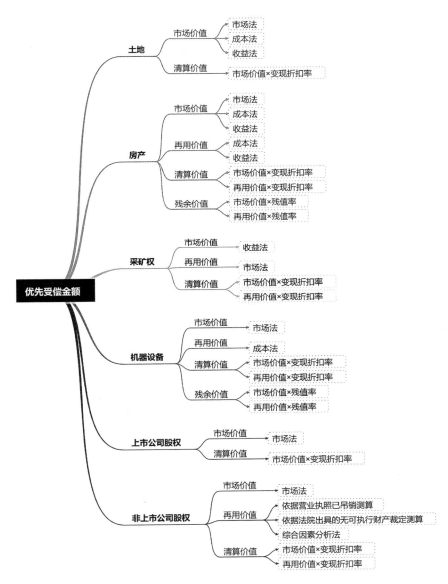

图6-1　优先受偿金额评估方法汇总

如债务人具有持续经营能力，通过债务重整有可能恢复正常，对优先受偿金额评估应适用市场价值、再用价值，并按照评估对象的类型适用不同的评估方法。须重点关注，此时市场法应用过程中可比案例的选择应使用正常交易的成交金额、司法评估价，或者参考第三方机构出具的评估报告。

如债务人存在以下情况中的一项或几项：经营不善、处于停产或半停产状态、入不敷出、还款意愿不足、进入诉讼阶段或破产阶段等，对优先受偿金额的评估应适用清算价值或残余价值。对清算价值进行评估时，一般应按照市场价值或在用价值与变现折扣率相乘进行测算，变现折扣率可参照大型司法拍卖网站、产权交易所等渠道查询相同区域的同类资产的成交价与司法评估值的比值，并可按照成交概率等进行适当修正。对残余价值进行评估时，一般应按照资产重置成本与税法规定的残值率相乘进行测算。

二、批量债权收购

债权批量收购是资产管理公司获取不良资产的重要手段之一。批量债权收购使得转让方可实现存量资产中的"骨头"债权与"肉"债权有机组合，实现"新包"带"老包"。但是由于资产包体量大、时间紧迫，该类资产通常存在尽调不足的缺陷，无法获取单户准确的评估值。基于上述原因，资产管理公司从实战的角度出发，基于存量不良资产包清收数据及押品的变现折扣率统计，创新性地提出了模块化不良资产评估理论。该评估方法已成功应用在大型资产包的收购及总对总债权处置中。

传统资产包评估中，有债权资产包价格等于分户债权价值之和，分户债权价值等于该户项下抵押物的价值加上未设定抵押债权的价值，故而可将资产包的价值拆分为可确指抵押物的价值加上未设定抵押债权的价值（如图6-2所示）。

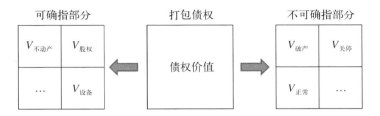

图6-2　不良资产包评估模型模块拆分示意图

具体评估模型如下：

$$V_{打包} = V_{抵押} + V_{非抵押债权} \quad (6-2)$$

$$V_{抵押} = V_{抵押1} + V_{抵押2} + \cdots + V_{抵押n} \quad (6-3)$$

$$V_{非抵押债权} = V_{经营1} + V_{经营2} + \cdots + V_{经营n} \quad (6-4)$$

式中，$V_{打包}$ = 不良资产包的整体评估结果；

$V_{抵押}$ = 资产包中抵押物的价值；

$V_{非抵押债权}$ = 资产包内除可确指的抵押物外，以债权形态存在的不良资产的评估结果；

$V_{抵押i}$ = 资产包内不同抵押物类型 i 的价值；

$V_{经营j}$ = 资产包内不同经营状态 j 下的评估结果。

应用分块方式和外部数据处理方式，抵押类资产模块可以获得更加精确的评估，有效减少了包内信息量缺乏和外部信息失真的影响。

（一）抵押物的价值计算

$$V_{抵押i} = \frac{Q \times P \times D}{(1+r)^n} \quad (6-5)$$

式中，Q = 抵押物面积；

P = 该类抵押物的均价；

D = 该类抵押物的综合变现率；

r = 折现率;

n = 期限。

(1) 将不良资产包内所有抵押物进行分类。在具体计算过程中,可以将抵押物按照区域进行划分,使得评估结果更加准确。

(2) 统计该类型抵押物的数量。

(3) 查找或者计算该类型抵押物的平均单价。

(4) 根据司法拍卖统计该类型抵押物的综合变现折扣率(如表6-1所示)。

(5) 根据该类型抵押物的平均诉讼进度确定处置回收期限,并进行折现。

表6-1 2020年上拍押品司法拍卖综合变现折扣率

省	01 光地	02 住宅	03 工业	04 商铺	05 商业	06 其他房屋	07 在建工程
11 北京市	58.06%	68.96%	62.40%	97.86%	61.06%	62.04%	64.03%
12 天津市	46.40%	64.46%	55.07%	44.80%	50.39%	57.31%	42.81%
13 河北省	59.12%	60.34%	60.05%	45.46%	54.35%	54.83%	45.76%
14 山西省	65.42%	57.98%	54.38%	53.94%	50.67%	46.97%	46.05%
15 内蒙古自治区	56.08%	58.64%	49.98%	47.88%	48.51%	52.27%	44.80%
……							

注:抵押物数量按照实际上拍数进行清洗,同1个抵押物无论上拍几次,均算为1个抵押物,若成交后存在拍卖的,按照最后一次拍卖的状态记录。

综合变现折扣率 = 成交概率 × 已成交抵押物变现折扣率 + 流拍概率 × 流拍后经修正变现折扣率(贝叶斯方法)

在计算综合变现折扣时,可由评估专家根据实际情况进行修正。

（二）非抵押债权部分的价值计算

与 $V_{抵押_i}$ 的计算方法类似，先按照主体经营状态进行分类，调查其对应的债权金额。若该债权上已设定抵押，则需要扣除前述债权的价值。若条件允许，则采用回归分析法建立经验方程，然后计算每一个债权的回收率，再求和得到债权的价值。若包内资产信息不充足，使用经验方程单独计算每个债权有困难，则可以利用当地的历史数据（主要应以信用债权为主）计算债权的平均回收率，与所有债权余额相乘计算得到债权的价值。具体使用哪一种方法计算回收率值，应由评估人员根据实际情况进行选择。

第三节 不良债权日常管理中的评估

不良债权的价值随着抵（质）押物的价值变动而变动。对于资产管理公司来说，掌握资产的变动进行过程管理尤为重要。

一、风险分类

（一）风险分类的概念

风险分类是指管理机构根据资产风险分类的原则和标准，将公司各类经营资产划分为正常、关注、次级、可疑和损失五类，后三类为不良资产（即不良中的不良）。五级分类一般定义如下所述。

正常类资产：指分类时点资产价值与收购或投资时相比没有反向变化，正常履约，未发现影响资产价值变动的不利因素。

关注类资产：指分类时点资产价值与收购或投资时相比没有反向变化，但已出现可能影响资产价值变动的不利因素。

次级类资产：指分类时点资产价值与收购或投资时相比可能发生贬损，不能完全按约定条件履约，需执行担保或其他风控措施避免损失。

可疑类资产：指分类时点资产价值与收购或投资时相比将发生较大贬损，已不能履约，即使执行担保和其他风控措施，也会发生较大损失。

损失类资产：违约事实已经发生，且在采取可能的风控措施和必要的法律程序后，资产仍将发生重大损失。

（二）分类原则

商业化资产风险分类遵循客观性、一贯性、审慎性和及时性原则，以资产的安全程度为核心，按照各类业务的风险特征，分别以代偿性风险发生程度、投资收益实现的可靠程度和资产的实际价值贬损状况，设置能衡量商业化业务实际风险状况的可量化评价指标，以真实、客观、动态地反映资产的风险状况和风险程度。

（三）分类方法

商业化收购资产是指投资机构通过商业化收购而形成的资产，包括收购金融机构的不良资产、抵债资产和其他债权资产。按资产包收购的，对资产包整体处置和收益情况进行评价；收购后进行债务重组或委托处置并附有固定收益、以原债务主体或新的承债人为主要还款义务人的商业化收购资产，按照固定收益类资产分类标准进行风险分类，如资产持有期间出现逾期支付本金或收益的，划分为关注类。

资产风险分类根据不同类型资产确定分类指标，采用正向评分法，同时按各指标对资产风险的影响程度确定权重。资产风险综合评分等于各项指标评分与相应权重乘积之和。综合评分的区间级差体现风险等级、量变质变。综合评分90—100分为正常类，80—90分（不含）为关注类，60—80分（不含）为次级类，40—60分（不含）为可疑类，40分（不含）以下为损失类。

（四）资产分类标准

资产以资产预计变现价值、资产经营计划实施情况和担保措施保障程度三项指标作为资产风险分类标准。其中，资产预计变现价值指标权重为70%，资产经营计划实施情况指标权重为20%，担保措施保障程度指标权重为10%。

1. 资产预计变现价值指标评分标准

以分类时点资产预计变现价值（含已实现收益）与收购时确定的盈亏平衡点进行比较评分。如预计经营计划时间超过审批方案的，须按预计超时的相关因素修正盈亏平衡点。

（1）资产预计变现价值高于盈亏平衡点超过10%（含）的，100分。

（2）资产预计变现价值等于或高于盈亏平衡点10%以内的，90—99分。

（3）资产预计变现价值低于盈亏平衡点10%（含）以内的，61—70分。

（4）资产预计变现价值低于盈亏平衡点超过10%但在20%（含）以内的，51—60分。

（5）资产预计变现价值低于盈亏平衡点超过20%但在30%（含）以内的，41—50分。

（6）资产预计变现价值低于盈亏平衡点超过30%的，0—40分。

2. 资产经营计划实施情况指标评分标准

以分类时点预计资产经营计划完成时间与审批方案中预计经营计划进行比较评分。

（1）预计能够按时完成经营计划的，100分。

（2）预计比原经营计划逾期90天（含）以内的，71—85分。

（3）预计比原经营计划逾期超过90天但在180天（含）以内的，

56—70分。

（4）预计比原经营计划逾期超过180天但在360天（含）以内的，26—55分。

（5）预计比原经营计划逾期超过360天的，0—25分。

3. 担保措施保障程度指标评分标准

担保措施保障程度是指收购时新增或收购资产本身附带的有效抵（质）押物预计变现价值和有效保证人的预计代偿金额，按担保措施保障程度分类时点评估与不良资产收购时点评估值进行比较评分。抵押物的评估参考同类资产的市场询价进行。

（1）担保措施保障程度高于不良资产收购时点评估值超过10%（含）的，100分。

（2）担保措施保障程度等于或高于不良资产收购时点评估值10%以内的，90—99分。

（3）担保措施保障程度低于不良资产收购时点评估值10%（含）以内的，80—89分。

（4）担保措施保障程度低于不良资产收购时点评估值超过10%但在20%（含）以内的，60—79分。

（5）担保措施保障程度低于不良资产收购时点评估值超过20%但在30%（含）以内的，40—59分。

（6）担保措施保障程度低于不良资产收购时点评估值超过30%的，0—39分。

二、公允价值计量

（一）背景

财政部于2017年修订了《企业会计准则第22号——金融工具确认

和计量》(财会〔2017〕7号)。根据修订后的新金融工具准则,不良资产属于以公允价值计量且其变动计入当期损益的金融资产。当初始确认完成进入后续计量时,每个财务报告日企业应当对不良资产以公允价值计量并将其变动计入当期损益。由于不良资产种类复杂且无透明的交易市场,无法直接取得相关报价,故需要通过评估方法的方式确定资产的公允价值。

本书所说的公允价值是指熟悉市场情况的买卖双方在公平交易的条件下和自愿的情况下所确定的价格,或无关联的双方在公平交易的条件下一项资产可以被买卖或者一项负债可以被清偿的成交价格。公允价值计量假设资产或负债的交易发生在主要市场或最有利市场。主要市场是指对资产或负债而言有最大交易量或最高水平活跃程度的市场。金融工具公允价值评估遵循审慎性、独立性和充分披露原则。

(二)评估模型

1. 商业化不良资产评估模型

无处置计划或还款计划的不良资产的评估计算公式为:

$$P = \frac{R - C}{(1+r)^T} \times \eta \qquad (6-6)$$

式中,P = 商业化不良资产公允价值;

R = 回收价值;

C = 处置成本;

r = 折现率;

T = 预计回收年限;

η = 债权处置难易程度。

1）回收价值

回收价值为可主张债权余额与债务人信用债权资产价值、保证人信用债权资产价值、抵质押物回收价值、其他可追偿的权益之和孰低值。

债务人信用债权资产价值和保证人信用债权资产价值均可使用现金流偿债法、假设清算法、交易案例比较法进行计算。需要根据债务人及保证人各自的实际经营情况，选择合适的方法。

当债务人、保证人有持续经营能力并能产生稳定现金流，则可采用现金流偿债法或者假设清算法进行信用债权资产价值评估。

当债务人、保证人无持续经营能力，或即使持续经营但不具有稳定现金流，则要采用假设清算法进行信用债权资产价值评估。

对非持续经营甚至关停倒闭、且财务资料严重缺失，但仍有潜在的购买者的情形，建议采用交易案例比较法评估信用债权资产价值。

2）折现率

折现率需充分反映债务人（或保证人）的信用风险溢价。资产管理行业的内部收益率可以合理地反映债务人（或保证人）的平均风险溢价水平，因此在计算债权资产价值时，折现率使用资管行业不良资产处置类项目历史内部收益率（如表6-2所示）。

表6-2　已结项目内含报酬率

AMC	2013年	2014年	2015年	2016年	2017年	2018年	2019年	2020年
信达	19.30%	18.60%	20.40%	19.20%	17.80%	15.50%	15.60%	12.60%
华融	16.00%	20.20%	15.90%	19.20%	11.90%	14.50%	14.90%	13.70%

数据来源：信达、华融年报。

3）现金流偿债法

债权人可获得的信用债权资产价值等于债务人（保证人）的债务价值按照债权人所持有的债权份额（担保份额）分配所得，计算公式为：

$$债务人信用债权资产价值 = 债务人债务价值 \times \frac{债权人持有债权金额}{债务人一般债务总金额} \quad (6-7)$$

$$保证人信用债权资产价值 = 保证人债务价值 \times \frac{担保金额}{保证人一般债务总金额} \quad (6-8)$$

债务人（保证人）的债务价值通过现金流折现法的计算公式为：

$$DV = \sum_{i=1}^{T} \frac{FCFD_i}{(1+r)^{i-0.5}} + \frac{TV_{FCFD,T}}{(1+r)^{T-0.5}} \quad (6-9)$$

式中，DV = 债务人（保证人）的债务价值；

$FCFD_i$ = 流向债务人的现金流；

$TV_{FCFD,T}$ = 债务价值终值；

r = 折现率；

T = 终值之前的预测现金流的期数，一般为5年；

I = 评估基准日至现金流流入时点的期限。

在运用现金流偿债法进行评估时，偿债现金流即流向债务人的自由现金流，计算公式为：

$$FCFD = FCFF \times X\% \quad (6-10)$$

式中，$FCFF$ = 企业自由现金流净值；

$X\%$ = 偿债系数。

偿债系数是指债务人（保证人）未来偿债年限内新增自由现金流中实际可以用于偿还债务的比例，反映出债务人（保证人）用自由现金流在维持正常生产状况下偿债的现实可能性，偿债系数可根据企业的性质、财务状况、综合考虑债务人（保证人）信用情况及还款意愿后进行确定。

4）抵质押物变现价值

根据抵押物变现折扣率公式，有

抵押物变现价值 = 抵押物市场价 × 综合变现折扣率

= 抵押物市场价 × 同类型抵押物区域市场变现

折扣率 × 瑕疵折扣 （6-11）

如果抵押物的评估基础是市场价，比如同类抵押物的市场价格、司法评估价格、外部评估报告的价值，则需要考虑市场价至清算价之间的折扣比例，该折扣比例可视抵押物的状态、新旧程度等确定。

以清算价格为基础，比如同类抵押物的淘宝法拍价格、外部评估报告的变现价值、市场价折扣后，则无须考虑同类型抵押物区域市场变现折扣率。

同类型抵押物区域市场变现折扣率相关数据可以通过观察司法拍卖市场所获得。

2. 其他固定收益类业务评估方法

其他固定收益类不良资产业务可采用现金流量折现法计算其公允价值。现金流量折现法是指对未来的现金流量及其风险进行预期，然后选择合理的折现率，将未来的现金流折合成现值。使用此方法需确定两个关键因素：第一，预计未来的现金流量及产生的时间；第二，要找到一个合理的折现率。

在评估的过程中，折现率采用无风险利率加上隐含利差的模式。无风险利率使用国债即期利率曲线，隐含利差使用项目投放时计算出的隐含信用利差和隐含流动性利差。计算公式如下：

$$FV = \sum_{i=1}^{n} \frac{CF_i}{(1 + r_i + s)^{t_i}} \quad （6-12）$$

式中，FV = 资产价值；

n = 实际回款现金流的数量；

CF_i = 实际回款的第 i 期现金流金额；

t_i = 实际回款的第 i 期现金流对应期限；

r_i = 评估基准日期限为 t_i 的国债即期利率；

s = 隐含利差。

模型中折现率需充分反映无风险利率的利率期限结构，以及还款人对应的特有风险溢价。

1）无风险利率

无风险利率一般使用评估基准日的国债即期利率。其中国债即期利率期限应与现金流期限相等。由于国债收益率曲线中所列出的利率对应期限为少数的关键年期，如1年期、2年期、3年期等离散的数值，与现金流期限相对应的国债利率一般无法从国债收益率曲线中找到，即可能无法直接从国债收益率曲线中获得对应到现金流期限的即期利率数值，此时，需要通过插值计算，得到现金流期限所对应的无风险利率。

插值计算的公式为：

$$r_{f,t_i} = r_{f,X_2} \frac{t_i - X_1}{X_2 - X_1} + r_{f,X_1} \frac{X_2 - t_i}{X_2 - X_1} \quad (6-13)$$

式中，t_i = 第 i 期现金流距评估基准日的期限；

X_1，X_2 = 分别为评估基准日的国债即期收益率曲线中与 t_i 最接近的两个期限；

r_{f,X_1}，r_{f,X_2} = 期限分别为 X_1、X_2 的国债即期利率。

2）隐含利差

以项目投入时点的隐含利差作为计算公允价值的隐含利差。项目投入时点的隐含利差通过投入时点的预期未来现金流折现等于投放金额倒算得出：

$$p = \sum_{i=1}^{n} \frac{C_i}{(1 + R_i + s)^{t_i}} \quad (6-14)$$

式中，p = 投放金额；

C_i = 合同约定的第 i 期现金流金额；

t_i = 合同约定的第 i 期现金流对应期限；

R_i = 项目投放时点期限为 t_i 的国债即期利率；

s = 隐含利差。

第四节 债务重组中的评估

一、尽职调查

在常规债务人的尽职调查基础上，评估人员应对主要还款来源展开尽职调查。

（一）房地产收入

主要还款来源为房地产销售收入的，尽职调查基本内容包括以下四点。

（1）房地产项目基本情况。包括项目审批规划及证照情况、区域分析（区域房地产管理政策、区域房地产市场发展情况等）、项目建设进度及已经投入、未来预计建设支出和税费支出情况、项目主要经济指标、后续建设资金来源及落实情况、设定抵押情况等。

（2）项目历史销售情况。包括项目定位和销售对象、销售方式、回款进度，项目各业态类型、户型的销售价格和销售进度。

（3）项目未来销售情况。参考项目历史销售情况、周边类似物业销售情况、该地区房地产市场整体销售情况等信息，合理预测项目未来的销售价格、销售进度以及回款进度。

（4）现金流分析。根据预测的房地产项目未来销售情况、建设和税费支出情况以及负债偿还情况，合理分析项目期间企业的现金流入、现金流出以及净现金流。

（二）非房类经营收入

主要还款来源为其他非房类企业生产经营收入的，尽职调查基本内容包括以下三个方面。

1. 企业已投项目合规性

项目是否已经取得项目立项批复或备案文件，项目的可行性报告、环境影响评价文件的批复或备案情况、批复情况等。

2. 生产情况

（1）企业的生产能力。包括年产能、产能利用率、核心设备的成新度等。

（2）原材料。包括主要供应商、采购方式、采购价格、结算方式、单位产品原材料消耗量等。

（3）其他成本。包括折旧、人工成本以及制造费用和其他生产成本等。

（4）未来生产成本。根据生产成本的历史数据以及原材料价格、人工成本等的未来走势，合理预测项目期间企业主要产品的生产成本。

3. 销售情况

（1）历史销售情况。包括历史销售价格、销售量、企业的信用政策、结算方式、回款进度、主要客户等。

（2）同类产品销售情况。包括市场上同类产品历史销售价格走势、市场供需情况等。

（3）产品所占市场份额及行业地位，产品可替代性及未来发展趋势。

（4）费用及税金情况。包括管理费用、销售费用、财务费用的历史水平，企业各项税金的税率、缴纳方式、欠缴情况等。

（5）现金流分析。根据预测的企业销售情况、生产情况、费用情况、税金情况以及负债偿还情况，合理分析项目期间企业的现金流入、现金流出以及净现金流。

（三）大额应收款项

主要还款来源为指定大额应收款项的，尽职调查基本内容包括以下四点。

（1）大额应收款项的基本情况。包括付款方、应收款余额、支付款项的前提条件和时间安排、支付账户信息、履约情况等。

（2）形成大额应收款项的原因。包括调阅应收款项相关合同，判断交易的真实性和合法性，查明应收款项是否存在无效、可撤销、可变更或不得转让等情形。

（3）付款方的履约能力以及履约意愿。

（4）现金流分析。根据预测的回款时间及金额，合理分析项目期间企业的现金流入、现金流出以及净现金流。

（四）特殊许可收入

主要还款来源为基于特殊许可产生的收费权的，尽职调查基本内容包括以下三点。

（1）收费权的基本情况。包括权利人、审批情况、取得时间、收费期限、收费方式等。

（2）运行情况。包括物价部门批准的收费标准、历史收费平均水平以及波动情况、运营成本和税费情况等。

（3）现金流分析。根据运行情况，合理分析项目期间企业的现金流入、现金流出以及净现金流。

（五）外部融资

主要还款来源为外部融资的，尽职调查基本内容包括以下三点。

（1）债务人与投资者、银行、信托等达成外部融资意向的基本情况。包括外部融资方式、金额、融资成本、期限、资金到位时间、资金提供方的基本情况、双方谈判进度等。

（2）债务人获得融资的可行性。包括资金提供方提供融资的条件、债务人目前是否满足条件等。

（3）债务人外部融资用于偿还我方债权的可行性。包括融入资金是否有特定用途限制、资金供给方是否对融入资金实施监管等。

（六）集团内部资金

主要还款来源为集团内部资金调度的，尽职调查基本内容包括以下两点。

（1）债务人资金调度能力。包括资金的管理方式、调度方式，是否有明确的资金来源、金额和期限等。

（2）债务人集团内部其他成员单位或其他项目的现金流情况等，具体可参考债务人尽职调查部分。

二、评估模型

现金流偿债法是指依据企业近几年的经营和财务状况，考虑行业、产品、市场、企业管理等因素的影响，对企业未来一定年限内可偿债现金流和经营成本进行合理预测分析，考察企业以未来经营及资产变现所产生的现金流清偿债务的一种方法。金融不良债权面向的债务企业大多陷于财务困境，不能如期、全额支付债权本息。但对于部分有持续经营能力的债务企业，其在未来一定期限内具备用新增现金流量来偿还部分不良资产的能力。现金流量偿债法主要适用于有持续经营能力并能产生稳定可偿债现金流量的企业。企业的经营、财务资料规范，评估人员能够依据前三年财务报表对未来经营情况进行合理分析预测。

（一）现金流偿债法的评估程序

现金流偿债法在不良资产评估中运用的主要程序步骤包括以下五步。

1. 资料收集

搜集企业财务资料和经营情况资料，分析债务企业经审计的财务状况，计算企业近三年的实际现金流量及实际发生利息费用。

2. 合理预测

根据企业现状、经营计划和可预测的发展前景，预测企业可偿债期限，分析正常条件下偿债年限内债务企业自由现金流。债务企业在预期偿债年限内用经营带来的可偿债现金流偿还部分金融不良债权后，其偿债期末资产变现产生的现金流仍可以偿还部分金融不良债权。对这种资产变现产生的现金流主要是基于清算偿债的思路，并考虑偿债期末的时间折现因素。

如果债务企业偿债期限足够长，在偿债期限内可以足额偿还金融不良债权本金甚至利息，根据债权的特点，可以无须考虑由资产变现带来的现金流量偿还金融不良债权的能力。

3. 偿债系数

结合资产处置方式和企业实际情况，合理确定企业未来现金流量中可用于偿债的比例（偿债系数）。

偿债系数是指债务企业未来偿债年限内新增自由现金流中实际可以用于偿还债务的比例，反映出债务企业用自由现金流在维持正常生产状况下偿债的现实可能性。偿债系数可根据企业的性质和财务状况，综合考虑债务人信用情况及还款意愿后进行确定。

$$偿债期内某年度企业可用于偿债现金流 = 该年度自由现金流 \times 偿债系数 \quad (6-15)$$

4. 确定折现率

折现率一般为基准利率（国债利率）与风险调整值之和。风险调整值应当考虑到不良贷款损失率、不良贷款企业使用资金的成本、预期企业利润率及企业生产面临的各类风险等因素。

基准利率可选择使用我国当前长期国债的年收益率减去期限贴水得到的数值。长期国债的期限最好和预测现金流量的期限相同或相近，期限贴水则需考虑长短期国债收益的历史比较情况。

风险调整值应考虑到不良贷款的损失率、不良贷款企业使用资金的成本、预期企业利润率及企业生产面临的各类风险等因素来确定。

在以上风险调整值中,主观成分较大。同一项目,不同的评估人员可能得出不同的结果,甚至结果之间差异很大。因此,评估人员在考虑风险调整值时,应注意判断的合理性和依据的充分性。对风险调整值的确定还可使用专家打分法、经验判断法等方法。

5. 折现

将企业预期偿债年限内全部可用于偿债的现金流量折现,测算偿债能力。

具体计算现金流偿债能力的基本公式为:

$$\begin{aligned}&企业偿债能力\\&=企业未来偿债年限内新增偿债收益 \times 偿债系数\\&\div 企业一般债务总额 \times 被评估债权金额\end{aligned} \quad (6-16)$$

$$企业未来偿债年限内新增偿债收益 = \sum_{i=1}^{n} \frac{第 i 年自由现金流量}{(1+r)^i} \quad (6-17)$$

式中,n = 未来偿债年限。

(二)注意事项

评估实务中,在具体应用以上具体程序时,特别需要注意以下几个方面。

第一,企业未来现金流量应包括预期偿债年限内由经营带来的现金流量以及预期偿债期末由资产变现带来的现金流量。

第二,现金流偿债法使用的核心是未来现金流预测、偿债系数、偿债年限以及折现率的确定等因素,如果确实能够对这些因素作出准确预测,现金流偿债法可以达到比较理想的结果。因此,预期偿债年限、偿债系数、折现率的确定应当具有依据或合理解释。

第三，在预测中应当分析抵押物对企业现金流的影响。由于抵押债权拥有优先受偿的权利，债务企业可能将经营产生的现金流用于优先偿还抵押债权。抵押债权的受偿情况要综合抵押物价值及债务企业可偿债现金流等因素确定，相应信用债权的受偿情况要受到该因素影响。

第四，应当适当考虑企业非财务因素对偿债能力的影响，或在特别事项说明中予以披露。使用现金流偿债法时还应注重非财务因素对金融不良债权回收价值的影响。实际工作中依据财务资料采用现金流偿债法进行价值分析往往与处置实践存在较大差距，主要原因是非财务因素的影响。金融不良债权的价值除受到债务企业自身财务状况及发展前景的影响外，还要考虑职工安置、社会稳定、偿债意愿、社会信用、经济发展等多种因素。按照目前的现金流偿债法，这些非财务因素的影响难以被量化和体现在价值分析结果中，评估人员在具体的实践中应注重积累这方面的经验，在确定可偿债现金流及折现率时适当考虑企业非财务因素对债务企业偿债能力的影响，或在特别事项说明中予以披露。

第五，一般情况下，现金流偿债法对可偿债现金流和折现率最为敏感，因此在条件具备时，应该对可偿债现金流和折现率这样的关键参数进行敏感性分析。通过敏感性分析可以得到对金融不良债权评估的合理范围，这样可以比较科学地确定金融不良债权的回收价值区间。

三、评估案例

【例】某持续经营A企业，具有连续三年的财务报表及相关资料。资产负债表显示：2014年底企业资产总额为3.5亿元，负债总额为3亿元（均为有效负债），其中某资产管理公司享有的债权为

1.2亿元。根据报表分析和市场分析，企业在2015年度通过经营活动产生的净现金流量为1 000万元，并且预计未来五年按5%的年增长率均匀增长（不考虑自由现金流量与现金流量的差别）。资产管理公司拟与A企业按照上述现金流签署重组协议。试求该债权的价值。

【解】未来五年偿债能力可以通过如下方法测算。

第一，预测未来五年净现金流量。

第二，确定偿债系数。根据企业生产和发展对现金流量的需求，预测企业每年可以拿出净现金流量中的75%用于偿债。

第三，确定折现率。按照基准利率和风险调整贴现率确定折现率，考虑因素包括不良贷款损失率、不良贷款企业使用资金的成本等因素，确定折现率为10%。

第四，现金流量折现及期末企业资产变现估计（如表6-3所示）。折现至2015年的现值为10 254.18万元。

表6-3 未来偿债年限新增偿债收益折现值的计算过程

单位：万元人民币

年　份	2015年	2016年	2017年	2018年	2019年	期末资产价值
净现金流量	1 000.00	1 050.00	1 102.50	1 157.63	1 215.51	
可偿债净现金流量	750.00	787.50	826.88	868.22	911.63	10 000
折现系数	1	0.9091	0.8264	0.7513	0.6830	0.6830
折现值	750.00	715.92	683.33	652.29	622.64	6 830

第五，计算偿债能力。

$$\text{偿债能力} = \text{未来偿债年限新增偿债收益的折现值}$$
$$\div \text{企业一般债务总额}$$
$$= 10\,254.18 \div 30\,000 \approx 34.18\%$$
$$\text{特定债权回收价值} = \text{特定债权额} \times \text{偿债能力}$$
$$= 12\,000 \times 34.18\% \approx 4\,102\,(\text{万元})$$

第五节 债转股中的评估

一、债转股概况

债转股在法律关系上属于债权人以对公司之债权向公司进行出资，就出资形式而言，属于非货币财产出资。在债权人已对公司的货币债权进行债转股的情况下，对于该等货币债权是否应进行评估，业界存在不同认识，实践中也存在不同做法。

一些上市公司、挂牌公司或其下属公司在进行债转股操作中，对所涉之货币债权进行了评估，例如：中国长城资产股份有限公司、中国东方资产管理股份有限公司、中国信达资产管理股份有限公司于2018年已对中铁三局集团有限公司的债权实施转股；华融瑞通股权投资管理有限公司、深圳市招平中铝投资中心（有限合伙）、中国信达资产管理股份有限公司、中银金融资产投资有限公司于2017年将其对中铝矿业有限公司债权实施转股；四川龙华光电薄膜股份有限公司（证券代码：832157）的自然人股东于2018年以对该公司的债权实施转股；浙江新维狮合纤股份有限公司（证券代码：837698）的相关债权人拟以其对该公司的债权实施债转股。经查阅上述债转股所涉及的债权的评估报告，资产评估机构对出资债权评估时所采用的评估方法多为成本法，评估对象与范围多为债权本金部分，不评估债权利息，评估结果多与债权账面值保持一致。

也有一些公司在进行债转股操作时，并未对所涉之债权进行评估，例如：甘肃壹运动健康产业股份有限公司（证券代码：872786）历史上其一股东以712.60万元债权对其实施债转股，未对债权进行评估，该公司于2017年9月30日委托专业评估机构对所涉债权进行补充评估，核实了上述债权情况，确认不存在虚假出资的情形；许昌市天源热能股份有限公司（证券代码：833986）的一股东于2014年对其以债权实施债转股时，未对债权进行评估。上述公司历史上的未对债转股所涉之货币债权进行评估未构成其挂牌的法律障碍。

对公司用于出资的非货币财产进行评估的意义在于确定相应资产的价值。法律要求对用于出资的非货币财产进行评估，其主要目的在于防止股东对公司出资不实。从相关债转股实务中对转股的货币债权的评估结果可以看出，货币债权的评估值与债权的账面价值往往并不存在差异，一般不会因评估基准日的不同而出现减值或增值的情况。因此，在确保货币债权真实性的前提下，对货币债权进行评估并无必要。若企业出现资不抵债的情形，债权人被迫抵债时，则转股方应对债权进行评估，确保注册资本实缴到位。

《关于市场化银行债权转股权的指导意见》（下称《指导意见》）于2016年9月由国务院正式发布，作为《关于积极稳妥降低企业杠杆率的意见》（国发〔2016〕54号）的唯一附件。与1999年行政性债转股相比，本轮债转股将更多以市场化方式进行，是否进行债转股、转股资产类别、转股定价等方面都由市场自主决定。该《指导意见》明确允许参考股票二级市场价格确定国有上市公司转股价格，允许参考竞争性市场报价或其他公允价格确定国有非上市公司转股价格。

二、评估基本要素

1. 评估对象

标的债权的评估对象为债权人对债务人的债权。

2. 评估范围

评估范围应当根据标的债权是否存在担保进行区分：对有财产担保的债权，评估范围为设定担保物权的财产，财产的所有人可能是债务人，也可能是为债务人提供担保的第三人；对无财产担保的债权，评估范围为债务人的全部资产及负债。对有保证人保证担保的债权，评估范围还应包括保证人的资产、负债。保证分两种情况：一般保证与连带责任保证，评估时应具体分析，在债务人具有完全偿付能力的情况下，评估范围就不需要延伸至保证人。

3. 价值类型

价值类型应为市场价值，即债权在公开市场条件下的可实现偿付的公允价值。价值内涵应为基于对债务人自身偿付能力判断下的债权可实现的偿付值。

4. 持续经营假设

评估时以拟转股标的企业（以下简称目标公司）持续经营为假设前提。

三、资产尽职调查

（一）尽职调查目标

确认拟转股标的企业不属于国发54号[①]文规定的扭亏无望、已失去

[①] 指《国务院关于积极稳妥降低企业杠杆率的意见》（国发〔2016〕54号）："15. 以促进优胜劣汰为目的开展市场化债转股。鼓励面向发展前景良好但遇到暂时困难的优质企业开展市场化债转股，严禁将'僵尸企业'、失信企业和不符合国家产业政策的企业作为市场化债转股对象。"

生存发展前景的"僵尸企业",不属于失信企业,不存在恶意"逃废债"情形。目标公司债权债务关系明晰。

目标公司符合国家产业政策,本次市场化债转股后不会助长过剩产能扩张和增加库存。

目标公司合法的现有股东,合法且完整地拥有所持公司股权,并具备相关有效法律文件。

目标公司及子公司注册资本均已经依据其章程的规定按时足额缴纳。目标公司历次股权变更均符合法律法规和相关监管要求,真实、有效,不存在出资瑕疵、纠纷或潜在纠纷,目标公司股权不存在委托持股、信托持股安排。对存在查封扣押冻结,或为任何其他第三方设定质押、抵押或其他权利限制的情形,已向新股东进行披露。

对于任何目标公司拥有、持有或使用的流动资产或非流动资产,目标公司均享有合法的所有权和／或使用权。除目标公司已向新股东披露的情况外,目标公司拥有的资产上不存在任何抵押、质押、留置或其他担保权利或第三方权利。不存在未披露的和公司资产有关的下列任何情况:任何公司资产的信托或类似的安排;任何司法或行政部门实施的查封、扣押、冻结或强制转让措施;任何可能影响到公司对于公司资产享有权利和权益的情况或可能致使任何第三方直接或者间接获取任何公司资产的权利和权益的情况。

目标公司日常经营活动符合所适用的法律规定,已经根据有关法律、法规和行业政策,取得一切为经营业务所需的资格、登记、备案、许可、同意或其他形式的批准,该等资格、登记、备案、许可、同意或其他形式的批准一直有效,并不存在将导致该等资格、登记、备案、许可、同意或其他形式的批准失效、被吊销或不被延长的情况。债转股相关协议签署后,目标公司将继续持有并及时更新该等资格、登记、备案、许可、同意或其他形式的批准。

目标公司的所有资产（包括但不限于厂房、设施、车辆、机器和设备）：处于良好状况，并且已按照适当的技术规格和任何适用协议的条款和条件予以定期的及适当的维护；能有效和适当地用于购置或维持该等资产的目的；不受制于禁止业务开展的任何现行的和可预见的法律法规、通知及法令及其他限制；不受制于任何有关在增资完成日之前发生的事件的权利主张、诉讼、法律或行政程序或政府调查；不受制于任何涉及或影响资产或其任何部分的结构性或重大缺陷并且所有资产均适合其用途并处于良好的商业运作状况，并且维护符合要求，及在可预见的将来不需要重大支出。如存在不符合的情况，已向新股东披露。

目标公司拥有（或拥有完整有效的授权合法使用）从事经营所必需的全部有效的专利、商标、商业名称、著作权、软件权利、域名、技术专利、设计权利以及其他知识产权权利。目标公司的知识产权未受到第三方的侵权，且目前拥有的知识产权未侵犯第三方知识产权，目标公司未涉及任何知识产权的侵权案件，也未收到过第三方针对目标公司发出的、指控目标公司拥有的知识产权侵犯第三方知识产权的书面通知。目标公司已经根据法律法规采取一切必要措施来申请保护或维持其拥有的且目标公司业务经营需要的注册知识产权的登记注册状态，且不存在任何到期但未付的注册和续展费用。

目标公司成立至今在每一经营场所的经营活动符合相关法律法规的规定，其已取得与其业务经营有关的批准、认可，包括但不限于工商、税务及劳动等方面。目标公司不存在未披露的因违反工商、税收、外汇、海关、土地、环保、质量技术监督、劳动与社会保障、住房公积金等部门的规定而受到处罚的行为，不存在未披露的任何可能导致对其产生不利影响的任何未决或可能的责任、索赔、调查或其他刑事、民事或行政程序,也不存在未披露的任何依合理判断可能导致遭受相关政府主管部门处罚的情形。

目标公司及其附属公司不存在未披露以目标公司或其附属公司为一方的任何未经披露的正在进行或尚未了结、将要进行或被其他第三人声称将要进行的大额诉讼、仲裁或任何其他的重大法律或行政程序。

(二)尽职调查方式

市场化债转股业务尽职调查可分为法律尽职调查、财务尽职调查、资产评估尽职调查、业务尽职调查。

法律尽职调查主要针对对象企业的合法、合规性及潜在法律风险进行调查取证。法律尽职调查需要了解企业存在的法律问题,进行风险定价和风险评估,同时也可以与原股东对转股前存在法律问题的股东责任进行分割界定,做到风险隔离和风险规避。

财务尽职调查主要针对企业的经营情况、财务情况及资产情况进行尽职调查。通过分析企业的资产结构、负债结构、营业收入、成本费用、现金流情况等各方面财务数据,各参与主体就可以基本掌握企业的经营现状。

资产评估尽职调查主要针对企业资产及整体价值进行尽职调查。债权转股权,应当由依法设立的资产评估机构对拟转股债权价值及目标公司全部股东权益价值进行评估。

业务尽职调查主要针对目标公司业务情况、未来发展计划、发展预测等方面进行尽职调查。

针对企业财务、法律、评估等专业方面的情况,评估人员可聘请相关中介机构协助尽职调查。利用外部中介机构是为了获取充分、相关和可靠的尽职调查资料,保证尽职调查工作的质量。外部中介机构应当对选用的假设、方法及其工作结果负责。评估人员应当对利用外部中介机构结果所形成的尽职调查结论负责。

四、评估方法：期权定价法

部分投资机构对债转股存在一定认识误区，认为债转股后，企业不需要偿还本息，因此不利于金融机构，这显然是不对的。只有在企业经营严重困难、无法按时还本付息的时候，银行才会选择债转股，这时债务预期回报率已经很低了。转股之后银行追求的是股权回报率，若有收效，股权回报率是要高于债权回报率的。

借鉴实物期权的思路，我们认为可以用期权思维来看待债转股中金融机构的收益（如图6-3所示）。如果金融机构不实施债转股，直接进入破产清算程序，则现金回收比率极低；如果债转股后企业重组成功，企业股权价值升值，金融机构择机退出，收回更大比例现金，甚至不排除获得超额回报；如果重组失败，企业破产清算，但由于金融机构持有股权，清偿顺序偏后，几乎不可能回收现金，金融机构付出期权费为机会成本——企业直接破产清算的现金回收。故持有不良债权相当于持有对标的资产的看涨期权，债权人有权利在合适的价格上

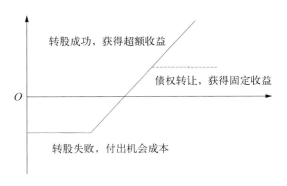

图6-3 以期权思维看待债转股

执行期权,持有看涨期权的目的在于从未来标的资产的升值中获利。

故有:

(1)假设已知企业的整体价值[1]为P;

(2)设目前企业的总债务面值为X,实施债转股的债务面值为Y,且$X \geq Y$;

(3)假设企业所剩余债务的平均有效期限为T;

(4)假设在期限T内,企业股权市场价值变化率的标准差θ为常数;

(5)假设在期限T内,无风险利率r为常数,并且企业不支付红利;

(6)企业股权市场价值服从下述几何布朗运动,采用Black-Scholes期权定价公式计算企业股权价值C,即:

$$C = Pe^{-qT}N(d_1) - XN(d_2) \quad (6-18)$$

式中,$d_1 = \dfrac{\ln \dfrac{P}{X} + \left(r + \dfrac{\theta^2}{2}\right)T}{\theta \sqrt{T}}$,$d_2 = d_1 - \theta\sqrt{T}$,$q = r - m + \lambda\theta$;

$N(\cdot)$ = 累积分布函数;

m = 单位时间内资产的预期收益率;

λ = 债权转股企业的市场价格风险。

计算出企业的股权价值C后,可以计算出企业的债权价值为$P-C$,又因为假设债权人将债权转成股权的债务面值为Y,Y的实际价值为$(P-C)\dfrac{Y}{X}$,从而实施债转股的理性定价比例η应为:

$$\eta = \frac{\dfrac{Y}{X}(P-C)}{C} = \frac{Y}{X}\left(\frac{P}{C} - 1\right) \quad (6-19)$$

---

[1] 企业整体价值相关概念参见本书第五章第一节。

五、计算案例

【例】A企业的整体价值为133 466万元,而企业现在已经陷入财务困境,其对金融资产管理公司的债务面值为104 396万元,我们假设企业债务为不付利息债并且5年之后到期。无风险利率为2.65%,企业的期望收益率为9.65%。企业价值变动的标准差 $\theta = 3.61\%$(该数值根据化工行业市盈率表提供的数据计算得出),企业的市场风险价格为 $\lambda = 0.5$(不同企业的市场风险价格有不同的价值)。

【解】将数据代入公式6-16,计算得到 $C \approx 68\,657$(万元),$d_1 \approx 4.725$,$d_2 \approx 4.6443$。

设金融资产管理公司对面值为23 655万元的债务进行转股,则利用实施债转股的理性定价比例公式可以得出金融资产管理公司的股权比例应为:

$$\eta = \frac{Y}{X}\left(\frac{P}{C} - 1\right) = \frac{23\,655}{104\,396} \times \left(\frac{133\,466}{68\,657} - 1\right) \approx 21.39\%$$

第六节 破产过程中的评估

一、企业破产相关概念

企业破产,是指企业法人(债务人)的全部资产不能清偿到期债务时,债权人通过一定程序将债务人的全部资产处置执行,使债权人得到受偿,免除债务人不能清偿的其他债务,最后由法院宣告债务人破产解散的行为。破产作为商品经济社会发展到一定阶段必然出现的一种行为、现象,是优胜劣汰自然规律在市场经济发展中的体现。随着市场经济的不断发展、深化,经济活动愈加频繁、规范,通过破产程序破产重新分配市场资源使不良企业退出市场的行为会越来越普遍、常态。司法手段的有序介入，使得破产行为的边界更加明确，破产行为的程序更加完整，破产行为的依据更加完善，破产行为的操作更加规范，破产行为的适用性更加普遍。

破产程序可以分为破产重整、破产和解、破产清算（如图6-4所示）。重整程序，是指对已具破产原因或有破产原因之虞而又有再生希望的债务人，依法定程序使其实现债务调整并走向复兴的再建型债务清理程序。破产和解，是指债务人在出现破产原因时，与债权人会议就债务清偿达成协议，经法院审查认可后中止破产程序，避免破产清算的法律制度。和解制度的目的主要在于避免破产发生，给债务人以重整事业的机会。破产清算，是指债务人不能清偿债务时，为满足债权人的清偿要求而集中变卖破产财产以清偿债权的程序。破产清算程序和重整程序同和解程序一道被并列为独立的债务清理程序。三种程序之间的差异比较详见表6-4。

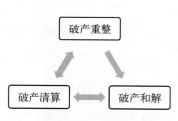

图6-4 破产程序的相互转化

表6-4 破产重整、和解、清算三种程序的比较

比较因素	重整	和解	清算
申请主体	债权人、债务人、注册资本十分之一以上的出资人（破产案件受理后，破产宣告前）	仅限债务人	债权人、债务人、负有清算责任的人（企业已解散但未清算或未清算完毕）
适用条件	①不能清偿到期债务＋资产不足以清偿全部债务 ②不能清偿到期债务＋明显缺乏清偿能力 ③有明显丧失清偿能力可能	①不能清偿到期债务＋资产不足以清偿全部债务 ②不能清偿到期债务＋明显缺乏清偿能力	①不能清偿到期债务＋资产不足以清偿全部债务 ②不能清偿到期债务＋明显缺乏清偿能力

续 表

比较因素	重 整	和 解	清 算
调整对象	调整债务人与债权人、股东等关系人之间的法律关系。重整制度在调整企业外部债权债务关系的同时采取积极措施调整企业内部经营管理	调整债务人和债权人之间的债权债务关系，具有外部属性，债务人必须征得债权人同意再采取减免、延期等方式处理债务	主要是对债务人的破产财产进行合理分配，保障债权人获得公平清偿
利益冲突	企业内外利益及社会整体利益均有涉及，存在较多的利益冲突方	利益冲突只存在于债务人与债权人之间，具有高度自治性	利益冲突主要存在于债务人与债权人之间以及各债权人之间
担保物权的处理	重整程序中，对债务人特定财产享有的担保权暂停行使，目的是防止因债权人行使担保债权而导致重整企业丧失再生的物质条件	在和解程序下，担保物权人可以在和解程序启动后直接行使其权利	对特定财产享有担保权的权利人，对该特定财产享有优先受偿的权利。在担保财产不能清偿担保债务的情况下，剩余部分作为普通债权参与破产分配，通过申报债权的方式参与破产财产分配
适用的法律措施	可采取的措施比较丰富，债务人可以通过无偿转让股份、债转股、向特定对象发行新股或公司债券等方式实现重整	债权人与债务人签订和解协议，就减免、迟延履行债务等进行约定，主要依赖债权人在获得债权的时效性与全面性上的让步实现	对破产财产进行变价和分配，依据《企业破产法》规定的清偿顺序清偿债权，可采取的措施较少
执行主体	债务人执行，管理人监督	债务人执行，管理人监督	管理人执行
法院的干预程度	在重整制度的执行过程中法院贯彻国家干预主义的原则，干预手段积极主动，并不只起到监督的作用，特定情况下可强制批准重整计划	法院对和解协议的达成、和解程序的实现不过多干预，只进行基本的监督，不能强迫债务人接受和解协议，也不能干预担保物权的行使	在破产清算程序中，法院主要在通知公告、变价分配、宣告程序终结三个方面发挥作用

二、企业破产程序中的资产评估

（一）资产评估的作用

破产企业资产评估的作用就是根据破产事项的需要，如实、客观地反映（拟）破产清算（重整）企业的资产价值，为管理人制定重整计划提供破产企业资产价值参考、破产清算情况下的普通债权受偿率。具体来说有以下五个方面的作用：

（1）为管理人引进战略投资者的价值参考，出具全部资产的市场价值报告；

（2）为编制重整计划草稿，以资产的清算价值作为基础计算破产假设清算下的普通债权偿债率；

（3）对于存在抵（质）押、融资租赁的资产，单独体现其结果，为管理人与优先债权人沟通受偿水平提供依据；

（4）对管理人的财产管理工作、投资人入股的接管资产，提供资产清单；

（5）为管理人处理单项资产、诉讼争议资产等，提供专业价值判断。

（二）工作内容分解

我国法律规定，公司不能自己破产。只能经过人民法院审理裁定确认后，才可以破产。破产程序大概可以分为以下几个阶段：开始程序、宣告程序、进行程序、终结程序、复权程序。与此对应的资产评估工作如表6-5所示。

表6-5 重整流程及重要时间关系

序号	程序事项	法定完成时限	最长完成期限（天）	资产评估工作
1	法院裁定受理		T	决定评估基准日
2	发布公告	受理重整申请之日起25日内	T+25	

续　表

序号	程序事项	法定完成时限	最长完成期限（天）	资产评估工作
3	债权人申报债权	自受理公告发布之日起30—90日	T+115	
4	第一次债权人会议（审议债权）	债权申报期限届满之日起15日内	T+130	资产评估阶段性工作报告
5	提交重整计划草案	裁定债务人重整之日起6个月内，经申请可裁定延期3个月	T+180（+90）	评估结果对标投资人报价
6	第二次债权人会议（表决计划草案）	收到重整计划之日起30日内	T+210（+90）	资产评估工作成果的汇报（评估及普通债权清偿率）
7	表决通过并向人民法院提出批准计划申请	重整计划通过之日起10日内	T+220	
8	裁定批准重整计划，终止重整程序并公告	收到申请之日起30日内	T+250	

与常规评估项目类似，破产项目的项目阶段也可以分为准备阶段、现场阶段与评定估算阶段。各阶段资产评估工作内容分解如表6-6、表6-7所示。

表6-6　资产评估工作内容分解——整体

项目阶段	工　作　任　务
准备阶段	项目启动，进行人员组织分工、建立对接机制、制定评估方案、进行评估工作安排； 确定评估工作成果出具形式（评估报告、偿债能力分析报告、专项分析）； 确定破产重整企业破产重整形式（单独重整、实质合并重整）； 确定破产重整资产范围

续表

项目阶段	工 作 任 务
现场阶段	对企业资产情况进行梳理和统计,尤其对有财产担保债权对应的资产着重进行统计; 对融资租赁资产及债权情况进行厘清,关注融资租赁物的现状与资产明细的对应问题; 根据管理人及方案要求,对特定企业或资产的情况、价值进行专项研判; 与司法重整专项会计师充分沟通需调账事项,特别是资产减值
评定估算阶段	针对资产、股权价值的分析判断; 在对接审计数据基础上,全面汇总评估结果,得到重整企业的价值; 测算普通债权受偿率; 就重整企业的价值、专项研判资产的价值与管理人进行沟通交流; 出具正式评估报告及偿债能力分析报告等资产工作成果

表6-7 资产评估工作内容分解——专项

项目阶段	工 作 任 务
有财产担保债权及对应的担保财产辨认	财产担保债权相对于其他债权在受偿程序上具有优先权,因此其有财产担保债权的认定、债权金额的确定、对应资产价值的确定,对债权人能否合理受偿、避免侵占其他债权人的利益有着重要意义
偿债能力分析	在确定破产企业资产清算价值的基础之上,通过管理人沟通讨论破产费用、资产处置费用等标准,取得申报债权、共益债务、职工债权、税款债权等数据,进行偿债能力分析工作,得到债权人普通债权的清偿率结果,用于重整计划草案
战略投资人引进	应管理人要求就评估情况、资产状况和价值与战略投资人进行交流; 对投资关注的资产的价值判断进行博弈
参加债权人会议	司法重整程序中各工作的成果在债权人大会上进行报告; 就资产范围、资产状况、具体方法等内容回答债权人问题
后续延伸工作	在重整方案开始实行后为资产处置出具单项资产报告、信托价值判断,为债权人转让债权价值分析工作等

（三）与一般资产评估的差异以及实操过程中需要重点关注的事项

1. 关于评估结果的合理性分析——各利益方间的平衡

实现债权人的受偿水平和投资人的出价间的平衡，是评估人员的工作方向。债权人希望尽可能提高破产企业资产价值，提高自己的受偿水平。战略投资人会考虑注入资金的回报要求，对重整企业的资产质量抱有顾虑，并会考虑整合成本，一般会压低报价，努力降低投资成本。作为第三方独立的评估机构，需要力求资产评估结果合理、公允、客观。企业破产程序中各方之间的关系如图6-5所示。

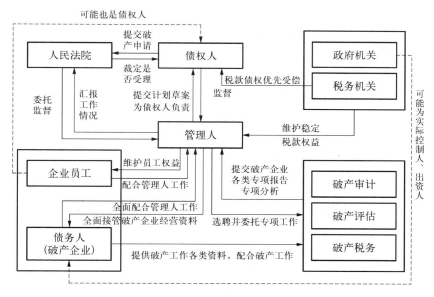

图6-5 企业破产程序中的相关各方

2. 特殊事项的披露

对特殊事项应当尽可能详尽披露，但要抓大放小，且尽可能明确相关事项对评估测算的影响。要关注管理人、法律顾问、财务尽调、审计甚至投资人等其他各方披露或关注的情况、问题，保持完整性、一致性。

3. 有财产担保债权、融资租赁债权对应的财产价值

有财产担保债权一般会对应具有明确资产属性、能够辨认具体资产明细的资产。在某些项目中,可能会出现不同债权人在同一个资产上有质押的情况,因此需要对该资产进行判断、分割或确定各自的比例。

对于融资租赁债权,考虑到我国融资租赁并不成熟,大多数情况下不够规范,实际对应的融资租赁物有时只是根据发票进行的融资租赁行为,并不能对应到具有明确资产属性的资产明细上,为确认租赁物造成困难。

4. 股东权益的灭失

上市公司在进入破产程序后,一般会保留股东的部分权益。非上市公司进入破产程序,较常见的是原股东全部权益灭失。但是出资人权益灭失并不是必然的,最终股东权益的调整还要根据破产企业实际评估情况和出资人及债权人投票的结果来确定。

5. 和会计师之间双向的数据引用关系

在重整项目里,评估人员与会计师的沟通是非常频繁的,而且存在相互依赖的关系。例如,对于一些资产减值的情况,会计师通常会依赖于评估人员的价值判断。评估人员也需要根据会计师审定的财务数据进行企业价值估算。

正常企业价值评估与司法重整资产评估的差异比较如表6-8所示。

表6-8 正常企业价值评估与司法重整资产评估比较表

评估要素	正常企业价值评估	司法重整资产评估
委托人	谁的权益谁委托	重整企业管理人
评估目的	股权变动	引进战略投资者,编制重整计划草案
基准日	无明确限制	按破产重整公告日
评估范围	股东全部权益	全部资产

续 表

评估要素	正常企业价值评估	司法重整资产评估
评估方法	三种评估方法中的两种	主要是资产基础法
价值类型	市场价值	（谨慎的）市场价值
流动性假设	假设企业经营发展所需要的资金都可以正常筹措到	企业存在流动性困难，但仍按持续经营假设编制
国资备案程序	涉及	不涉及
审计报告意见	通常是标准意见	特殊编制基础的专项审计报告
报告出具时间要求	以评估报告有限期和上报国资备案的时限为底线，根据客户经济行为的时间要求确定	宣告重整后六个月的二债会，可延长三个月
评估程序	可以正常履行	可能存在一定受限
资产质量	正常	通常比较差，减值幅度大
瑕疵事项的处理	通常以不确认性为由不做处理，仅披露	通常需要考虑对价值的负面影响

三、评估基本要素

（一）评估目的

评估目的应由委托方（清算组）在评估业务约定书中确定，为清算组提供评估基准日有关财产的清算价格和债务的核实额，为处置破产财产、偿还债务提供依据。

（二）评估对象

评估对象是破产企业的财产而不包括债务。

按资产评估规范的要求，债务的评估应在清查核实的基础上按被评估单位未来实际应支付的债务金额作为评估值。

需要注意的是破产企业的全部财产与破产财产是两个不同范围的

概念。

> 破产企业的全部财产
> ＝破产财产＋已设定抵押且抵押权人未放弃优先受偿权的财产
> ＋按法律法规不列入破产清算的财产

破产企业的债务应按法定顺序清偿,并在破产财产不足以清偿有效债务时,对不足清偿的债务予以豁免。故债务的实际支付金额只能在评估后才能确定。因此破产清算评估不能预先确定债务的实际支付金额,故无法确定评估值。评估人员只能对截至评估基准日破产企业实际承担的债务进行清查核实。

(三)评估范围

评估范围应根据评估目的确定。列入破产清算的全部财产包括破产财产和已设定抵押的财产。对列入国家调整产业结构的破产企业和列入全国企业破产试点城市的国有工业企业及行政划拨取得的国有土地使用权,评估人员在确定评估范围时应注意以下情况。

(1)截至评估基准日,产权归属破产企业的全部财产都应纳入清查核实范围。评估人员应根据《企业破产法》及相关法规,划分财产并予以列示和披露。

(2)截至评估基准日应由破产企业行使的其他财产权利,包括财产使用权、租赁权、抵押权、取回权、求偿权等,应列入评估范围,并予以披露。

(3)已设定抵押的财产,不论抵押权人是否放弃优先受偿权,均应列入评估范围。评估报告应将评估结果与抵押债务相等部分单独列示,评估结果超过抵押债务部分列入破产财产。

(4)按照相关法律法规不列入破产清算的财产如:非破产试点

城市国有工业企业的划拨国有土地使用权、职工住宅、学校、幼托园（所）、医院等福利设施、原则上不应列入评估范围。但根据破产预案及清算组明确规定，没有必要续办的福利设施并能随同其他财产一同转让或单独转让的，应列入破产财产进行评估。如果地方政府及清除组要求对不应纳入破产清算的土地使用权估价，也可将土地使用权列入评估范围进行评估，但不应采用清算价格法。对以上不列入破产清算的财产，评估报告中应披露已剥离财产的数量、金额及依据，以及不予剥离的原因。

（5）对破产企业代管他人的财产，代管证据充分的及经人民法院裁定或债权人会议认定的不应列入评估范围。如果评估人员认为作为他人财产依据不充分，且尚未经法院裁定或债权人会议认定，应列入评估范围并披露相关情形及其评估值。

（6）按《企业破产法》规定，截至破产受理日，破产企业财产中涉及诉讼、裁定及尚未执行终结的财产，被行政扣押、查封的财产，均应列入评估范围，并在报告中披露相关情形及评估值。

（7）清查财产中发现破产企业在法院受理破产案前六个月内非法转移的财产、放弃的财产权利，均应清理纳入评估范围。对在此期间非正常降低价格出售的财产，凡能追收差额或退还财产的，应按正常售价计算的差额列为债权或列为外存财产纳入评估范围，并在评估报告中披露相关情形及评估值。

（8）国家统一安排的拆迁项目涉及的尚待拆迁的财产：其中可搬迁的财产，应列入评估范围；不可搬迁的不动产应从破产企业财产中剥离，不列入评估范围。被拆迁的财产所对应的补偿财产及补偿资金均应列入评估范围。以上拆迁财产及补偿财产中按合同及有关政策规定用于职工住宅和其他职工福利设施的部分，应予剥离并在评估报告中说明剥离的依据、方法及金额。

（四）评估基准日

根据现行的有关规定，应以法院裁定企业破产并发布公告日为评估基准日。由于法院受理企业破产至第一次债权人会议召开需历时三个月以上，至法院正式裁定企业破产时间就更长。在处理企业破产的实际工作中，地方政府及人民法院为社会稳定需要，往往提前进行破产程序。从法院受理破产并公告日起，立即成立清算筹备组进驻破产企业并接管企业财产，提前进行资产清查和评估，做好安置职工的准备工作，待法院裁定企业破产后，立即处置破产财产，清偿债务。提前进行资产评估有利于人民法院对破产案件的裁定，可大大缩短破产过程，减少财产损失和清算费用，有利于社会稳定，有利于保护债权人的利益。因此我们认为，破产清算评估以法院受理破产日为评估基准日，但应获得清算组及受理法院认可并在评估报告中予以说明。

（五）评估方法的选择

在重整前提下，若资产继续使用，则应体现市场价值；在清算前提下，则应采用清算价格法。清算价格法是通过采用三种基本评估方法取得被评估资产的市场价值后，对资产进行综合分析，确定变现率的资产评估方法。清算价格法主要用于企业破产清算的资产评估。评估人员首先采用成本法、市场法或收益法等对委估资产的市场价值进行评估，然后对资产进行综合分析，确定变现率，计算其清算价值（也称可变现价值）。需要注意的是，变现率受资产类别、地区的影响较大，在实际工作中应按照房地产、通用设备、专用设备、通用性高的物资、通用性差的物资分类确定适用的变现率（折扣率）。通用性越好，变现率越高，折扣率越小；反之亦然。此外，破产企业所在地区的经济发展程度、资本市场的成熟程度对变现率的影响极大。边远落后地区经济不发达,难以进行产权交易,同类资产的变现率大大低于经济发达地区。由于变现率(折扣率)对评估结果的影响极大,因此要求评估人员尽可能多收集企业破产清算的实际案例,并进行综合分析,谨慎确定各类资产的变现率(折扣率)。

第七节 资产证券化次级份额认购中的评估

一、资产证券化产品

(一)资产证券化产品特点

资产证券化产品又可分为广义资产支持证券(asset-backed security,ABS)与住房抵押贷款证券(mortage-backed security,MBS)。其中广义ABS又包括狭义ABS(应收账款、汽车贷款、信用卡)与担保债务凭证(collateralized debt obligation,CDO)。CDO又可以分为抵押债券支持证券(collateralized bond obligation,CBO)和抵押贷款支持证券(collateralized loan obligation,CLO)。MBS又包括住宅地产抵押贷款支持证券(residentied mortgage-backed securitization,RMBS)与商业地产抵押贷款支持证券(commercial mortgaged-backed securitization,CMBS)。

资产支持证券,是一种债券性质的结构化金融工具,其向投资者支付的本息来自基础资产池产生的现金流或剩余权益。与股票或一般债券不同,资产支持证券不是对某一经营实体的利益要求权,而是对基础资产池所产生的现金流和剩余权益的要求权,是一种以资产信用为支持的证券。ABS融资尽管产生时间并不久远,但已充分体现出其优越性,主要表现在以下几个方面。

第一，ABS融资方式通过"真实出售"将原始权益人自身风险和基础资产隔离。债券的还本付息资金来源于基础资产的未来现金收入，而与原始权益人自身信用状况无关，并不受原始权益人破产等风险牵连。

第二，债券的信用风险得到SPV的担保和增级，并且可以在二级市场进行转让，流动性较好，变现能力强，投资风险小，对投资者有较大吸引力，易于发行和推销。

第三，ABS融资借助了SPV的良好信用等级，在证券市场上发行债券，利率一般较低。此外，这个市场容量大，资金来源渠道多，因而可以进行大规模筹资。

第四，我国许多中小企业由于自身资产负债质量不高，因而信用等级较低，市场融资能力较弱。而ABS融资方式因其底层资产是卖断性，不会反映在原始权益人的资产负债表上，从而避免了原始权益人资产质量的限制。

（二）不良资产证券化产品运作机制

ABS的基本的运作机制为：基础资产池产生的现金流，从资产端流入资产池，归集后在付息日支付给证券端各级投资人。

"分级"是在证券端出现的概念：根据权益、所担风险及偿付顺序的不同，证券端可分为"优先级"以及"劣后级"产品，其中优先级又可细分为优先A级、优先B级等多级结构。优先级证券的购买者相对于同产品劣后级的购买者，享有确定的预期收益率和优先获益权，通常只有在优先级本息全部偿付完毕后，剩余现金流才会流向劣后级并作为劣后级投资者的收益。按照偿付顺序，在出现偿付能力不足的情况时，最先遭受损失的是劣后级投资者。这种结构化的安排使得优先A级受到优先B级和劣后级的缓释保护，而优先B级只受到劣后级的缓释保护，劣后级所承担的风险最大。

对于发起人而言，资产证券化实际上是通过出售存量资产来实现融资的手段。对于投资者而言，资产证券化是以基础资产现金流为本息支持的特殊债券。经过特定现金流分配机制的划分后，基础资产现金流演变为不同期限、风险水平的资产支持证券。投资者可根据偏好持有特定层级的资产支持证券，分优先级和次级投资人。

（三）次级不良ABS市场特征分析

次级证券一级成交收益率（即预计收益率）与次级证券期限（指加权平均剩余期限）相关性较低，收益率水平主要取决于证券对应的基础资产类型以及发起机构。发起机构对于次级证券收益率具有较强的控制力，大部分发起机构发行的同系列证券期限较为接近，预计收益率基本维持在固定水平。具体来看，估值次级证券较多的系列如：微小企业贷款中某A系列次级证券期限1.5年左右，预计年化收益率10%；某B系列次级证券期限1.6年左右，预计年化收益率8.5%；某C系列次级证券期限1.6年左右，预计年化9.0%；企业贷款中某D系列次级证券期限1.5年左右，预计年化收益率10%。

次级证券二级成交收益率与证券期限相关性较低，且成交收益率普遍高于预计收益率。一是次级证券二级交易十分清淡，换手率[①]远低于优先级证券。二是次级证券二级成交收益率普遍等于或高于预计收益率（不良ABS的预期收益率高于10.0%），与成交证券期限相关程度较低。

近年来，次级证券的清算收益率稍有下降，但基本高于发起机构

[①] 换手率 = 证券成交金额 × $\dfrac{2}{\text{期初存量金额}+\text{期末存量金额}}$

预计收益率。随着资产证券化市场的不断发展，发起机构成本控制效果趋好，次级证券清算收益率稍有下降，逐步向预计收益率收敛，但仍普遍高于预计收益率。具体来看，个人信用类不良次级证券清算收益率逐年下降最为明显，从2017年13.59%下降至2020年9.49%，平均12.15%，高于平均预期收益率9.4%。整体来看，不良资产ABS次级证券收益远高于优先档，尚未出现亏损案例。同时，次级证券收益率波动较大。特别地，发起机构持有全部次级证券比例较高，收益率大幅高于部分持有的证券。

二、资产尽职调查

不良资产证券化的第一步是要在尽职调查基础上确定合适的入池资产。不良资产由于其特殊性，部分财产可能涉及诉讼及执行程序，因此在尽职调查过程中除了对主债务人、担保人的法律存续状态和重大财产情况进行调查外，还需要对涉及的诉讼及执行程序保持关注，判断债务人的偿债能力、债权实现的可能性，为资产评估机构、受托机构等中介机构进行不良资产现金流分析与回收价值评估提供法律支持及意见。

次级投资人应当详细阅读发行人提供的不良资产ABS发行资料；了解发起机构不良贷款情况，发起机构、贷款服务机构、资产服务顾问（如有）及资产池实际处置机构不良贷款证券化相关经验和历史数据；了解发行不良贷款资产支持证券的基础资产筛选标准，包括但不限于债权合法有效性、贷款分类情况、贷款币种、单个借款人在发起机构的所有贷款是否全部入池等，并明确入池每笔贷款在初始起算日和信托财产交付日的状况的全部陈述和保证；了解发行说明书中披露本期发行不良贷款资产支持证券的基础资产总体信息，包括但不限于入池资产笔数、金额与期限特征、入池资产抵（质）押特征、入池资产借款人特征、借款人基础信息等；了解发行说明书中披露本期发行不良贷款资产支持证券基础资产价值评估相关的尽职调查程序和方法、资产评估程序及回收预测依据等。分析发行说明书中披露本期发行不良贷款资产支持证券的基础资产分布信息及预计回收情况，包括但不限于贷款分布、借款人分布、抵（质）押物分布、预测回收率分布、现金流回收预测等。次级投资人应充分利用各种资源，取得尽可能全面、准确的拟收购不良资产ABS底层资产信息，提高资产评估分析的可靠度。

1. 信用卡个人消费类不良债权

在基础资产类型为信用卡个人消费类不良债权的尽职调查中，由于信用卡不良债权从信用卡的申领、审核、还款到拖欠等过程的同质化较强，其领用合约均采用格式化文本，且作为发起机构的商业银行信用卡核心业务系统功能的设置及内部控制较为完善，因此采用具有代表性的抽样审查方式进行尽职调查。尽管入池资产的贷款笔数、借款人户数众多，但入池贷款分散度较高，借款人集中度风险较低，通过前期搭建较为完善的抽样维度，抽样审查可以在一定程度上反映入池资产的总体状况。由于入池贷款为纯信用类不良贷款且均无任何担保方式，因此贷款回收过程中仅依靠商业银行对借款人催收的回款。在此过程中存在诸多影响贷款实际回收率和回收时间的因素，其中关注度较高的是入池资产存在信用卡诈骗的法律风险。在尽职调查中，如果发现借款人可能涉嫌信用诈骗犯罪且发起机构已针对该部分资产采取了向公安机关报案、向法院提起诉讼或向仲裁机构申请仲裁等相关司法措施，该类资产的回收可能性较低，需重点关注。

1）对入池资产的尽职调查

在确定抽样资产后，需对商业银行提供的资产池信息的准确性及可靠性进行调查。针对资产类型为信用卡个人消费类不良债权，具体调查方法为核对商业银行所提供的资产信息与银行信用卡中心业务处理平台中的数据是否一致，包括贷款的发放时间、自填信息、信用卡额度、所在区域、信用卡种类、未偿本金余额、未偿息费余额、目前贷款状态、五级分类等。此外，投资人需格外关注借款人在办理信用卡时留存的身份信息、工作信息以及领用合约等内容。

2）对历史回收数据的尽职调查

商业银行对于不良债权的历史回收数据是资产池评估的重要基础，因此，确保历史回收数据的真实性和准确性在尽职调查中尤为重要。

3）对催收机构的尽职调查

在尽职调查过程中通常会对外包催收规模占比前十位的催收机构进行电话访谈或现场访谈，访谈内容主要包括催收机构的主营业务、组织架构、人员规模，以及其常规催收政策、催收手段、催收佣金等。通过电话访谈和现场考察公司的经营情况来判断外包催收机构的规范性和专业性。

2. 个人抵押贷款的不良资产

个人抵押贷款的不良资产基础资产一般均有抵押担保，其抵押物多为住宅和商铺。由于入池资产数量巨大，且资产池由分布在全国各地的不良个人贷款债权组成，因此在抽样维度取得各个机构一致认可的情况下，参与机构采用具有代表性的抽样方法对基础资产进行尽职调查，并通过详尽的尽调工作剔除了个别具有法律瑕疵或不符合合格标准的个人贷款债权。

1）尽职调查的主要步骤

第一，对抽样资产的信贷资料、相关诉讼材料和催收记录进行逐一核查。

第二，结合资料的核查结果对银行的零售部业务人员、客户经理、催收团队等人员进行访谈，更全面地了解债务人、担保人以及可偿债资产的相关情况。

第三，通过外部调查手段了解债务人抵押物及其他财产情况，如走访工商行政管理部门、房产土地管理部门等单位调取相关信息。

第四，对抽样资产所涉及的抵押物进行逐一现场调查，根据抵押物的实际状态判断该笔资产可能涉及的相关法律问题。

2）关注仅办理抵押权预告登记的债权

个别抽样资产项下的抵押房屋存在商业银行仅对预售商品房办理抵押权预告登记，尚未办理房屋所有权、土地使用权的正式抵押登记手续的情况。根据《民法典》的规定，当事人签订买卖房屋或者其他不动产物权的协议，为保障将来实现物权，按照约定可以向登记机构申请预告登记。预告登记后，债权消灭或者自能够进行不动产登记之日起三个月内未申请登记的，预告登记失效。《最高人民法院公报》2014年第9期"中国光大银行股份有限公司上海青浦支行诉上海东鹤房地产有限公司、陈思绮"一案中，裁判要旨中认为："预售商品房抵押贷款中，虽然银行与借款人（购房人）对预售商品房做了抵押预告登记，但该预告登记并未使银行获得现实的抵押权，而是待房屋建成交付借款人后银行就该房屋设立抵押权的一种预先的排他性保全。如果房屋建成后的产权未登记至借款人名下，则抵押权设立登记无法完成，银行不能对该预售商品房行使抵押权。"即预告登记并不具有担保物权的法律效力，而作为一种预先的排他性保全。

3）关注仅对抵押房屋办理抵押登记的债权

在对抵押物的尽职调查中，我们发现部分抽样债权资产在办理抵押登记时，商业银行仅对房屋办理抵押登记而未办理土地使用权抵押登记。在房屋和土地使用权管理机构分设的地区，只要向房产管理部门办理抵押登记，抵押合同自登记之日起生效，即登记的房产存在抵押效力，但仍需进一步核实是否满足《民法典》中有关房地一并抵押的规定。

4）关注抵押人未经配偶同意以其共有房屋提供抵押担保的债权

在夫妻一方以其在婚姻存续期间取得的房屋为个人贷款提供抵押担保的情况中存在抵押人的配偶尚未签署同意抵押的相关文件的现象，且商业银行无法提供抵押人的配偶知道或应当知道而未提出异议的证明，此时，银行的抵押权存在被认定为具有法律瑕疵。

5）关注抵押房产为抵押人的唯一住房的债权

《最高人民法院关于人民法院办理执行异议和复议案件若干问题的规定》第20条规定："金钱债权执行中，符合下列情形之一，被执行人以执行标的系本人及所扶养家属维持生活必需的居住房屋为由提出异议的，人民法院不予支持：（一）对被执行人有扶养义务的人名下有其他能够维持生活必需的居住房屋的；（二）执行依据生效后，被执行人为逃避债务转让其名下其他房屋的；（三）申请执行人按照当地廉租住房保障面积标准为被执行人及所扶养家属提供居住房屋，或者同意参照当地房屋租赁市场平均租金标准从该房屋的变价款中扣除五至八年租金。"据此，如被执行人的唯一住房作为执行标的，且具备以上规定的三种情形之一的，其唯一住房具有可执行性，但仍需注意各地司法实践中对该解释的理解与适用的差异性。

3. 对公贷款不良债权

对公贷款不良债权的抵押物中房产类和土地类资产占比较高。区别于其他两种基础资产采用抽样的尽调方式，对公贷款不良债权入池资产一般采用现场逐笔开展尽职调查的方式。不同于抵押率高达100%的个人抵押贷款，商业银行的对公贷款中存在较多纯信用担保和保证担保的担保方式，其相关债权偿付来源更受限于借款人偿还意愿和担保人的配合程度，以及当地司法环境和效率。在尽职调查过程中，在对资产池信息及信贷档案展开核对工作的基础上，需对资产池所涉及的抵押物、查封物及借款人和保证人其他相关财产线索进行逐一走访查看。

1）抵押财产被其他债权人首先查封

在尽职调查过程中存在标的债权项下的抵押财产被其他债权人首先查封的情况。根据《最高人民法院关于首先查封法院与优先债权执行法院处分查封财产有关问题的批复》："执行过程中，应当由首先查封、扣押、冻结（以下简称查封）法院负责处分查封财产。但已进入其他法院执行程序的债权对查封财产有顺位在先的担保物权、优先权（该债权以下简称优先债权），自首先查封之日起已超过60日，且首先查封法院就该查封财产尚未发布拍卖公告或者进入变卖程序的，优先债权执行法院可以要求将该查封财产移送执行。"上述最高人民法院的司法解释对于解决抵押财产被其他债权人首先查封具有积极的意义，但仍需要注意该司法解释在实践中贯彻的有效性。

2）司法执行中参与分配的问题

在对入池资产进行尽职调查的过程中，我们发现部分基础资产存在涉及执行财产参与分配的现象。根据《最高人民法院关于人民法院执行工作若干问题的规定（试行）（2020修正）》："55. 多份生效法律文书确定金钱给付内容的多个债权人分别对同一被执行人申请执行，各债权人对执行标的物均无担保物权的，按照执行法院采取执行措施的先后顺序受偿。多个债权人的债权种类不同的，基于所有权和担保物权而享有的债权，优先于金钱债权受偿。有多个担保物权的，按照各担保物权成立的先后顺序清偿。一份生效法律文书确定金钱给付内容的多个债权人对同一被执行人申请执行，执行的财产不足清偿全部债务的，各债权人对执行标的物均无担保物权的，按照各债权比例受偿。"鉴于上述规定，可以认为部分基础资产涉及被执行人为公民或其他组织，特别是没有设立担保物权的债权存有因被执行人的财产不足以清偿全部债务而被法院依据上述规定适用参与分配的法律风险。

3）最高额抵押主债权确定期限尚未届满

《民法典》第421条规定："最高额抵押担保的债权确定前，部分债权转让的，最高额抵押权不得转让，但是当事人另有约定的除外。"因此，根据抽样借款合同中可转让的协议约定，尽管部分抽样债权资产项下最高额抵押的主债权确定期间尚未届满，但通过商业银行向受托机构作出关于不再向上述资产项下债务人发放新的贷款或提供任何债务性融资的书面承诺的方式，则认为商业银行可以转让其最高额抵押主合同债权。

三、评估方法

（一）模型概述

评估ABS产品价值的核心在于对未来现金流的分析。现金流可分为两端：一端是资产池产生的、未来可作为向投资者偿付资金来源的"资产端现金流"，如消费信贷资产池在存续期内的还款、不良债权的资金回收等；另一端则是需遵循发行合约向投资人支付的"证券端现金流"，包括优先级支付、劣后级支付等。某典型ABS产品的证券端现金流如图6-6所示。

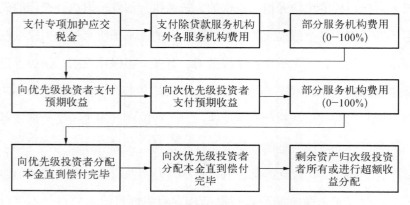

图6-6　不良资产ABS产品常见现金流分配顺序

ABS劣后级份额的评估模型如下：

$$P = \sum_{i=1}^{n} \frac{Y_i - C_i - E_i}{(1+r)^n} \qquad (6-20)$$

式中，P = ABS劣后级份额的评估值；

Y_i = 第i期回收现金流；

C_i = 第i期支出现金流；

E_i = 第i期偿还本金；

r = 折现率；

n = 期数。

通俗地说，ABS劣后级份额的评估值等于劣后级可以主张的权益的现值之和。

（二）主要参数的确定

模型运算所需的产品基本信息与初始参数假设，可通过阅读产品发行说明书、外部评估报告、公开市场评级报告及相关合同文档来获取。

（1）基本产品信息：支付起止日期、资产池规模、产品存续期限等。

（2）影响资产端现金流的输入项：计划现金流回收、违约率及违约时间分布、现金流延迟回收期数、延迟回收比例、早偿率等。

（3）影响证券端现金流的输入项：优先级票面利率、现金流支付结构、账户设置等。

（4）现金流：根据产品发行说明书的具体条款，可获取特定ABS产品的现金流支付结构信息。对于每一期支付，资产端归集的现金流按照合同或产品说明书预设的顺序依次流入各个支付账户直至劣后级收益（若有存余）。当每一期支付完结后，下一期支付仍旧按照同样的逻辑进行现金分配,直至产品到期或资产端现金流全部分配完毕。由于这种"层层偿付,剩余转后"的机制,证券端现金流也被称作"现金流瀑布"。

四、评估案例

（一）案例背景

2020年12月,华通2020年第一期不良资产支持证券（"华通2020-1不良资产支持证券"）作为新一轮不良资产证券化试点以来全国首单金融资产管理公司"卖断型"不良资产支持证券在银行间债券市场发行。华通2020-1不良资产支持证券的发行规模为13.5亿元,其中优先档资产支持证券发行规模为8.5亿元,票面利率为4.90%。该项目基础资产为中国华融收购的不良债权及附属担保权益和其他相关权益。此次产品中不良资产处置机构为中国华融,次级在优先级本息兑付完毕后开始兑付,次级先兑付本金,然后兑付12%的固定收益,后续若有超额收益则分配超额收益的20%。图6-7为资产支持证券发行的基本交易结构,其中实线表示各方之间的法律关系,虚线表示现金流的划转。

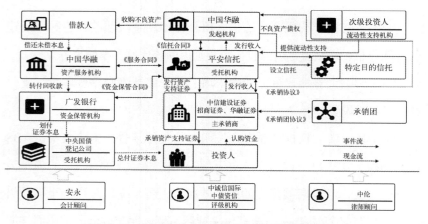

图6-7　华通2020-1不良资产支持证券交易结构

根据发行公告,外部评估机构、中债资信、中诚信对债权的可回收金额估算为 212 664.54 万元、170 254.53 万元、172 929.673 万元。

(二)评估过程

通过阅读发行说明书"第四章 交易结构信息"第七部分现金流分配机制相关说明,可以了解本资产支持证券的现金流分配方式(如图6-8所示)。

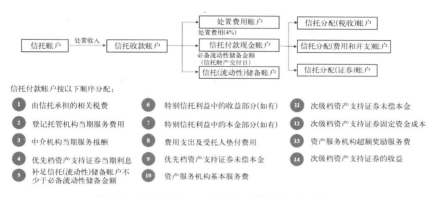

图6-8 华通2020-1不良资产支持证券现金流分配

发行人结合抵押物评估价值以及债权处置情况,根据中债资信的回收结果,本预测涉及的29笔资产预计可实现的回收现金流量为 170 254.53 万元,具体情况见表6-9所示。

表6-9 华通2020-1不良资产支持证券预计回收金融统计

单位:万元

日 期	期初本息余额	预计回收金额	期末本息余额
2021年1月26日	304 144.90	18 806.75	285 338.15
2021年7月26日	285 338.15	10 789.28	274 548.87
2022年1月26日	274 548.87	28 400.89	246 147.98
2022年7月26日	246 147.98	28 724.74	217 423.24

续 表

日　　期	期初本息余额	预计回收金额	期末本息余额
2023年1月26日	217 423.24	20 743.75	196 679.49
2023年7月26日	196 679.49	14 915.66	181 763.83
2024年1月26日	181 763.83	31 295.15	150 468.68
2024年7月26日	150 468.68	16 578.31	133 890.37
合　　计		170 254.53	

根据发行说明书，相关参数如下：

- 发行费用：3 375 000元

- 资金保管机构费率：0.010%

- 登记服务费率：0.010%

- 受托人费率：0.045%

- 资产处置费用费率：3.000%

- 基础服务费：1.000%

- 早偿曲线设置：零值早偿

- 损失率：0.00%

- 损失时间分布曲线：均匀违约分布

- 损失回收率：0.00%

- 回收延迟期：0

- 回收延迟比例：0%

- 优先级固定利率：4.90%

- 准备金提取比例：150.00%

表6-10至表6-14列出了本资产支持证券的具体现金流分配情况。

表6-10 华通2020-1不良资产支持证券现金流分配表1

单位：元

期数	日期	实际回收金额	支付费用	可分配金额
1	2021年1月26日	188 067 500.00	6 508 132.67	181 559 367.33
2	2021年7月26日	107 892 800.00	3 864 784.60	104 028 015.40
3	2022年1月26日	284 009 000.00	9 095 538.01	274 913 461.99
4	2022年7月26日	287 247 400.00	8 960 390.56	278 287 009.44
5	2023年1月26日	207 437 500.00	6 322 445.75	201 115 054.25
6	2023年7月26日	149 156 600.00	4 493 373.21	144 663 226.79
7	2024年1月26日	312 951 500.00	9 399 568.69	303 551 931.31
8	2024年7月26日	165 783 000.00	4 973 490.00	160 809 510.00

表6-11 华通2020-1不良资产支持证券现金流分配表2

单位：元

期数	日期	支付费用	处置费用	税费	受托人费用	资金保管费用
1	2021年1月26日	6 508 132.67	5 642 025.00	112 732.67	607 500.00	10 875.00
2	2021年7月26日	3 864 784.60	3 236 784.00	568 341.45		59 659.14
3	2022年1月26日	9 095 538.01	8 520 270.00	518 235.56		57 032.45
4	2022年7月26日	8 960 390.56	8 617 422.00	299 630.54		43 338.02
5	2023年1月26日	6 322 445.75	6 223 125.00	69 541.35		29 779.40

续 表

期数	日期	支付费用	处置费用	税费	受托人费用	资金保管费用
6	2023年7月26日	4 493 373.21	4 474 698.00			18 675.21
7	2024年1月26日	9 399 568.69	9 388 545.00			11 023.69
8	2024年7月26日	4 973 490.00	4 973 490.00			

登记服务费135 000.00元在2021年1月26日一次性支付。

表6-12 华通2020-1不良资产支持证券现金流分配表3

单位：元

期数	日期	实付优先级利息	补充或转入的流动性准备金	实付优先级本金	可供次级分配金额
1	2021年1月26日	3 355 138.89	14 794 907.33	163 409 321.11	
2	2021年7月26日	16 914 924.25	16 374 655.94	70 738 435.21	
3	2022年1月26日	15 423 677.30	5 609 259.69	253 880 525.00	
4	2022年7月26日	8 917 575.48	−9 961 873.90	279 331 307.86	
5	2023年1月26日	2 069 683.18	−14 228 755.66	82 640 410.81	130 633 715.92
6	2023年7月26日		−12 588 193.40		157 251 420.19
7	2024年1月26日				303 551 931.31
8	2024年7月26日				160 809 510.00

表6-13　华通2020-1不良资产支持证券现金流分配表4

单位：元

期数	日期	优先级期末余额	优先级利息	优先级本金	优先级期初余额
1	2020年12月28日	850 000 000.00			
2	2021年1月26日	686 590 678.89	3 355 138.89	163 409 321.11	850 000 000.00
3	2021年7月26日	615 852 243.68	16 914 924.25	70 738 435.21	686 590 678.89
4	2022年1月26日	361 971 718.68	15 423 677.30	253 880 525.00	615 852 243.68
5	2022年7月26日	82 640 410.81	8 917 575.48	279 331 307.86	361 971 718.68
6	2023年1月26日		2 069 683.18	82 640 410.81	82 640 410.81

表6-14　华通2020-1不良资产支持证券现金流分配表5

单位：元

期数	日期	偿还次级本金	偿还次级收益	次级超额收入	次级总收益
1	2020年12月28日				−500 000 000.00
2	2021年1月26日				
3	2021年7月26日				
4	2022年1月26日				
5	2022年7月26日				

续 表

期数	日期	偿还次级本金	偿还次级收益	次级超额收入	次级总收益
6	2023年1月26日	128 559 340.92	2 074 375.00		130 633 715.92
7	2023年7月26日	155 759 854.19	1 491 566.00		157 251 420.19
8	2024年1月26日	215 680 804.90	87 871 126.42		303 551 931.32
9	2024年7月26日	-	99 805 800.68	12 200 741.86	112 006 542.54

经测算，该ABS的内部收益率（internal rate of return，IRR）为12.74%。若投资机构设定折现率为12%，则该劣后级份额评估值为502 527 119.33元。

第八节 个人不良贷款业务中的评估

一、个人不良贷款评估逻辑

个人不良贷款评估主要通过对借款人特征、债权本身特征等进行分析，模拟预测未来现金流，确定评估结果。

个人贷款从业务类型上可分为个人住房贷款、个人消费贷款、个人经营性贷款、个人汽车消费贷款、个人助学贷款、农户贷款、贷记卡、准贷记卡、其他个人贷款等。按是否有抵（质）押可分为抵（质）押类和信用类。

原银保监会办公厅下发的《关于开展不良贷款转让试点工作的通知》（银保监办便函〔2021〕26号）中明确规定："个人住房按揭贷款、个人消费抵（质）押贷款、个人经营性抵押贷款等抵（质）押物清晰的个人贷款，应当以银行自行清收为主，原则上不纳入对外批量转让范围。"上述个人抵（质）押贷款可通过抵（质）押物资产的变现价值，结合借款人的还款能力确定评估结果。下文主要讨论个人信用类贷款的评估方法。

个人消费信用贷款、信用卡透支、个人经营类信用贷等个人信用类不良贷款，因资产池数量大，同质化程度高，历史整体回收率波动较小，同时不良贷款小额分散，且因无抵押或质押等担保措施，回收情况不确定性较大，难以进行单笔不良贷款回收率预测。一般利用历史数据，从债务人的还款意愿和还款能力进行分析，建立统计分析模型，确定整体资产池评估结果。

个人信用类不良贷款的现金流来源主要为不良贷款催收回收款，因此分析的重点是分析不良贷款的预期回收率、预期回收时间。主要通过相似静态池（历史参考数据）历史回收率情况，综合考虑资产池不良时未偿本金余额、逾期期限、借款人客群特征等，形成资产池的回收率，并结合宏观环境对回收率的整体影响，对预测回收率进行恰当调整（如图6-9所示）。

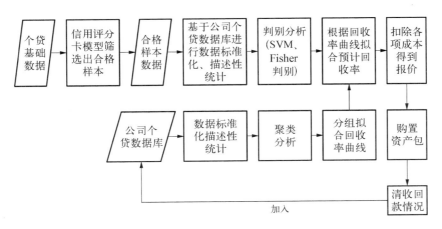

图6-9　个贷不良资产评估框架体系图

因个人信用类不良资产催收处置过程复杂多变,影响因素较多,处置结果易受到系统性风险和偶然性因素的影响,回收时间和回收金额存在不确定性,导致未来现金流具有一定波动性。

在资产包后续催收和处置过程中,运用真实回收率不断修正、迭代模型,并持续关注和探索影响不良贷款回收率的指标和变量,提高模型预测精准度。

二、基于数据驱动模型下的个贷类产品评估方法

(一)数据收集

因不良信用贷款评估需要建立基于大数据的数据挖掘模型,需要收集借款人的基本信息、征信信息、账户信息、催收信息、资信信息等多个维度数据。

(1)个人基本信息主要包括:性别、年龄、学历、户籍、婚姻状态、职业、年收入、配偶情况、子女情况等。

(2)征信信息主要包括:个人数字解读(个人信用报告信息的量化,对征信报告的打分)、个人基本信息(学历、工作、联系方式、配偶等)、贷款情况(贷款类型、机构数、笔数、总额、剩余余额、月均还款金额、新增贷款等)、贷记卡情况(机构数、授信总额、用信总额、月均还款金额、新增授信、账龄情况)、信用历史、还款情况、信贷查询情况、公共信息情况(公积金社保、电信业务等),以及其他异常情况(失信被执行人)等信息。

(3)账户信息主要包括:开户时间、放款时间、成为不良时间、当前逾期期数、授信额度、已使用额度、历史正常还款期数、历史最高逾期期数、历史逾期次数、申请评分、行为评分等信息。

(4)催收信息主要包括:是否失联、催收评分、催收手段、催收

频率、承诺还款情况、历史还款账号、还款来源等。

（5）资信信息主要包括：是否有其他财产线索等。

（二）数据清洗

数据清洗主要包括异常样本剔除、欺诈样本剔除、回收率校正、变量分组等。对于金额为负数、不在法定放款年龄范围内、开户时间大于放款时间或成为不良时间与放款时间之差小于四个月、欺诈客户、回收率显著高于平均的特殊卡产品等异常样本数据予以剔除。对于本金总回收额 + 待偿本金余额大于成为不良时本金，即存在新增消费的样本，可剔除，或将待偿本金余额 + 本金总回收额作为本金回收率的分母。

（三）静态池选择

主要从时间跨度、机构类别、资产类别、笔均授信额度、笔均不良贷款余额、不良贷款加权平均账龄、不良贷款借款人平均年龄等维度，选择与资产池相近似的静态池。

首先通过调查和访谈，深入了解资产池产品特征、客群准入政策、授信政策、贷中监控政策、贷后催收政策、历史催收回款率、不良贷款处置方式等。

其次通过成为不良时的时间分布、授信额度分布、贷款余额分布、账龄分布、借款人年龄、学历、职业等因素，选择与资产池类似的静态池。

（四）子池划分

根据相关系数或聚类分析等，对静态池和资产池进行细分，使得静态池子池和资产池子池匹配程度更高。

1. **利用相关性高的变量分池**

计算回收率和个人基本信息、征信信息、账户信息、催收信息、资信信息等维度不同变量的相关系数，综合数据的可获得性、数据质量、稳定性、可解释性等，选择相关性高的1—2个变量，分别对静态池和资产池进行相同的分池。

2. 聚类分析

与利用相关性高的变量将样本人工分成若干组相比，聚类分析是无监督的学习过程，根据不同客群的特征，将静态池分为若干子池，子池内部客群差异小，子池之间客群差异大。用同样的分组规则将资产池分为若干子池。

经分析，影响个人信用类不良贷款回收率的主要因素为逾期金额和逾期时间。若不良贷款逾期时间短、逾期金额小，则该笔不良贷款被完全回收或部分回收的概率较高。

（五）资产池回收率计算

可直接通过静态池历史回收率映射资产池回收率，也可通过蒙特卡洛模拟计算回收率。

1. 通过静态池历史数据计算回收率

计算静态池各子池各期的回收率，并映射资产池对应子池的回收率，资产池各子池的回收金额相加得到资产池各期回收金额，形成回收率曲线。

2. 利用蒙特卡洛模拟计算回收率

首先，通过历史数据计算静态池样本的各期回收率。

其次，拟合各子池各期历史回收率分布。

根据回收率的频数分布曲线形状，选择对数正态分布、贝塔分布、伽玛分布等常见分布作为回收率的候选分布。经过数据拟合后，通过观察QQ图，计算分位数和经验分布的均方误差，从候选分布中选择拟合度最高的分布作为回收率的分布函数。一般地，贝塔分布、对数正态分布的拟合效果较好。

3. 估计回收率分布

确定各期回收率的分布形态后，确定分布参数，得到每期的回收率分布函数。

4. 蒙特卡洛模拟得到各期回收率

从各期的回收率分布函数中分别随机生成回收率，采用蒙特卡罗模拟法，得到数百万个回收率，取回收率的平均值为各期的回收率，最终可以得到资产池各子池各期回收率的时间序列。

5. 资产池回收率

资产池各个子池的回收金额相加得到整体资产池回收金额曲线。

（六）资产池回收率修正

历史数据和实际情况存在不同程度的差异，应对回收率进行以下因素的修正和调整。

1. 资产池和静态池差异

分析静态池和资产池的产品差异、区域差异、账龄差异、集中程度差异等，修正历史数据预测偏差。

2. 宏观因素

近年来经济下行压力增加，宏观经济增速放缓，就业率下降，各机构的回收率普遍下降，应用历史数据进行回收率预测时，应进行恰当下调。

3. 行业因素

2019年以来催收行业受政策变化、联合整治暴力催收、催收管控等因素影响，导致催收受限。2020年网络反催收联盟兴起等，导致催收难度进一步上升，回收率下降。受此因素影响较大的机构，回收率应进行下调。

4. 回收率季节性差异

春节、国庆等假期因素影响,可能导致回收金额后置。季度、年度催收绩效考核、不良率控制目标等,可能导致回收金额前置。恰当考虑季节性因素影响,调整资产池回收时间预测,对回收率曲线去平滑化,使预测情况更接近真实情况。

(七) 压力测试

根据资产池预计现金流情况,考虑回收率降低、回收时间后置等不同压力情况,预测不同情况下资产池回收率曲线。

(八) 计算净回收率

根据各期的毛现金流,剔除催收处置费用,确定各期净回收现金流。折现后可得到资产包现值。

三、评估案例

下文以某机构个贷不良批量转让估值为例进行简单说明。

(一) 数据收集

基于目前个贷不良市场的现状,出让方一般不提供借款人的征信相关信息,可全量或抽样提供拟转让资产的基本信息、账户信息、催收信息、资信信息等数据。

本次出让机构提供的资产包重要信息包括:业务编号、开户日期、最后一次还款日期、授信额度、性别、年龄、学历、职业、地区、逾期天数、逾期本金、逾期利息。

提供的静态池信息包括:过去五年逐季度形成的不良贷款,分产品分逾期金额区间的逐月历史回收率(如图6-10所示);分产品分地区的历史回收率(如图6-11所示);分产品分年龄的历史回收率(如图6-12所示)。

第六章　不同评估目的不良资产评估 | 285

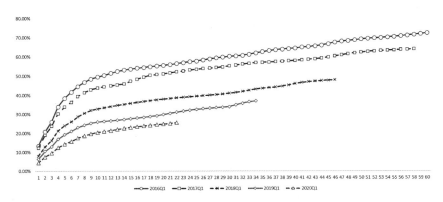

图6-10　某业务类型某金额区间不同季度不良的回收率

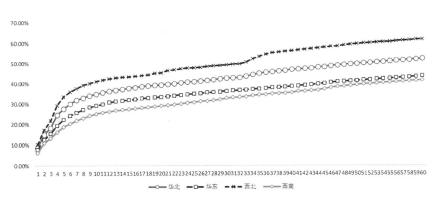

图6-11　某业务类型不同地域客户不良的回收率

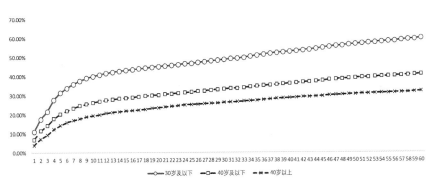

图6-12　某业务类型不同年龄客户不良的回收率

（二）数据清洗

1. 拟出让资产包数据清洗

1）数据准确性检查

对于全量提供的资产包明细数据，需核对明细数据汇总值，与出包机构提供的资产池笔数、借款人数量、借款人户数、未偿本金总额、未偿息费总额、未偿本息费总额、加权平均逾期天数、借款人加权平均年龄、借款人加权平均授信额度等整包相关统计数据一致性。若存在不一致，需核查差异原因确保数据准确性。

对于抽样提供的资产包明细数据，需检查样本数据与整体数据是否存在抽样偏差，核对所有分维度的统计数据，与整包分维度统计数据分布是否一致。

2）主键唯一性检查

为避免数据提取重复，需要对主键的唯一性进行检查。对于各字段完全相同的重复记录，可直接保留一条记录。对于重要信息字段存在不一致的重复记录，应由出包方解释数据原因或重新提供数据。对于重要信息一致、非重要信息不一致的重复记录，可按照信息更新时间等合理的业务逻辑进行去重。

3）缺失值处理

通过绘制热图、缺失数据分布图（直方图），检查各字段缺省值数量及占比，可初步了解各字段数据缺失情况。一般地，当缺失比例超过30%时，可认为字段缺失情况较为严重，具体阈值（10%—30%）需根据数据重要性、使用情况和分析方向决定。

当缺失情况较为严重时，通常可考虑两种处理方式：其一，若该列数据特征重要性不高、缺失情况较为严重，无法再提供有用信息，可考虑直接排除/删除，即模型多变量分析阶段不再将基于该数据字段加工的特征变量纳入分析范围；其二，若该列数据重要性较高，则不能直接排除/删除整列，此时应检视数据缺失原因，为缺失值赋特殊值并单独生成一列新变量（二值变量），用于记录上述字段是否存在缺失情况。

4）异常值处理

异常值通常指与其他观测值存在显著差异的取值，可通过绘制散点图、箱形图、分布图（直方图）、统计样本取值分位数、均值三倍标准差分析、聚类分析等方式判断各字段是否存在异常值，并确定异常值取值范围（识别异常值）。

异常值与缺失值的处理方式类似，可通过结合数据使用目的、数据集特征分析以判断具体适用场景，采用排除/删除、替换（替换规则与上述缺失值的赋值规则基本一致）或保留等方式进行处理。

5）统计量分析

检查数据逻辑合理性。对于金额为负数，不在法定放款年龄范围内，开户时间、放款时间、不良时间勾稽关系不合理，欺诈客户，本金回收率高于100%等不符合逻辑数据，需要结合业务情况进行说明或剔除。

2. 静态池数据清洗

对于回收率呈现季节性波动趋势或单调变动趋势，需符合常规认知。对于异常波动数据，需结合业务实际情况，如催收力度加大、催收策略调整等，较好地解释数据变动原因。

如图6-13中不同月份的回收率曲线所示，不同月份的逾期资产回收率在2022年6月份均显著上升（详见图6-13中圆圈标注）。经出包方解释，2022年6月份，对前期法诉资产已回收金额进行批量入账，导致回收率有不同程度的提升。建议对2022年6月份的回收率按照异常值处理逻辑处理。

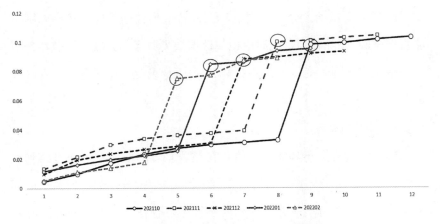

图6-13 不同月份回收率曲线

(三)静态池选择

静态池拟合法通过假设历史回收率情况可以较好地模拟未来,即通过同类资产的历史回收率数据,预测拟收购资产包未来回收率,回收率乘以未偿本金总额等于可回收金额。

根据计算回收率时所参考的历史回收率数据来源,可分为出让方静态池和收购方静态池。出让方静态池由出让方提供历史同类资产的回收率情况,目前出让方提供静态池的意愿较低,较难取得完整的静态池数据。收购方静态池,由收购方根据已收购资产的催收表现,积累一定的历史回收率数据。目前收购方受限于业务存续期短、产品种类丰富程度一般等,静态池中资产对应业务类型与拟收购资产匹配度或有不足。

下文中,我们假设能获得较为完整静态池(下文案例中的出包方无法提供静态池底层资产明细,同时不能提供分多个维度的完整静态池)。

(四)子池划分

1. 利用相关性高的变量分池

计算回收率和个人基本信息、账户信息、催收信息、资信信息等维度不同变量的相关系数。综合数据的可获得性、数据质量、稳定性、可解释性等，选择相关性高的1—2个变量，分别对静态池和资产池进行相同的分池。

变量细分分池时一般遵循以下原则：每个分池中样本数量不小于30；每个分池中样本数量占整体数量的百分比大于5%；各个分池回收率排序情况与业务常识保持一致。变量分池一般分为两个步骤。第一步，细分分池。对于数值型变量，一般按照变量十分位数细分资产池，但在取值边界处尽量考虑业务解释性进行取整；对于字符型变量，一般对所有的字符取值进行分池。第二步，将细分分池合并为粗分分池。数值型变量通常会将回收率相近且分池相邻的细分池合并，字符型变量通常会将回收率相近的细分分池合并。粗分分池后，回收率的变动趋势符合业务逻辑，且能够保持比较稳定的分布。

经分析，影响个人信用类不良贷款回收率的主要因素为业务类型、逾期金额和逾期时间。不同业务类型对应的客群政策、授信策略、催收策略存在差异，导致回收率存在差异。不良贷款逾期时间短、逾期金额小，则该笔不良贷款被完全回收或部分回收的概率较高。

目前对逾期金额一般按照1 000、3 000、5 000、1万、2万、5万、10万、20万、50万等，逾期期数按照6、12、18、24、30、32、36、42、48、54、60等关键数值进行分池，并根据资产池具体逾期金额、逾期期数分布进行合理调整。

2. 聚类分析

与利用相关性高的变量将样本人工分成若干组相比，聚类分析是无监督的学习过程，根据不同客群的特征，将静态池分为若干子池，子池内部客群差异小，子池之间客群差异大。因现阶段出包方数据提供程度一般，且聚类分析可解释性较差，预测结果较直接利用相关性高的变量分池未有显著提升,故该方法仅供参考。

首先,对客户进行初步快速聚类(如图6-14中所示,先聚类为50个小类),计算类的均值。其次,对初步聚类后的均值数据再次聚类,形成最终聚类结果。根据具体情况调整最终聚类个数,如图中虚线所示,客群可分为8类。

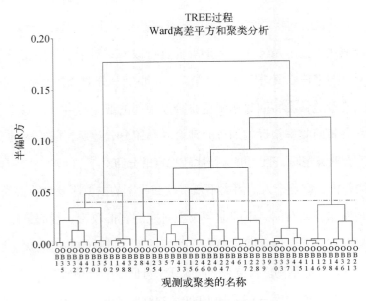

图6-14 客群聚类结果

(五)资产池回收率计算

1. 通过静态池历史数据计算回收率

基于上述静态池分池结果,通过统计各个细分池(静态池)的历史实际回收分布情况,可采用观察期内数据的平均值作为预测值。根据大数定律,虽然单笔不良资产的回收率呈现较强的波动性,但数量较大的不良资产所组成的资产池在合并计算回收率时,其平均回收率将会趋近于期望回收率。通过计算静态池各子池各期的回收率,并映射资产池对应子池的回收率，资产池各子池的回收金额相加得到资产池各期回收金额，形成回收率曲线。

若不同观察时点静态池子池回收率呈单调性趋势（如图6-10所示，从曲线的高低排列看，静态池回收率2016—2020年下降趋势较明显），则应该合理考虑不同观察时点的权重，且一般来说，近期数据更能反映未来情况，因此近期时点权重应高于远期时点权重。

不同观察时点权重的确定可以参考如下方法。

$$\begin{cases} \omega_2 = \lambda\omega_1 \\ \omega_3 = \lambda\omega_2 = \lambda^2\omega_1 \\ \cdots \\ \omega_n = \lambda^{n-1}\omega_1 \\ \omega_1 + \omega_2 + \cdots + \omega_n = 1 \end{cases} \quad (6-21)$$

式中，ω_1 为最近一个观察时点权重，ω_n 为第一个（最远）观察时点权重。λ 为衰减因子，取值范围为 $[0, 1]$。$\lambda = 1$ 时各个时间段权重相等，$\lambda = 0$ 时仅考虑最近一个观察时点的回收率。

按照业务类型、逾期金额对静态地进行合理分池、合并后，并考虑"近大远小"的权重，形成如图6-15所示的分池回收率曲线。

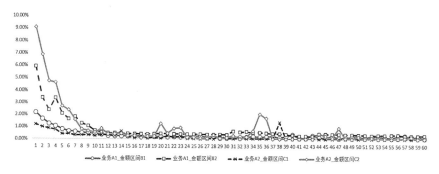

图6-15　不同分池回收率曲线

2. 利用蒙特卡洛模拟计算回收率

首先选择分布函数。选择已催收一段时间的样本，分别拟合正态分布、对数正态分布、贝塔分布、伽玛分布，选择实际回收率分位数和拟合分布的分位数之间的均方误差之和最小的分布，以某样本数据为例，不同逾期期数回收率的分布拟合情况如表6-15所示，其中贝塔分布的均方误差和较少，可以选择贝塔分布进行回收率拟合。

表6-15 不同逾期期数历史回收率不同分布拟合结果

逾期期数	拟合分布	均方误差和	排　序
1	正态	0.024047	1
	贝塔	0.037664	2
	伽玛	0.052162	3
	对数正态	5.250938	4
2	贝塔	0.005403	1
	伽玛	0.006431	2
	对数正态	0.02841	3
	正态	0.028527	4
3	贝塔	0.003437	1
	伽玛	0.003859	2
	正态	0.021358	3
	对数正态	0.021809	4
4	贝塔	0.003513	1
	伽玛	0.003718	2
	对数正态	0.019756	3
	正态	0.020079	4

续 表

逾期期数	拟合分布	均方误差和	排 序
5	贝塔	0.003157	1
	伽玛	0.003263	2
	对数正态	0.012908	3
	正态	0.0156	4
6	贝塔	0.00234	1
	伽玛	0.002456	2
	对数正态	0.009096	3
	正态	0.010348	4
7	贝塔	0.002492	1
	伽玛	0.002534	2
	对数正态	0.005672	3
	正态	0.009208	4
8	贝塔	0.001091	1
	伽玛	0.001108	2
	对数正态	0.002558	3
	正态	0.00596	4
9	对数正态	0.000003	1
	伽玛	0.000605	2
	贝塔	0.000668	3
	正态	0.005435	4
10	对数正态	0.000001	1
	伽玛	0.00029	2

续表

逾期期数	拟合分布	均方误差和	排　序
10	贝塔	0.000321	3
	正态	0.003631	4
11	对数正态	0.000001	1
	伽玛	0.000131	2
	贝塔	0.000145	3
	正态	0.002333	4
12	对数正态	0	1
	伽玛	0.000054	2
	贝塔	0.000059	3
	正态	0.001281	4

根据各期回收率分布的参数进行蒙特卡洛模拟，从而获得静态池各个分池的历史回收率。

（六）回收率修正

根据资产池与静态池的差异，考虑宏观因素、行业因素、特殊因素等，对回收率进行修正和调整。

图6-16中对图6-15中的波动值进行平滑修正，可获得静态池各个分池的回收率。对其他因素进行修正或调整后，可用于预测资产包的整体回收率。

如图6-17所示，待估资产池按照与静态池同样的分池规则，将资产包债权逐步映射到对应的细分池，应用各个细分池的修正回收率曲线预测未来现金流。各细分池预测现金流相加，即可计算出资产包未扣除处置费用、未考虑资金成本的毛回收金额和毛回收率。

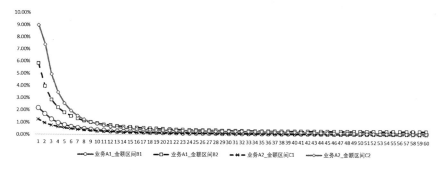

图6-16　不同分池回收率曲线（修正后）

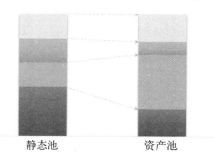

图6-17　静态池与资产池映射

（七）压力测试

根据资产池预计现金流情况，考虑回收率降低、回收时间后置等不同压力情况，预测不同情况下资产池回收率曲线。

（八）计算净回收率

根据各期的毛现金流，剔除催收处置费用，确定各期净回收现金流。折现后可得到资产包现值。

本 章 小 结

本章介绍了不同业务场景下的具体的不良资产评估模型。在基于成本法、市场法、收益法三大评估基本方法的情形下，评估人员应具体结合业务模式、业务场景及可获取的业务数据构建具体的模型。

对于不良资产交易中的单户债权,评估人员可以通过偿债来源分析法进行估算,当资产包体量较大时,评估人员可以采用模块式的估值方式进行快速估值。针对可获得稳定现金流的债权重组业务可以在收益法的基础上进行相关扩展。在日常债权管理中,评估人员可以根据抵(质)押物的波动做好风险分类和公允价值计量。债转股时,由于债权持有人可享受转股后的经营所得,故可以利用实物期权构建债转股的估值模型。在企业破产中,评估人员可以通过出具债权分析报告为后续的破产清算或破产重整做好相关服务。在资产证券化业务中,评估人员应重视现金流的分层分析。在个人不良贷款中,由于同质化资产较多,评估人员可以通过构建数据驱动模型来拟合回收率。

本章重要术语

模块式评估　现金流偿债法　静态池　资产池　压力测试

复习思考题

1. "所谓见仁见智,一千个人眼中有一千个哈姆雷特,对于不良资产的评估不存在所谓的标准模型。"试评述该观点。

2. 在公允价值计量时,是否需要考虑变现折扣?

3. 不良资产转让评估与不良资产公允价值计量这两种场景下,资产评估有何差异?

第七章

不良资产管理中的评估管理

评估尽调应该以现场调查为主,以案头审阅为辅,并充分利用各种外围资源获取补充尽调信息,全面、尽责、客观地开展评估尽调工作。现场评估尽调应着重核实验证数据资料的真实性、有效性、相关性。

评估质量指评估过程和结果给评估需求方带来的满足程度。不良资产管理中的评估管理包括内部评估质量的管控和外部评估机构的质量管理。内部评估指公司内部评估专业人员对拟评估项目进行分析、估算并形成独立意见与报告的过程。外部评估指一般委托外部资产评估机构对资产在基准日的不良资产价值进行分析、估算并形成专业的资产评估/价值分析报告。

第一节　内部评估质量管控

一、制度体系建设

（一）评估质量体系建设

1.人才队伍搭建

评估属于高智力型专业服务行业，人才是评估行业的首要资源，是提高评估质量的基础，评估人员整体素质的提升是评估质量提升的根本。不良评估的多样性、复杂性均高于一般评估，其评估难度也较一般评估更大，对评估人才也有着更高的要求。人才队伍的搭建主要从专业人才选拔、内部员工管理和继续教育管理三方面着手。

专业人才选拔主要指组建包括评估人员、注册会计师和律师等行业精英人才团队。

内部员工管理主要指制定严格的内部评估、审核程序，严明工作纪律，形成科学严谨的内部评估制度。内部评估人员应当广泛而深入地参与具体业务项目工作，锻炼自身实务本领，增强市场竞争意识和服务意识，锻炼和培养专业技能，提升业务素质。

评估人员继续教育是整个评估质量体系建设中的重要组成部分，加强继续教育体系建设是整个评估业可持续发展的重要保证，其有利于评估人员自身素质的提高，有利于资产管理公司核心竞争力的提升，有利于不良评估行业整体质量的提升。继续教育主要可通过每年定期开办评估业务培训班、评估业务研讨会、年度评估知识考核等方式进行。

2. 不良资产评估体系搭建

金融不良债权不同于一般的资产，具有非标准化、资料缺失的特殊性，其评估过程比正常评估复杂，其评估难度也超过正常资产的评估。故不良资产评估一直是国际评估领域的重难点课题。而学术界对于不良资产评估的定价的研究则着重于各类数据模型的应用。由于数据模型理论复杂，操作难度大，所需的假设多，故没有在实践中得到充分应用。综上，我国目前还没有形成一套成熟的评估理论和技术方法，需要进行理论突破和技术创新。

结合资产管理公司的不良资产收购及处置的实际经验，按照ISO 9001质量管理体系的理念和要求，可构建四层次的完整内部评估体系。第一层次为内部评估管理办法，主要规定了内部评估的流程、基本操作要求。第二层次为具体评估指引，具体指引包括体现不同业务类型、不同经济行为评估要求的程序性指引及体现不同抵（质）押物评估特点的实体性指引，如不良资产收购内部评估指引、不良处置内部评估指引、不良资产收购快速评估指引、债权管理业务评估指引等。第三层次为内部评估人员总结推荐的评估参数。第四层次为内部评估人员收集的各种评估案例、参数及针对不良资产业务中的某些具体问题的评估指导性意见。具体如图7-1所示。

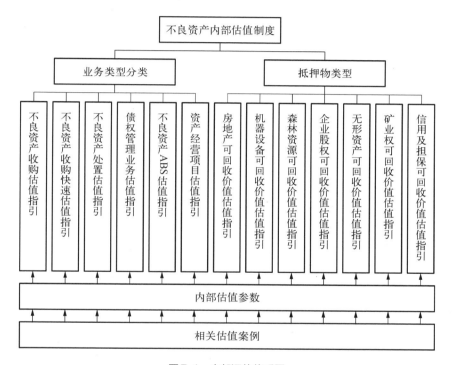

图7-1　内部评估体系图

（二）风险防范制度建设

1. 建立职责分离制度

职责分离是企业各评估人员及业务操作人员之间责任和权限的相互分离机制。其基本要求是：业务活动的核准、记录、经办及财物的保管应当尽可能做到相互独立，分别由专人负责，如果不能做到完全分离，也必须通过其他适当的控制程序来弥补。

2.建立授权审批制度

授权审批制度是为提升评估质量，更加有效地使特殊评估相关的"人、财、物"与"责、权、利"统一，以提高评估效率，保证评估业务流程畅通。明确各职权范围、权限、责任。使评估从业人员在各自的职权内行使权利并承担责任，从而提高评估质量。

二、内部评估管理

为应对金融不良资产的复杂性，资产管理公司应从以下方面构建较为健全的内部评估质量管理体系。

（一）前期尽职调查管理

前期尽职调查由前台评估人员进行，为保证评估质量，业务人员应始终围绕"价值发现、风险防范"这一原则开展工作，"价值发现""风险防范"两者同等重要，要避免一味强调价值或片面强调风险。

评估尽调必须严格执行"双人尽调制"。评估人员应勤勉尽职、客观地开展各项调查工作，真实、完整、有效地反映尽职调查情况。评估人员需对尽职调查的结论性意见负责。团队负责人与评估尽调团队成员应当在尽职调查报告上就调查工作的真实、完整、有效性签署声明。

评估尽调应该以现场调查为主，以案头审阅为辅，并充分利用各种外围资源获取补充尽调信息，全面、尽责、客观地开展评估尽调工作。现场评估尽调应着重核实验证数据资料的真实性、有效性、相关性。现场评估尽调应包含贷款银行、债务人及相关走访，抵押物现场勘察，比较案例实地核实。非现场评估尽调应着重核实档案资料的真实性、完整性和有效性。

对通过公开渠道收集的资料，业务团队应当审核并评价资料的可靠性，在采信时注明资料来源。公开渠道主要包括公开信息披露媒体、互联网及其他可靠渠道，如专业资讯和数据提供商、行业协会网站或刊物、学术研究机构论文或刊物、权威统计部门发布的信息以及公共媒体报道等。

对中介机构如会计师事务所、律师事务所、资产评估事务所等机构提供的资料，业务团队应当对其客观真实性进行核查，并在一般知识水平和能力范畴内对其真实性和准确性进行评估。需要进一步了解的，业务团队可再向中介机构或其他外部机构询问了解，其内容主要包括：资产权属关系判断、资产法律关系与状态判断以及资产价值判断等。

业务团队在评估尽调过程中，必须对不良资产涉及的押品、维持生产经营的企业、有效担保人及其他有价值的标的物进行现场拍照取证。拍照取证时，照片中应当包含评估尽调人员的影像。

评估人员应尽可能到相关部门进行查询。到工商部门查阅债务主体的工商档案，了解债务主体的基本情况；到国土、房管、不动产登记部门查询不动产的产权登记、抵押及查封情况；到规划部门查询不动产的规划情况；到法院查询债务主体的涉诉情况；如果涉及其他查询事项，则需到相应主管部门查询。评估人员查询时应当尽可能取得相关部门盖章的查询原件。若不能取得原件，评估人员应尽可能通过拍照、录音等方式记录相关查询内容。若相关部门仅允许现场查阅时，评估人员应当编制相关工作底稿记录查询地点、查询时间、查询部门、查询内容，并在相关部门标志处进行合影。

通常，金融不良资产会涉及较多权属问题和法律风险，为提高评估质量，评估工作往往会增加法律尽职调查环节，核实不良资产相关法律权属信息，规避风险。

法律尽职调查内容包括主债权的合法性审查、担保物权的合法性审查、保证担保的合法性审查、债的变更的审查和其他特殊情况的审查,具体内容如表7-1所示。

表7-1 法律尽职调查内容表

序号	审查内容	审查结果	有无法律风险
1. 主债权合法性审查			
1.1 主债务人的主体资格			
①	主体资格依法存续,未被吊销、注销营业执照		
②	未被解散清算、被受理破产(清算、重整、和解)		
③	不属于失信被执行人		
④	不属于刑事案件被告人(根据现有提供的尽调资料及中国裁判文书网信息)		
1.2 主债权的法律审查要点			
①	主债权合同中本金、利息、到期时间的约定明确,违约金、罚息、复利的约定明确具体且符合法律规定		
②	主债权合同中关于债的清偿顺序有明确约定,且对债权人无不利影响		
③	主债权合同争议解决方式及管辖权的约定明确且符合法律规定,受让方向有管辖权的法院/仲裁委员会主张债权不存在较大的不便利		
④	借款凭证与主债权合同内容一致(本金、利息、收款对象、还款时间等)		
⑤	债权发生类凭证齐备,主债权合同约定的借款全部发放/承兑汇票、信用证按约定开具		

续　表

序号	审　查　内　容	审查结果	有无法律风险
⑥	主债权在诉讼时效内（如债务履行期届满之日距尽调时已超过3年的，则提供了有效的诉讼时效中断证明，诉讼时效中断证明为公告的，则公告主体、内容、形式等符合相关法律、司法解释规定）		
⑦	主债权具有可转让性（主合同无禁止转让约定；借款期间已届满，未届满的则已经提供了有效的债权提前到期证明；若主债权通过受让取得，债权转让合同对转让债权无限制性约定并提供了通知主债务人的有效证明，有效证明为公告的，则公告主体、内容、形式等符合相关法律、司法解释规定）		
⑧	提供的还款凭证显示已发生的还款行为不会构成《企业破产法》上的个别清偿行为（主债务人已破产的，还款时间距离破产受理日超过6个月；主债务人尚未破产的，还款时间距离尽调日超过6个月）		
2. 担保物权的合法性审查			
2.1　物权担保人的主体资格			
①	主体资格依法存续，未被吊销、注销营业执照		
②	未被解散清算、被受理破产（清算、重整、和解）		
③	不属于刑事案件被告人（根据现有提供的尽调资料及中国裁判文书网信息）		
2.2　物权担保的法律审查要点			
①	本户主债权属于物权担保的债权，担保范围明确具体（一般物保担保合同约定担保的债权和主债权一致；最高额物保主债权发生时间在担保合同约定的债权确定期间内，若提供担保物查封信息的，主债权发生在查封前；最高额担保约定最高额为本金余额）		

续表

序号	审 查 内 容	审查结果	有无法律风险
②	担保物明确且符合法律规定,不属于不得设立抵质押的财产或由特殊主体提供担保物		
③	对多个担保并存情形下债权实现顺序有明确约定,且约定内容对债权人无不利影响		
④	公司担保行为已根据公司法和章程规定由股东会/董事会决议通过,股东会/董事会决议内容与担保合同约定一致,形式(包括股东或董事人员、到会情况及签署内容等)合法有效		
⑤	主债权转让后物权担保在原担保范围内对受让人继续有效(无禁止转让的约定;尽调日最高额担保合同约定的债权确定期间届满;最高额担保合同特别约定担保债权确定前部分债权转让最高额抵/质押担保一同转让;若主债权通过受让取得,债权转让合同对转让担保物权无限制性约定)		
⑥	应当依法办理登记/交付手续的担保物依法办理了相关手续,取得物权登记/交付证明材料(登记证明材料如不动产他项权证、动产抵押登记凭证、动产质押登记凭证、股权质押登记凭证、应收账款质押登记凭证等;交付证明材料如动产质押交付凭证或资料、监管协议;应收账款质押的,应审查次债务人的对应收账款金额确认及质押情况告知情况)		
⑦	物权登记证明材料记载内容与担保合同约定一致,登记记载的债权数额无争议或歧义(审查登记的担保方式是一般担保还是最高额担保;担保登记债权数额的表述;担保登记债权数额和主债权金额一致或者高于主债权金额)		
⑧	物权登记证明材料上担保物不存在"本押品仅供融资使用"等处分限制性情形		

续　表

序号	审　查　内　容	审查结果	有无法律风险
⑨	物权登记证明材料上担保物不存在其他在先设立的抵押权/质押权登记，本户债权为第一顺位（仅办理土地使用权抵押登记的，未有材料显示存在在先的房产抵押登记；仅办理房产抵押的，未有材料显示存在在先的土地抵押）		
⑩	不存在追加担保导致破产撤销的情形（追加担保行为发生在破产受理日一年前或者担保人未破产但距离尽调日超过一年）		
⑪	如约定为让与担保的，符合前让与担保的构成要件（债务发生时或履行期限届满前达成让与担保合意、履行转移所有权的公示手续——登记、交付、房产预售网签等、履行期届满后债权人负有清算义务）		
⑫	抵押物为在建工程时，查询裁判文书网相关判决，收集存在的私下出售、工程优先款等其他影响抵押物价值的因素事项		
⑬	抵押物存在租赁关系的，租赁关系设立在抵押之后或者承租人承诺放弃优先权		
3. 保证担保的合法性审查			
3.1　保证人的主体资格			
①	主体资格依法存续，未被吊销、注销营业执照		
②	未被解散清算、被受理破产（清算、重整、和解）		
③	不属于法律明确禁止提供保证担保的主体，提供融资担保服务的公司有相应的融资担保资质		
④	不属于失信被执行人		
3.2　保证担保的法律审查要点			
①	本户主债权属于保证担保的债权，担保范围明确具体		

续 表

序号	审查内容	审查结果	有无法律风险
②	担保方式明确约定为连带责任保证担保		
③	对多个担保并存情形下债权实现顺序有明确约定，且约定内容对债权人无不利影响		
④	公司担保行为已根据公司法和章程规定由股东会/董事会决议通过，股东会/董事会决议内容与保证合同约定一致，形式（包括股东或董事人员、到会情况及签署内容等）合法有效		
⑤	保证担保在保证期间内（如保证期间已届满，主债务人在保证期间内向保证人主张过权利并提供了有效证明，保证期间内债权人向保证人主张权利的方式参照诉讼时效的规定）		
⑥	保证担保在诉讼时效内（如主债务人在保证期间内向保证人主张权利之日距尽调时已超过3年的，则提供了有效的诉讼时效中断证明，诉讼时效中断证明为公告的，则公告主体、内容、形式等符合相关法律、司法解释规定）		
⑦	主债权转让后保证人在原保证担保范围内继续承担保证责任（保证合同无禁止转让的约定；若主债权通过受让取得，债权转让合同对转让保证债权无限制性约定并提供了通知保证人的有效证明，有效证明为公告的，则公告主体、内容、形式等符合相关法律、司法解释规定）		
4. 债的变更的审查			
①	展期合同申请时间、签署时间、展期期限符合法律规定		
②	展期合同、重组合同、补充协议等债权变更协议获得主债务人、担保人的签署认可（如有部分担保人未签署协议的，则需评价债权变更的内容是否加重担保人责任）		

续 表

序号	审 查 内 容	审查结果	有无法律风险
③	主债权涉及借新还旧的，重新为新贷设立担保，或原担保合同约定继续为新贷提供物权担保		
5.其他特殊情况的审查			
①	是否存在以物抵债，抵债的价格是多少，是否已经移交抵债物		

为保证尽职调查质量，前台业务项目经理应根据公司的尽职调查指引做好相关资产的尽职调查工作并进行记录。业务经理在收集尽职调查资料的基础上，根据法律尽职调查结论做好估值工作。前台业务部门的负责人应为资产尽职调查、评估的第一责任人。前台业务部门的负责人应根据公司内部评估指引对具体实施资产进行初步讨论，审定前台业务团队的评估结果。

（二）评估底稿管理

评估人员在尽职调查工作中应执行相应评估底稿管理制度。工作底稿应当充分完整地记录评估人员债权价值分析过程。评估底稿需由相关调查人员和评估人员签字确认。若后续追责，工作底稿将是佐证尽职调查人员工作成果的有力证据。资产管理公司底稿应当充分借鉴资产评估事务所索引编制方法，确保调查资料及评估内部逻辑关系能够清晰地显现。调查内容可如表7-2所示。

表7-2　前期尽职调查内容参考表

情况分类	内　　容	备注
债务情况	截至20××年10月31日，该笔授信本金余额×万元，逾欠正常利息×万元，罚息×万元，复利×万元，垫付诉讼费×万元，保全费×万元，评估费×万元，律师费×万元，合计为×万元，五级分类为次级	

续 表

情况分类	内　容	备注
债务人情况	债务人公司成立于20××年5月，注册地址为×××，注册资本为×万元，股东为×××、×××，法定代表人为×××，实际控制人为×××，借款人主营业务为×××	
法人担保情况	保证人×××提供保证担保，担保金额	
个人担保情况	保证人×××提供保证担保，担保金额	
抵押担保情况	抵押物相关信息，建筑面积、土地面积等	
抵押物瑕疵事项		
债权、担保法律审查	经审查，上述主合同、担保合同签字真实，内容合法。因此，上述主合同、担保合同均真实合法有效。	
诉讼情况	债权已执行终结本次执行	
抵押物及评估情况		
担保债权价值	保证人代偿能力弱，不做评估	
一般债权价值	借款人自偿能力弱，不做评估	
回款来源及收回期限	此户回款来源有限，抵押物司法拍卖后回款，因债权已破产清算，预计回收期限×年	
该债权预计回收价值	对标的债权评估为×万元	

具体设计编制底稿时应注意以下事项。

1. 学习监管部门的监督思路

管理机构应通过收集过往的监管机构相关文件、案例总结监管机构的关注要点。例如过往的原银保监会处罚决定等体现的监督复核方式，对每一处罚意见均按照过程中违法的事实、失败的主要原因、失败的根本原因进行逐一整理，厘清监管要点，从而对现场尽职调查加以改进。上述事项的总结需将关注点落实到每个操作步骤，并设计与此对应的操作步骤底稿。

2. 编制风险导向和程序导向相结合模式的底稿

评估工作包括：深刻了解不良资产产生的原因，不断对企业实体与经营环境以及财务报表进行深入分析，分析财务舞弊风险，对企业未来经营情况进行预测，将过程（即评估思路）在底稿中描述，最后将结果在尽职调查报告中体现。

合伙人和项目经理都是按照这个思路来掌控项目流程、控制评估风险，那么毫无疑问评估人员的底稿，也需要将这个思路全程微观地体现在所做的评估底稿中。基于此，我们实施的评估程序、进行的细节测试及收集的评估证据在底稿中就是这个过程的体现，即我们对每一个评估项目大概的工作流程如下：

（1）了解不良资产产生的原因及过程，分析其诉讼进展程度；

（2）对债务人相关财务报价相关科目进行分析复核，可以从多个角度、多个方式来进行分析，以发现异常或证明无异常；

（3）针对发现的异常，进一步了解并开展针对性的实质性调查；

（4）对于未发现异常的，完成常规程序，进一步证明判断的准确性；

（5）最后根据已经执行的有效程序，对测试的过程和结果，按照规定的或者评估人员认为可以使其他第三人理解的格式将过程和结果反映在底稿中。

思路清晰和程序规范是评估底稿细节上的要求，而和谐统一则是评估底稿与评估计划、评估策略保持一致的要求。对于细节是否完善，主要体现在项目负责人和评估人员之间工作配合的程度。项目负责人发现的问题及时落实到细节测试底稿上，而评估人员发现的问题能及时反馈给项目负责人来判断和跟进,就不会出现底稿思路不清晰、证据不能相互印证的情况。故评估底稿的设计应当充分体现风险导向和程序导向相结合的要素,同时将检查要点及监管层嵌入其中。

3. 分行业编制相关底稿

鉴于各个行业具有自己的特点及风险点,故需要分行业制定相关底稿模板。

从资产基础法角度,主要是房屋建筑物和设备类资产需要进行细分行业。针对不同的行业制定不同的资料清单、勘查底稿、计算底稿和与此对应的评估说明模板。同时这也有助于类案比较和查询。

从收益法和市场法角度,由于企业发展的驱动因子不同,不同行业的分析框架也不同,应该根据大类行业分别编制行业底稿,凸显行业分析的框架,进而准确地抓住驱动因子,从大的逻辑上反映出评估的本质。

(三)评估审查质量管理

评估审查是内部评估体系中最为关键、最为重要的环节。评估审查人员需要在前台部门的前期尽职调查报告和律师的法律尽职调查报告基础之上,结合自身业务经验,对不良债权进行评估复核并出具评估审查意见书。

1. 不良资产评估管理

对于单个金额重大的抵押物,内部评估人员应当对现场进行二次调查,进一步核实抵押物情况。对于单个金额特别重大的抵押物,应当组建评估方法小组,通过讨论、投票等方式,确定最终报价。

2. 保证充足的审核时间

对于户数较多的不良资产包,预留充分的评估审查时间,以确保评估质量。根据资产管理公司实际经验：单包评估户数超过50户时，审核时间应当不少于5个工作日；当评估户数多于100户时，审核时间不应少于10个工作日。

3. 强化质控部门相对标准化复核

（1）分行业审查。质控部门审核中尽可能按照行业进行分组审查，总结各个行业审查过程中存在的问题，并予以相关风险提示。

（2）标准化审查规范。强化质控部门复核的标准化流程，编制复核手册，严格按照业务规程及操作实施细则进行复核，不应提出超过上述规定的复核要求。着力审查监管机构关注的问题。项目质量控制复核工作应当留下痕迹，记录项目质量控制复核人员所做的工作。对项目质量控制复核人员考虑的关键事项及其对评估过程中项目组的重大判断得出的结论留下足够的证据是十分必要的。

（3）及时总结

总结和整理过往审查意见的类型，并将其进行分类，明确意见的类型是属于操作层面还是技术层面。对于操作层面的错误，应当压实一级复核和项目经理的职责；对于技术层面的问题，应给出相关答复，并纳入业规或者实施细则。

（四）重点项目现场指导

1. 重点项目介入

对于重点项目，质控部门应在前期与团队同步接触项目，便于把控全流程的风险。质控部门应协助项目团队做好如下事项。

（1）风险识别。收集整理类似过往项目的评估水平及行业风险点的识别，针对相关评估重点难点问题做好相关预案。

（2）计划编制。协助项目团队根据了解的情况制定详细的工作计划，针对每家公司情况制定符合该公司实际的工作计划，工作计划制定后，对全体项目成员进行培训，主要就评估方法、评估主要注意的问题、沟通方式进行培训，保证项目按照工作计划进行。

（3）项目前期试车。针对大型集团公司类项目，项目组应挑选一两家企业进行预评估，具体判断项目评估中可能存在的重点和难点问题。就重难点相关问题与公司质控部门进行沟通，形成相关评估标准。

项目正常开展后，与项目团队保持密切联系，实时收集整理项目开展过程中的问题，总结共性问题，与质控部门联合进行中期的验收。

2. 内部刊物

编制问题导向的内部刊物可提升员工的评估能力。内部刊物可设如下板块：行业监管动向、实务操作内部答疑、专题讨论、行业数据总结。一份好的内部刊物，应该充分体现知识分享的特点。企业的效率来自知识的分享和互动，以及在这个基础上大家的探索和创新，内部刊物理应成为员工思想汇集和知识分享的载体。应把一线人员在评估实务中创造出及总结出的好的技巧、成功的案例、好的思想等都载入内部刊物。

第二节　外部评估质量管理

外部评估是内部评估体系的重要补充，其评估质量同样对资产管理公司有着重大影响。

一、建立评估机构备选库

为控制项目风险，评估机构应进行统一招标采购，建立评估机构备选库。由成功通过招标采购程序的评估机构与资产管理公司签订评估业务合作协议，开展评估业务。原则上不应接受非合作评估机构出具的评估报告。

（一）准入条件

首先，建立外部评估机构备选库是外部评估质量管理的基础，评估机构备选库的整体水平决定了评估质量环境。设立评估机构备选库选聘条件是最为直接的筛选方法，基本要求一般包括：

（1）依法设立，设有固定办公场所；

（2）具备法定执业资格，具有与企业评估需求相适应的资质条件、专业人员和专业特长；

（3）具备健全、完善的内部质量控制体系，建有报告三级及三级以上审核制度，能够满足公司在中介业务中的时间性及质量要求；

（4）掌握企业所在行业的经济行为特点和相关市场信息，熟悉与企业及其所在行业相关的法规、政策，具有相关金融不良资产、房地产、船舶、司法评估经验。

（5）具有评估人员人数不少于8人（含），且专职从事房地产评估相关业务人员不少于2人；

（6）近3年没有重大违法违规执业记录，在承担国有评估工作中未出现重大质量问题或不良记录。

其次，建立中期考核制度。在实际的外部评估过程中：如出现错误，可暂停与该评估机构的合作一定时间；如出现评估重大偏差、串通舞弊等重大错误，则应从备选库中剔除该评估机构。

最后，建立评估机构备选库轮换制度，每3年重新审核评估机构相关资质，优胜劣汰，保持机构备选库质量。

（二）招标采购程序

（1）通过公开招标程序或者各分（子）公司经营部门通过认真

考察比较，形成评估机构推荐名单，报送公司外部评估管理部门。

（2）对推荐评估机构的准入条件进行审核。

（3）由相关部门组成评选小组进行评审。

（4）根据评标结果将拟合作评估机构名单报送有权决策机构审批。

（5）将审核通过后的备选名单公示五日，如无不同意见反馈，则正式下发。

（6）与公示通过的拟合作评估机构签订合作协议；

（7）由签订了合作协议的评估机构组成备选库，并上报上级机构备案。

（三）合作原则

（1）原则上每个二级部门备选评估机构不超过五家，具体数量由一级机构根据业务需要核定。

（2）各经营单位对需要进行评估的业务，应当轮流推荐常用合作评估机构，对重点客户、AAA级客户等优质客户，其委托评估机构可适当享有一定灵活性，但必须符合上述规定的准入条件，且受行业黑名单的限制。

（3）为加强对合作评估机构的评估风险管理，遵循择优选用、动态管理、定期评审、淘汰退出原则，建立评估机构的准入和退出制度，对合作评估机构名单进行动态调整。

二、评估机构选聘

外部评估事项主要分为尽职调查涉及评估事项、不良资产处置评估事项、以财务报告为目的的评估（含风险分类涉及的债权价值重估、债权资产减值测试、合并对价分摊、商誉价值测试）。

在选聘流程上，为控制评估质量，每次选聘需邀请3家或3家以上的评估机构投标，再结合报价、评估机构所在地、评估人员经验等因素，综合确定最合适的评估机构。

在选聘时间上，应当给评估机构预留充分的投标和评估时间。一般地，机构选聘为2个工作日。发出选聘后，单户评估债权应当在5个工作日完成债权价值分析报告初稿；若为多户债权合并评估，则每增加一户，评估工作时间相应增加1天。若评估中介机构在现场勘查过程中发现债权及抵押物存在严重瑕疵，应当提交相关补充资料，经核实后，再按照修改户数数量重新开始计算工作时间。

三、评估结果复核

为确保外部评估质量，评估机构出具的业务类评估报告征求意见稿须经内部评估人员审阅，审阅通过后方可出具正式评估报告。未经审阅的评估报告不得作为决策依据。

评估报告复核应主要从评估报告的合规性、评估范围与评估标的一致性、评估目的、方法、价值类型的匹配性、权属的完整性、评估结果的合理性等方面进行。

（一）评估机构的资质审核

资产评估（估价）的中介机构所出具的评估报告是具有法律效力的，出现问题应承担有关法律责任。评估机构的资质审核即审核出具评估报告的中介机构是否合法合规执业，是否符合规定的资质条件，在评估报告书中签字的有关人员是否具有执业资格。

（二）评估报告的逻辑性审核

一般来说，评估报告中所述进行资产评估的目的、评估的范围、资产的权益、评估所依据的前提条件等与评估方法的选择有着密切的关系，这种关系就构成了评估报告本身的逻辑关系，同时它也反映了评估人员在评估操作上的基本思路。审核者可以根据所掌握的实际情况，对评估过程的三个逻辑关系进行审核：一是对评估目的、价值类型、评估中依据的前提条件与评估方法选择之间的一致性进行分析；二是对评估范围、对象与评估目的之间的匹配性进行分析，同时审核押品与评估对象的一致性；三是对资产的属性、作价的前提条件与作价依据之间的一致性进行分析。上述假设前提应是基于一种合理和可能的假设。通过审核，可以对评估人员在评估中的基本思路和操作方法是否正确、合理作出初步判断，为全面评价评估工作打下基础。

（三）评估结果的合理性审核

1. 评估依据可靠性与关键参数准确性审核

评估依据选取的正确与否直接影响评估结果的真实准确性，审核时应注意评估依据的时效性和客观性，即评估依据应在评估基准日时点有效，评估中所依据的数据资料必须真实可靠，对数据资料的分析应该实事求是。评估中的关键参数是影响评估结论的关键因素，审核时应对评估中运用的各种价格信息资料和相关参数进行分析鉴别。审核时应分析评估中运用的参照价格及取价标准、有关参数的确定依据是否充分，数据是否正确、可靠，对于预测的数据是否结合行业、地区与企业的现状和发展前景进行了充分的分析和推断，等等。评估中依据的参照价格一般包括房地产价格、机器设备、车辆的价格（进口价格、内销价格）等。取价标准是指有关主管部门颁布的定额标准、费率、基准价格等。评估中运用的参数一般包括价格变动指数、折现系数、风险系数等。上述参照价格、取价标准、价格变动指数等依据一般出自政府机关、行业管理部门、生产厂家、销售商及公开媒体等，评估中要求选择使用在评估基准日时有效的价格信息和取价标准，因而审核时要关注其出处和有效期限两方面。至于折现系数和风险系数，评估中一般是根据资产的属性和效能，结合过往的收益情况、基准日市场状况和未来趋势，对基准参数（如银行贷款利率、国债利率等）进行选择，并结合相关风险因素做进一步技术处理，审核时要分析研究风险因素构成及技术处理方法的客观性和合理性。对于根据历史数据分析得出的结论，应重点审核其推断是否符合逻辑并结合了行业、地区与企业的现状和发展前景等。

2. 对评估计算、汇总情况的审核

评估过程中的计算与汇总工作是形成评估结论的最后一个环节，如果计算与汇总工作中出现错误，即使评估方法选用恰当、评估依据准确可靠，也是徒劳无功，计算与汇总错误将直接导致错误结论的产生。在审核中，要结合评估报告中所举案例，对评估中的计算公式、成本构成是否准确、评估方法、计算过程与结果是否正确，以及分项计算与汇总结果是否吻合、计算与汇总的实际情况与文字说明是否一致等进行分析、验证。特别强调的是应严格审查是否存在对评估结论产生重大影响的低级错误，如多0少0、连接错误等。

四、外部评估结果的合理运用

（一）合理使用外部债权价值分析报告的内涵

前台业务团队在收到受托债权价值分析机构送交的债权价值分析报告书及有关资料后，可以依据债权价值分析报告书所揭示的债权价值分析目的和债权价值分析结论，合理使用资产债权价值分析结果。从性质上说，资产债权价值分析结果和结论是外部资产评估人员的一种专业判断和专业意见，并无强制执行力。

在正常情况下，前台业务团队完全可以在债权价值分析报告限定的条件下和范围内根据自身的需要合理使用债权价值分析报告及债权价值分析结论，并不一定完全按照债权价值分析结论一成不变地遵照执行。如果业务团队直接使用了债权价值分析结论，那也是业务团队的自主选择，并不是因为债权价值分析结论具有强制力。

同时，债权价值分析报告及其结论虽无强制执行力，但债权价值分析结论也不得随意使用或滥用。前台业务团队必须按照债权价值分析报告书中所揭示的债权价值分析目的、债权价值分析结果的价值类型、债权价值分析结果成立的限制条件和适用范围正确地使用债权价值分析结论。前台业务团队在使用资产债权价值分析报告书及其结果时必须满足以下几个方面的要求。

（1）只能按债权价值分析报告书所揭示的债权价值分析目的使用债权价值分析报告及其结论，一份债权价值分析报告书只允许按一个用途使用。即以减值测试为目的的债权价值分析报告并不能作为债权处置的相关依据。

（2）债权价值分析报告书只能由债权价值分析报告中限定的期望使用者使用，债权价值分析报告及其结论不适用于其他人使用。外部投资者无特殊原因并不能成为委托外部债权价值分析机构出具报告的使用者。外部投资者不能以债权价值报告披露的债权情况与债权实际情况存在差异为由提出相关异议。

（3）只能在债权价值分析报告书的有效期内使用报告，超过债权价值分析报告书的有效期，原资产债权价值分析结果无效。

（4）在债权价值分析报告书的有效期内，资产债权价值分析数量发生较大变化时，应由原债权价值分析机构或产权持有单位按原债权价值分析方法做相应调整后才能使用。如抵押物数量发生变化，抵押物债权价值分析报告日之后成交，保证人偿还相应款项。

（5）业务团队在使用价值分析报告的过程中应当充分关注特别

事项说明中所提及的事项。

所有不按债权价值分析报告揭示的目的、期望使用者、价值类型、有效期等限制条件使用债权价值分析报告及其结论并造成损失的，应由报告使用者自负其责。

（二）正确理解债权价值分析基准日与债权价值分析报告有效期

债权价值分析结论反映债权价值分析基准日的价值判断，仅在债权价值分析基准日成立，其有效期的规定受外部市场环境变化的影响。理性的报告使用者会根据债权价值分析基准日后外部市场的变化情况决定报告是否有效，而不是人为地规定一个有效期。

债权价值分析报告有效期应该从下列方面理解。其一，债权价值分析结论在债权价值分析基准日成立，在基准日后的某个时期经济行为发生时，市场环境未发现较大变化，债权价值分析结论在此期间有效，一旦市场价格标准出现较大波动，则债权价值分析结论失效。因此，债权价值分析报告通常为自债权价值分析基准日至经济行为实现日一年内有效。当然，有时债权价值分析基准日至经济行为发生日尽管不到一年，但市场条件或资产状况发生重大变化，债权价值分析报告的结论不能反映经济行为实现日价值，这时也应该重新进行债权价值分析。其二，对于追溯性债权价值分析，债权价值分析基准日的债权价值分析结论出具时，其经济行为即已发生。因此，所谓债权价值分析报告有效期的问题，对其没有影响。如果原债权价值分析报告中明确了报告的使用有效期，超出有效期后债权价值分析报告会失去法律效力，应该重新出具债权价值分析报告。

（三）正确理解债权价值分析期后事项与债权价值分析报告日后事项对债权价值的影响

前台业务部门在使用债权分析报告的时候应当合理区分债权价值

分析期后事项与债权价值分析报告日后事项的差异。债权价值分析报告日为外部资产评估师形成最终专业意见的日期。

债权价值分析报告中的期后事项，通常是指债权价值分析基准日至债权价值分析报告日期间发生的、可能对债权价值分析结论产生影响的事项。业务部门在使用债权价值分析报告时，应该关注债权价值分析机构对期后事项的处理方式。期后事项的处理方式分为需进行评估处理的和需进行披露的两种情形。对于在报告期前抵押物发生变化，如出售、灭失，通常债权分析机构仍将债权评估范围内的抵押资产根据所获得的该类事项的信息，对资产价值重新估计。另一种情形，债权分析过程中对资产价值的判断基于"现实（或现实角度）"或者无法合理估计的事项，债权分析机构在债权分析报告中予以披露。这类事项的发生，尽管不影响债权分析基准日债权的价值，但在利用债权分析结论进行交易价格决策时，由于期后事项会影响债权分析结论的适用性，需要考虑发生的、影响债权分析的事项。

报告日后事项则是指债权价值分析报告出具后债权结构发现变化导致债权价值发生变化的事项。当债权期后存在回款、抵押物变现情形时，债权处置时应对原债权价值分析报告的结论进行相应调整。

（1）当抵押物已成功拍卖但尚未回款，原债权评估报告中抵押物的现值应替换为抵押物拍卖价款扣除处置费用（诉讼费、执行费）与优先价款。

（2）当抵押物已成功拍卖已回款，原债权评估报告中抵押物的现值应替换为回款金额。

（3）当债务人或担保人有相关回款，且未在期后事项中未予以考虑时：若回款金额超过相关干系人的估值，则按照回款金额替换原估值；若回款金额小于相关干系人的估值，则按照原估值保留。

以上调整事项均假设原债权结构保持不变，若债权结构发生变化，则进行相应的调整和替换。

五、外部评估机构的管理方式

（一）日常管理

各级评估报告使用部门，应对评估报告结论进行认真复核，必要时对评估结论予以保守性修正后再作使用。

各级业务部门及评估对口管理部门均应建立合作评估机构信用档案，记录与评估机构合作的有关情况和合作过程中出现的问题，重大问题要及时报送备案。

重点关注评估机构与公司合作的评估项目是否存在以下现象：

（1）评估对象描述不符事实；

（2）评估值严重偏离实际；

（3）参数选择随意；

（4）评估报告不合规范；

（5）乱收费。

（二）定期抽检

每年度检查合作评估机构下列基本情况与评选入库时是否存在重大变化：

（1）公司资质情况；

（2）办公场所、机构行政、技术主要负责人、执业评估人员；

（3）评估质量管理与归档管理制度。

（三）特殊检查

（1）调查各经营单位对评估机构的服务效率、收费情况、敬业精神、职业道德等方面的反映。

（2）与评估机构主管部门、行业协会联系，掌握合作评估机构奖惩情况，核实相关信息，了解有关法律法规和行业管理的最新信息。

（四）外部评估机构的违约处置

1. 违约状况

（1）年度考评结果为不合格的评估机构；

（2）评估机构情况发生变化，不再符合规定的准入条件；

（3）提供虚假材料；

（4）有损害机构利益的行为并造成项目实际损失；

（5）出具与评估对象的真实情况严重不符并造成业务实际损失的评估报告；

（6）被客户或各经营单位屡次投诉；

（7）对评估对象严重高估，造成项目处于高风险状态；

（8）乱收费或利用低收费恶意竞争；

（9）有违反合作协议需中止合作的行为。

2. 处置办法

合作评估机构出现上述情况之一时，应当与其中止合作关系，从备选库中删除，并在一定范围内通报。

录入禁用名单，报有权机构审定后，向全辖下发，同时上报上级机构备案。

禁用名单一经审定，即启动禁用程序：

（1）导致产生被禁用事由的原因归结为评估机构整体时，禁用该评估机构，禁用期三年；

（2）评估机构被禁用时，该机构全体评估师被禁用；

（3）导致评估机构被禁用事由的评估师应予以终身禁用，对导致评估机构被禁用事由无责任的评估师，脱离该机构三个月之后，如无其他禁用理由，可解除对该评估师本人的禁用。

本 章 小 结

本章对不良资产管理中的评估管理进行了介绍。对于内部管控方面，本章从当下资产管理公司的实际出发，深入探讨了其制度体系建设、内部评估管理和外部评估管理。通过介绍资产管理公司的评估管理体系，呈现资产管理公司内部对于不良评估质量控制的方式方法。在制度体系建设中，分别从评估质量体系搭建和风险防范制度建设，从金融评估整体层面设计内部管控制度。在内部评估管理中，分别从前期尽职调查管理、评估底稿管理、评估审查质量管理、重点项目现场指导四个方面进行阐述，反映资产管理公司内部评估的基本流程。在外部评估管理中，则是从建立评估机构备选库、评估机构选聘、评估结果复核、合理运用外部评估报告及外部评估机构的管理方式五个方面进行介绍，分析介绍资产管理公司内部评估部门与评估机构之间业务往来关系和管控流程。

本章重要术语

内部评估　外部评估

复习思考题

1. 如何在外部评估管理中防范评估人员的道德风险？
2. 如果您是一个机构的评估质量负责人，您将从几个维度提升评估质量？
3. 简述如何做好内部评估管理工作。

第八章

不良资产评估的趋势展望

一般公众普遍认为不良资产管理行业单独呈现逆周期特征，实际上不良资产行业宏观上具有逆周期特点，但是微观公司运行层面，行业表现为顺周期特征。即不良资产行业的周期性特征体现为两个方面：一是体现为不良资产供给的逆周期性；二是体现为经营风险的顺周期性。同时具备顺周期性和逆周期性是不良资产行业区别于一般金融行业的重要特征。

随着不良资产业务发展，评估理论与其他学科的交叉，不良资产评估将趋向更加精细化、智能化和全面化。管理机构将积极应用新技术，加强风险管理，并考虑ESG因素，以确保更准确、可靠和可持续的不良资产评估。

不良资产评估将成为金融机构风险管理的核心，管理机构将更加注重建立完善的风险管理框架，包括有效的结构评级体系以及灵活的风险应对策略。同时，随着技术的不断进步，不良资产评估将更多地依赖自动化和人工智能技术。这包括使用大数据分析、机器学习和自然语言处理等技术，以提高评估的准确性和效率。不良资产和经济周期之间存在紧密的关联，经济周期对不良资产的影响是一个相对的趋势，不同国家、不同行业和不同金融机构之间可能存在差异。经济周期通常经历扩张、高峰、衰退和复苏四个阶段，不同阶段对不良资产的影响也不同。因此，在评估不良资产时，需要综合考虑经济周期和其他相关因素。

第一节　评估方法：资产评估与结构评级

由于不良资产业务中相关债务方已出现不良迹象，传统的信用评级的方法论已经不适合用于不良资产管理中的评级。借鉴结构融资评级方法论，结构评级理论综合考虑了交易对手的主体评级、项目交易结构、项目现金流，逐步成为不良资产管理行业的主要评级方法。

一、结构评级三要素

结构融资是指借由"资产分割"方式，将原本资金需求者持有的金融资产与资产持有者分离，其目的是将该资产和资金需求者的破产风险隔离，并调整当事人之间的债权债务关系。从实操角度，结构化融资就是以现金资产将企业特定资产从其资产负债表中进行替换，在资产负债率不变的情况下，增加高效资产。在功能意义上，结构化融资被视为一种信用体制的创新，是区别于传统融资分类（间接融资和直接融资）的第三种融资方式。结构化融资理念产生初期，其融资方式大多采用非证券化方式，原始债权人将债权直接卖给买方，买方负责对购买的债权向债务人进行追偿。之后随着结构化融资运用到金融领域后，才分别在欧洲和美国等地形成了全面覆盖债券和资产证券化产品。可以说结构化融资本质上是一种技术、一种理念和一个过程。其最主要的特征有两点：一是证券的发行需要一个特殊目的机构；二是结构金融证券的信用主要取决于基础抵质押资产的信用。考虑到不良资产项目很多时候往往通过交易结构的安排，利用特殊目的机构来实现项目的投资，我们可以借鉴结构化融资的理念构建结构评级来评估底层资产，判断项目价格和风险。

（一）现金流

基础资产产生的现金流是结构融资产品本息偿付的直接来源。在结构评级过程中，管理机构重点关注影响基础资产现金流的主要因素，以考察基础资产现金流分布。

不同类型基础资产的现金流驱动因素各不相同,因此结构评级实施的过程中在对基础资产质量进行分析时应各有侧重,并采用不同的量化分析方法。

对于债权类基础资产(如信贷资产、企业应收账款等),其现金流的主要驱动因素为基础资产的信用质量,具体包括基础资产对应债务人的信用风险及其关联性、就该项资产采取的偿债保障措施等。对于该类资产,结构评级人员对其考察的关键在于获得基础资产的预期违约与损失分布。

对于收益权类基础资产(如水、电、气收益权,路桥收费和公共基础设施收益权等),基础资产的现金流状况主要取决于该资产在结构融资产品合约有效期内的运营环境与运营情况。对于该类资产,结构评级人员对其考察的关键在于获得基础资产的预期收益分布。

不同的基础资产分析内容存在一定差异,分析时应立足于影响基础资产现金流的主要驱动因素与所产生现金流的特点,重点分析:影响现金流的主要驱动因素及其变动方向、程度与相互关系;主要影响因素与基础资产现金流的数量关系;现金流的预测依据、假定前提与压力场景等。

(二)破产隔离

破产隔离是结构融资产品的基本特征。在此前提下,结构融资产品可以突破发起人的信用风险的限制,从而实现以资产本身信用进行融资的目的。这有两层含义:其一,资产的卖方对已出售的资产没有追索权,即使卖方破产,卖方及其债权人也不能对结构化的资产进行追索;其二,当资产池出现损失时,资产支持证券的持有人的追索权也仅限于资产本身。实现风险隔离最典型的方式即为将基础资产"真实出售"给SPV。结构评级人员将在现行法律框架下,关注基础资产与债务人资产的风险隔离机制，以及产品在各项环节与安排的合法性，以保障债权人的利益。

（三）底层资产

金融机构从业人员对于"底层资产穿透核查"这句话或许已然耳熟能详。那么，究竟什么是底层资产？中央结算公司2015年11月发布的《关于增强全国银行业理财信息登记要素等事项的通知》，首次明确了底层资产的类别及定义。简单来说，底层资产是指资金的最终投向，它很大限度上会决定资金的安全与否。依据该通知，底层资产被划分为15类，其中主要是金融资产，分别是现金及银行存款、货币市场工具、债券、理财直接融资工具、新增可投资资产、非标准化债权类资产、金融衍生品、代客境外理财投资、商品类资产、另类资产、公募基金、私募基金和产业投资基金。由此可见，底层资产几乎囊括了广大投资者的各类投资标的和渠道。正是鉴于底层资产的这种重要地位，近年来，监管法规多次提及信托计划、券商资管计划、基金专户要穿透底层资产，这样做的最终目的，是确保项目的真实性和安全性，这对项目投资至关重要。

二、结构评估理论在评估模型中的应用

基于模型测算，结构评级人员可得到各层证券的预期损失分布，然后根据预期损失对应的级别标准表即可得到理论上的各层证券级别。但预期损失只是模型运行得出的结果，最终各层证券的级别应该是在综合考虑定性与定量分析相结合的基础上给出的。我们可以通过长期的数据分析，将结构评级因子与资产价值因子与最终的市场价格相结合，构建多元回归方程，计算出各个因子的系数，并在此基础上修正原有的评估模型。

以不良资产债务重组业务为例，债务重组后的业务可视同为一笔固定收益项目，即债务人按照约定时间按期偿还本息。故传统的债务重组业务的估值模型与一般债券定价模型类似。而进行债务重组的不良资产本身面临一定的兑付风险，足额偿付的不确定性较大，故难以正确拟合债券价值。鉴于此，对于重组业务下的不良资产的定价应充分考虑债务不能清偿的概率及在二次违约下的回收可能性。一般而言，重组业务下的不良资产可以用以下公式简单推估算：

$$估值 = (1 - 违约率) \times 本金 + 违约率 \times 本金 \times 回收率$$

(8-1)

式中，"违约率"是指项目在未来一段时间内违约的可能性，由项目主体偿债能力和偿债意愿共同决定。与违约率相对应的概念是违约概率。违约概率是预计项目在未来一定时期内不能按要求偿还债务本息或履行相关义务的可能性。理论上，同一信用级别应具有相同的违约概率。违约概率与违约率有所不同的是：违约率是历史情况的真实反映，而违约概率是对某一类主体违约可能性的推断，不能直接观察或者事先准确计算得到，需要利用历史违约率统计数据进行统计检验。"回收率"是指债务人一旦违约，债权人可以拿回的金额占债权的百分比。回收率可以通过采用前述的债权估值方法进行估算，这里就不做过多阐述。

第二节　评估技术：数字化与智能化

一、资产评估的数字化转型

数据是评估人员生产工作的原材料和产成品。资产评估作为高端服务业，是智力、知识、数据密集型行业。其提供专业咨询意见的过程，就是对数据和信息采集、加工、分析、深度挖掘和利用的过程。数据采集分析工作从手工作业全面转向数字化作业，对于提升工作效率、保证数据质量、充分利用好各种分析模型具有重要意义，这必将对不良资产评估结构专业化、智能化发展起到积极作用。

近年来，随着数字化信息工程实施工作深入推进，业务精细化管理要求不断提升，对不良资产评估系统功能提出了更高要求：一是要全面支持不良资产业务评估管理，记录不良资产评估业务过程，辅助不良资产评估测算，监控不良资产价值变动；二是要与新金融工具会计准则有效衔接，提供不良资产公允价值信息，支持押品担保能力计量与分配；三是要满足专业化、精细化管理需要，落实不良资产管理新制度、新规范的有关要求。

为满足新金融工具和监管机构关于不良资产的最新监管要求，不断提升不良资产管理水平，为不良资产管理新制度提供配套技术支撑，不良资产评估管理系统应运而生（如图8-1所示）。

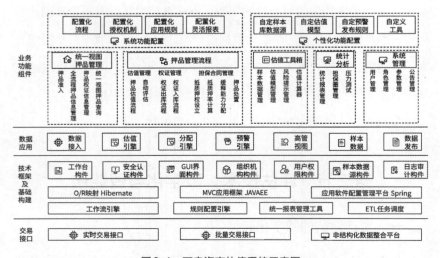

图8-1 不良资产估值系统示意图

不良资产评估系统按照流程化、参数化、智能化要求，引入不良资产评估模型、押品评估模型和担保能力计量业务模型，建立以价值评估为核心、与不良资产业务流程紧密结合的不良资产管理操作体系，提供不良资产评估管理管理、不良资产价值评估流程和押品评估模型、押品担保能力计量与分配、押品权证档案管理、押品风险预警监控、评估机构管理、业务查询与统计分析等功能，实现涵盖从不良资产准入、价值评估、担保能力计量与分配到价值监控、权证管理的全流程不良资产管理网上作业，使不良资产评估系统满足专业化、精细化管理需要，适应全面风险管理的要求。

目前，不良资产评估管理系统可以实现对多个尽职调查时点结果进行多层次存储，保证尽职调查信息的连续性和完整性，初步实现了从静态尽职调查向动态价值管理的转变，形成一个数据质量可靠、格式统一、时间连续、持续积累和更新的尽职调查与评估数据库，为不良资产定价模型及风险管理等研究提供基础数据。基于不良资产评估管理系统的数据库建立的不良资产定价模型可以为债权项目提供快速模型评估，通过对比模型评估和办事处人工评估，提高决策的科学性，有效控制风险。

> 不良资产评估系统整合了资产收购、日常管理、处置等阶段的尽职调查与评估工作，避免重复工作，实现了对资产价值的动态监控。
>
> - 不良资产评估系统对资产收购、日常管理、处置等各个过程的尽职调查与评估信息进行了整合，做到各阶段资产的尽职调查结果格式整齐统一、时间连续。
> - 有效避免了此前每次资产收购或大规模处置资产都像"搞运动"的现象：填报的尽职调查结果成为一个个孤立的数据库，每次需要时都要重新填写。

二、人工智能在评估中的应用

2015年10月，谷歌公司旗下DeepMind公司开发的AlphaGo以5：0完胜欧洲围棋冠军。由于某些特殊原因，这一事件当时并未报道。但此后，人工智能（Artifificial Intelligence，AI）逐渐引起了全社会广泛关注。2017年5月，德勤率先推出了财务机器人，毕马威、普华永道、安永也随之相继推出各自的财务机器人或解决方案。2017年7月，国务院印发《新一代人工智能发展规划》。

Garnter Group公司发布的2017年度新兴技术成熟度曲线揭示了未来5—10年内三个方面的技术趋势，其中之一就是无处不在的人工智能。相关的八种新兴技术：5G、通用人工智能（Artificial General Intelligence）、深度学习（Deep Learning）、深度强化学习（Deep Reinforcement Learning）、数字孪生（Digital Twin）、边缘计算（Edge Computing）、无服务器PaaS（Serverless PaaS）和认知计算（Cognitive Computing），都将在2—5年内到达成熟期的顶点，除此之外，其他技术比如物联网、区块链、数字化平台等技术也逐渐成熟，这些都将给资产评估理论研究和实务操作带来巨大影响。例如：传统上，评估工作需要通过综合评分法、模糊评价方法、显示性偏好方法等来确定的一些不可量化指标，这些未来都可以通过机器学习更好地解决。由此更进一步思考：是否可以通过深度学习形成一套新的价值评估途径呢？如果有大数据、机器学习和深度学习等技术支撑，从人工智能AI（Artificial Intelligence）到评估智能AI（Appraisal Intelligence）应该并不只是一个美好愿景。

在实践中，关于这个美好愿景的一些基础性工作，已经有评估公司在做了。比如中联评估集团的智慧评估云平台，其产品目前包括报告作业平台、现场调查APP（"摩估云"）等。这项产品能提高评估工作效率，但更重要的是，由此形成的大量数据，在未来是可以用于做深度学习的。再比如，广东东莞第一法院与京东合作，试点对执行案件中涉案房产进行网络大数据评估，引入了国际计算机协会、斯坦福人工智能实验室等算法专家团队对项目进行支持。

此外，平安特管针对不良资产处置评估难、经验复制推广难等问题，借助大数据、机器学习等新技术，开发多样化的智能工具。一是AI评估。利用数据化转型新技术探索更科学的资产评估模型，目前已完成了24种评估模型开发，满足8类资产与3类债权的评估需求，累计为753亿元清收处置项目提供评估定价参考。二是全景画像。通过汇聚海量的内外部数据，对债务人、资产方、投资人、律师、评估公司等八大主体进行标签化，构建各参与方全景画像，精准撮合多项业务场景。三是数理模型。对清收过程中沉淀下来的数据与专家经验进行提炼，已建成覆盖特资全生命周期的20个数理模型，累计调用9591次，采纳率高达70%，实现委托服务方"秒荐"、权益审批分案"秒达"。

第三节 评估理论：博弈论与经济周期

一、博弈论在评估中的应用

（一）博弈论在不良资产定价中的应用

目前，大量的经济学家基于博弈论的分析方法对资产评估问题进行了深入的分析及探讨。博弈均衡的实现是相关利益主体共同努力的结果，其核心就在于刻画共同受益的"双赢"局势。在研究现实经济问题时，运用博弈论这一解释不完全竞争市场价格形成与利益分配的有力工具，能够使经济学向科学化的目标迈进一大步，从根本上解决利益均衡的实质问题。博弈论从更深层次出发，并向更广范围扩展，得出了当局部利益最大化与全局利益最大化的双重目标相一致时，博弈均衡与一般均衡可以同时实现的结论。相对于一般均衡，博弈均衡是对一般均衡的超越和发展，后者是前者的特例。基于此，学者李绍荣称博弈均衡是均衡的普适解。[①]盖尔曾经证明了完全竞争均衡等价于市场博弈的完美均衡，指出博弈论是完全竞争的策略基础，并用博弈论讨价还价理论说明一般均衡的形成，从而将一般均衡、核心均衡与博弈均衡的关系勾连起来。[②]一般均衡、核心均衡与合作均衡分别在所有市场、大型经济、局中人联盟的条件下得出的具有广域性、能体现资源（资产）配置效率最优的市场价值，可视为公允市场价值的等价概念。局部均衡与非合作均衡由于适用范围的狭义性与配置效率的非集体理性可视为市场价值的等价概念。

博弈论的"解"，是该博弈最可能出现的结果，称为"均衡"。资产评估对以最高最佳使用条件下的公允市场价值，以及对以最可能市场价格表示的市场价值的追求，在博弈均衡理论中均得到了良好的诠释。在资产评估中，资产评估的模拟性与模拟交易模型的选择如何促使资产利益双方在合作的基础上实现个人理性与集体理性的"双赢"结果，同时实现效率与公平，避免如同"囚徒困境"非合作博弈下的个人理性所造成集体的非理性是评估人员关注的核心问题。

按照Ratcliff提出的理论，资产评估人员应复制买卖方的决策过程，

[①] 李绍荣.西方经济学最优解概念新思考——纳什均衡、帕累托最优与一般均衡三大最优解透视［J］.经济学动态, 2000（9）: 61-64.
[②] ［美］道格拉斯·盖尔.一般均衡的策略基础——动态匹配与讨价还价博弈［M］.韦森，译.上海三联书店、上海人民出版社, 2004.

进行相应的市场模拟,并在该框架下选择评估方法。[①]评估资产价值的目的是形成一种对资产拥有方和使用方来说都公允的价值。资产评估的任务是模拟假想的资产买卖双方,在充分的信息下,达成欲交易资产或资产权利的一致价格。姜楠也指出,资产评估目的是评估人员利用假设条件把被评估资产限定在某种状态下和某种市场环境中得出的"模拟价格"。[②]基于此,图8-2展示了实际资产双方进行交易的各环节,以及有资产评估中介参与时可以节约交易成本与消除双方信息不对称的搜索、匹配、谈判环节。

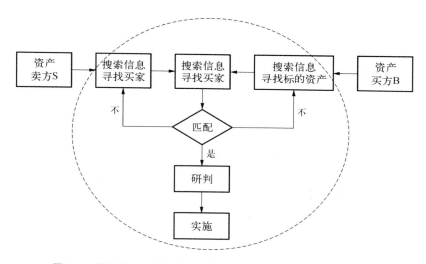

图8-2 资产交易各环节及资产评估中介对交易模拟的各环节示意图

资产评估是对资产价格形成过程进行模拟,除了能够圈定资产交易匹配对象的大致范围外,更重要的是模拟谈判过程。从资源配置的效率来看,资源配置有三种方案:有效配置、双边讨价还价配置和

---

① Ratcliff R U. Is there a "New School" of Appraisal Thought[J]. The Appraisal Journal, 1972, 40(4): 522-528.
② 姜楠.对资产评估基本目标的再认识——兼论公允价值与市场价值[J].中国资产评估, 2002(02): 13-16.

市场均衡配置。三者之间有一个经典的结论：讨价还价均衡和市场均衡可以导出有效配置。双向叫价拍卖模型可以视为同时出价的讨价还价过程，符合作为资产评估人员模拟评估过程的模型特征。目前，我国财政部及原银保监会等相关部门已经明确规定对不良资产进行公开"招拍挂"制度，对待交易的不良资产实行公开拍卖或议价，所以，将双向叫价拍卖模型以及讨价还价（谈判）模型运用于不良资产评估有现实层面的依托。并且，市场配置是讨价还价配置的特例。可见讨价还价（或称谈判）模型是资产评估有效的模拟。

1. 一口价模型

不良资产处置过程中常常采用投招标的方式进行交易。不良资产投标过程中竞标人和拍卖行的行为也构成一种博弈。下面以不良资产投标为例介绍博弈论中的"一口价"在不良资产定价中的具体应用。

【例】假设两个投标人就某一不良资产标的物竞标，两个投标人仅知道自己对该不良资产拍卖品的评估，无法获知对手对拍卖物的评估，只知道对手的评估服从0到1区间的均匀分布。该不良资产投标形式为第一价格密封拍卖。两个投标者分别向拍卖行密封地、一次性地给出自己的报价。而后，拍卖行选择报价最高者成交，中标者与拍卖行交易的成交价格为自己递交的报价。请建模分析该不良资产投标中两个投标人的均衡报价策略，并将结果推广到多投标人情形。

若该不良资产投标采用的拍卖方式为第二价格密封拍卖，即中标者最终支付的价格为除自己报价外的次高价格，请建模分析投标者的均衡报价策略，并比较两种拍卖机制下拍卖行的期望收益。

【解】首先，我们对不良资产招标中仅有两个投标人的情况进行分析。我们将投标人i对不良资产标的物的评估记为v_i，报价策

略为 $b_i = b_i(v_i)$, $i = 1, 2$。两个投标人信息对称，因此有 $b_i(v_i) = b(v)$, $b(v) \leq 1$, $b(v)$ 是可微的严格递增函数。

投标人 i 的期望效用为：

$$u_i(b_i, v_i) = (v_i - b_i) P(b_j < b_i), j = 3 - i \quad (1)$$

根据题干及模型设定，v_j 服从 $[0,1]$ 上的均匀分布，因此有：

$$P(b_j < b_i) = P(b(v_j) < b_i) = P(v_j < b^{-1}(b_i)) = b^{-1}(b_i) \quad (2)$$

此时，投标人 i 的期望效用为：

$$u_i(b_i, v_i) = (v_i - b_i) b^{-1}(b_i) \quad (3)$$

令期望效用对 b_i 导数为 0，得到投标人 i 的期望效用一阶最优条件，有：

$$-b^{-1}(b_i) + (v_i - b_i)(b^{-1})'(b_i) = 0$$
$$b_i = b_i(v_i) = b(v_i)$$
$$v_i = b^{-1}(b_i) \iff (b^{-1})'(b_i) = \frac{1}{b'(v_i)}$$
$$b(v_i) + v_i b'(v_i) = v_i \quad (4)$$

等号左边为 $v_i b(v_i)$ 的倒数，因此 $v_i b(v_i) = \frac{v_i^2}{2} + k$。

确定常数 k 时的均衡报价应满足 $b(v_i) \leq v_i$，因此有：$k = 0$；$b(v_i) = \frac{v_i}{2}$，即为两个投标人情形下的报价策略。类似地，也可以将第一价格密封拍卖机制作用下不良资产招标均衡策略表示为：$b(v_i) = \frac{nv_i}{n-1}$。

第二价格密封拍卖下的均衡策略为 $b(v_i) = v_i$。第一价格密封拍卖和第二价格密封拍卖下拍卖行的期望收益相等。

> 进一步阅读：
> 姜启源，谢金星，叶俊.数学模型（第五版）[M].北京：高等教育出版社，2011：379—385.

2. 议价模型

在对不良资产的处置价格进行谈判时，债权人与各债务关联人之间的价格博弈中存在非对称信息。这一信息不完全也使得债权人难以准确评估被处置不良资产的真实价值和真实信息，进而难以把握债务关联人的谈判底线。此外，债务各方能够就偿债价格进行谈判，表明各方具有解决债务的意愿。因此，不良资产处置中的价格谈判可以视为各债务关联人间的不完全信息动态博弈。

总的来看，在债权人和债务人构成的两方议价中，债权人谈判策略的确定取决于其对债务人谈判底线区间分布的判断、折现系数及自身谈判底线（即对债务本身的评估）。

> 进一步阅读：
> 于海颖.博弈论在我国商业银行不良资产处理中的应用研究[D].天津：天津大学，2004.

二、经济周期因素在评估中的应用

根据不良资产处置实务可知，处置抵押物往往需要数年，而对抵押物的评估往往按照收购时点的价值进行估价。由于房地产周期的存在，处置时点的价格未必是评估基准日的最优估计值，同时由于经济周期和金融周期的存在，不良资产价格及不良资产供应量呈现周期性变化。故不良资产估价的框架应纳入周期因素。

（一）周期因素对不良资产的影响

1. 经济周期、金融周期因素对不良资产的影响

经济增速与银行不良率存在显著反向关系：经济增速降低，不良资产率升高；经济持续增长，不良资产率下降。金融周期理论认为信用和资产价格存在相互作用的关系，房地产行业产生加速器的影响，导致金融周期和一般经济周期存在不同的规律。金融周期可简洁地由信贷和房地产价格来描述。信贷代表金融融资约束，属于数量型指标；房地产价格代表风险认知偏好，属于价格型指标。二者表现出很强的一致性，尤其是低频成分。金融周期的繁荣阶段，金融资产价格上升，市场的流动性充沛，风险偏好增强，不断推动资产价格的上涨；金融周期的衰退阶段，金融资产价格下跌，市场主体的风险偏好下降，融资约束收紧，进一步加剧金融资产的价格下跌。正是受金融政策变化、宏观调控、房地产周期及国际环境等因素影响，不良资产呈现出周期性波动特征，具有显著的周期依存性。

一个完整的金融周期可以包括多个经济周期，在每一个阶段，金融周期与经济周期可以同步也可以不同步。金融周期通过风险偏好和融资约束影响资源的分配，从而对经济周期产生影响。当金融周期的繁荣与经济周期的上行同步时，经济周期的增长会更加强劲；当金融周期的衰退与经济周期的下行同步时，经济增长的下行会更加持久，下行幅度也会更大。如果金融周期与经济周期不同步，例如在金融周期繁荣阶段，信贷扩张，风险偏好不断增强，资产价格上涨，但经济周期不断下行，资本和劳动力会持续从实体经济转向金融市场，导致资源的错配，不利于经济周期的恢复和反弹。从不良资产与金融周期的关系来看，不良资产率和不良资产余额与金融周期的关系较与经济

周期的关系相比更为紧密,一定程度上金融周期可视为不良资产周期的先行指标。

吴晓求对我国货币危机、债务危机、股市危机、银行危机的形态是如何相互转化、相互感染的机制进行了深入研究,分析得出了我国金融危机的传导过程。吴晓求认为随着经济增长的乐观预期,银行信贷逐渐投入实体经济,进而使得经济向好,资产价格上涨,由于可分配财富增加,社会流动性增加,人们开始将财富投资房地产与金融市场,导致房地产价格与金融市场价格均上扬。[①]由于房地产和股票均可作为抵(质)押物进行融资,同时资产价格上浮,人们开始不断抵押资产获得购置资产后再次抵押获得融资,如此循环往复,金融杠杆不断增加。银行基于业绩压力往往在满足一定抵押条件下也愿意对这些资产进行放贷,从而信贷进一步扩张,市场出现流动性泛滥。当资产的价格增长速度趋缓,金融机构受到政策的影响开始紧缩贷款,市场流动性逐步减少,资产的交易量逐步下降,由于供求关系的不均衡进而导致资产的价格下降。部分融资方无法及时补仓或者追加抵押物,被迫清盘或者处置抵押物,进而导致市场出售方增加,导致资产的价格进一步下滑。循环往复,不良资产随着危机的出现大幅上涨,不良资产供给增加。

2. 房地产价格周期与不良资产价格的关系

正如前文所述,房地产周期作为宏观经济周期的重要组成部分,也被称为周期之母。房地产价格的波动对经济周期、金融周期都有着巨大的影响。从收购不良资产的角度分析更注重房地产抵押物收购价格与房地产价格走势的关系。如图8-3所示,美国联邦存款保险公司

---

① 吴晓求.股市危机——历史与逻辑[M].北京:中国金融出版社,2016.

收购不良资产价格与美国房地产价格走势有着密切的关系，但是该关系并非呈现同步变动。导致波动差异的因素主要是不良资产行业兼具顺周期和逆周期的特殊性。

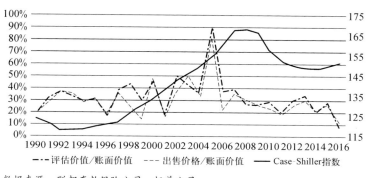

数据来源：联邦存款保险公司、标普公司。

图8-3　美国不良资产价格与房地产价格指数

金融资产管理公司是国务院决定设立的收购国有银行不良贷款、管理和处置因收购国有银行不良贷款形成的资产的国有非银行金融机构。行业最初设立的经营目标为最大限度地保全资产、减少损失，随着时代的进步和行业的发展，经营目的逐渐转变为通过折扣价格收取金融机构和非金融机构的不良资产，再通过处置获取收益，尽可能地赚取投资收益。不良资产管理行业发展规模与宏观经济相关，并具有宏观逆周期、微观顺周期特点。一般公众普遍认为不良资产管理行业单独呈现逆周期特征，实际上不良资产行业宏观上具有逆周期特点，但是微观公司运行层面，行业表现为顺周期特征。即不良资产行业的周期性特征体现为两个方面：一是体现为不良资产供给的逆周期性；二是体现为经营风险的顺周期性。同时具备顺周期性和逆周期性是不良资产行业区别于一般金融行业的重要特征。

具体来看，如图8-4、图8-5所示，当宏观经济进入调整阶段时，宏观经济增速放缓时，企业盈利能力下降，企业经营情况变坏，偿债能力恶化，不良资产逐步暴露，金融机构不良资产供给规模上升，供给总量增加，行业规模扩张，不良资产行业发展机会增多；但与此同时，持续恶化的经济基本面对不良行业表内资产同样造成明显冲击，房地产价格也面临着较大的下行压力，不良资产处置、经营难度增大，不良资产行业面临的经营风险相对上升，表内资产将呈现顺周期特征。当经济状况好转，宏观经济处于稳步发展阶段时，企业盈利能力提升，偿债能力改善，企业现金流状况改善，房地产价格上升，不良资产处置难度下降，处置收益大幅增加；但同时不良资产占比通常呈现下降趋势，供给总量减少，行业利润空间总体偏薄。业务机会的逆周期性和经营风险的顺周期性相叠加，使得经济波动对不良资产行业的影响相较于对一般金融机构而言变得更加复杂。一般来看，当经济增速回落的幅度相对较小和持续时间相对较短时，不良资产供给

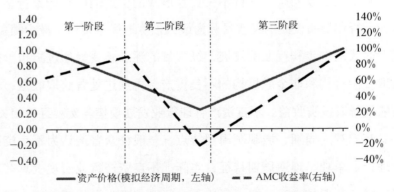

第一阶段：经济衰退早期。经济刚进入衰退，AMC收购资产之价值并未下行过多，处置速度仍然较快。收购折价成本的下行速度可以抵消资产价格下降，收益率曲线呈现逆周期性质。

第二阶段：经济加速衰退。经济衰退加速，使得AMC收购成本无法弥补资产价格的下降，处置久期拉长，AMC收益率曲线加速下降，呈现顺周期属性。

第三阶段：经济进入到复苏期AMC资产价值回升，经济低谷期收购的低成本资产收益回报率加速上升。收益率曲线呈现加速上升。当资产价格回归到原值时，AMC的回报收益率将高于历史上任何时刻。

图8-4 不良资产收益率曲线与资产价格关系

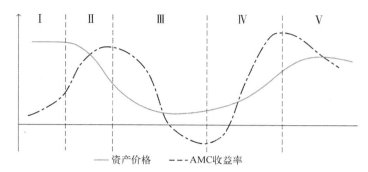

阶段Ⅰ：信用状况良好，因流动性等问题急需变现，获取流动性溢价，收益率水平不高但是较为稳定。

阶段Ⅱ：信用状况初步恶化，资产价值并未下行过多，相对较易处置，而收购折扣率仍然较低，收益率上升并呈现逆周期特点。

阶段Ⅲ：信用状况深度恶化，资产价值深度下行，处置难度加大、耗时增加、收益率加速下滑，甚至可能出现损失，呈现顺首期特征。

阶段Ⅳ：信用状况初步好转，资产价值回升，但收购折扣仍然很低，收益率快速上行，呈现顺周期特征。

阶段Ⅴ：信用状况已经基本完成好转，资产价值已经基本回升至初始水平，处置难度及耗时大为减少，收购折扣率快速上升，收益率快速下降。

图8-5　不良资产收益率曲线与资产信用周期

增加带来的正面效应将超过经营风险上升的负面效应，经济周期对不良资产行业的影响相对正面；但当下行幅度和持续时间超过预期时，经营风险上升的负面效应或将超过业务机会增加带来的机遇。

由上图可知行业发展的黄金时期是在传统行业处于经济周期底部、经济运行风险较高时，此时行业扩容，吸纳较多不良资产，随即经济触底回升，资产价值提升，资产价值同步溢价将对不良资产管理公司形成明显利润贡献。

综上所述，房地产波动对不良资产存在两方面的影响：一是房地产价格波动与信贷周期相结合导致不良资产余额呈现周期性波动；二是由于不良资产收购价格与抵押物评估值密切相关，在一定程度上资产价格与不良资产收购价格呈现正向关系。如图8-6所示，如果能够将短期经济波动和长期经济增长相结合、扩大周期视野、顺利穿越经济周期，在经济复苏初期大力收包，在经济上行周期加大处置力度，则可以有效发挥维护金融稳定、盘活存量资产、资源再配置的特殊功能，进而实现不良资产的跨周期平衡。

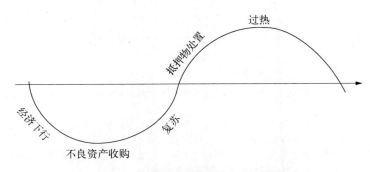

图8-6　不良资产的跨周期收购与处置

（二）模型改进

1. 抵押物价值修正

由于我国经济体制的特殊性，经济波动的幅度放缓，故经济波动对不良资产影响减弱，影响不良资产价格的主要因素为抵押物的价格。根据前文分析可知，由于周期的存在使得不良资产收购价格与处置价格存在一定的差异，为提高资产包收购概率及防范风险，故需要对原有模型进行修正。由于抵押物大多为独立个体，区域坐落较为分散，单独预测各个抵押物未来的价格工作量较大且难度较高。这里我们借鉴税基批量评估的方法，将未来单个抵押物价格的预测转化为区域价格指数的预测，即：

$$未来抵押物价格 = 当前抵押物价值 \times \frac{处置时点区域价格指数}{评估基准日区域价值指数}$$

$$(8\text{-}2)$$

2. 运用不良资产指数对模型进行修正

根据前文分析可知，由于周期的存在使得不良资产收购价格与处置价格存在一定的差异，故不良资产收购价格应当具有前瞻性，准确判断不良价格走势能增加投标中标率、扩大盈利空间及有效防范风险。为提高资产包收购概率及防范风险，故需要对原有模型进行修正，即：

$$P' = P \times \frac{预计处置时点的不良资产景气指数}{收购时点的不良资产景气指数} \qquad (8-3)$$

浙江省浙商资产管理有限公司从促进行业发展的角度出发，联合复旦-斯坦福中国金融科技与安全研究院共同研发了"复旦-浙商中国不良资产行业发展指数"，以期这一指数能够起到行业风向标的作用，完善不良资产行业发展、明晰不良资产行业在风险防范、化解和处置过程中所承担的角色，在提升自身行业地位的同时，促进不良资产行业发展以及不同行业间的聚合。评估人员可以利用该指数进行相关预测。

"预"就是预先、事先，"测"就是度量、推断。预测通常被理解为对某些具有规律性的事物进行事先推测的过程。预测的定义有很多种，一般认为统计预测指基于对事物历史发展规律的了解和当前状态的把握，进一步使用科学的理论、方法和技术，对事物未来发展的走势或状态作出估计、判断的过程。统计预测的方法主要可分为定性预测方法和定量预测方法两大类，每一大类又包括了一些细分的预测方法。不良资产景气度的测算是一个较为复杂的系统，有着多种错终复杂的因素对其产生影响。预测者往往采用单项方法进行预测，导致预测时部分信息缺失。由传统时间序列分析可知差分整合移动平均自回归模型（ARIMA模型）在预测短期内的价格时间序列时，有较好的拟合精度。基于非线性的预测模型，如支持向量机（SVM）、神经网络、灰色模型、随机森林等都能较好地逼近非线性数据且相关模型均已较为成熟。故评估人员通过构建组合预测模型对不良资产指数进行预测可能会收到较好结果，组合预测流程图参见图8-7所示。

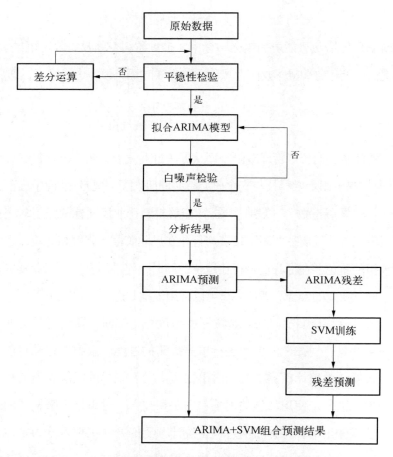

图8-7 ARIMA与SVM组合预测步骤

部分参考答案

第一章

重要术语解释

资产评估：指评估机构及其评估人员根据委托对不动产、动产、无形资产、企业价值、资产损失或者其他经济权益进行评定、估算，并出具评估报告的专业服务行为。

不良资产评估：指从技术分析的角度对评估基准日特定目的下不良资产的价值进行分析、估算，为即将发生的经济行为提供价值参考。

资产评估的客体：又称为评估对象，是指资产评估的具体对象，即被评估的资产。

资产评估目的：资产评估业务对应的经济行为对资产评估结果的使用要求，或资产评估结果的具体用途。

资产评估假设：指对资产评估过程中某些未被确切认识的事物，根据客观的正常情况或发展趋势所作的合乎情理的推断。

公开市场：指一个有众多卖方和买方的充分竞争性的市场。在该市场上，经过适当市场推广，资产交易双方地位平等，彼此都有机会和时间获取足够信息，对资产的功能、用途及其交易价格等作出理智的判断，双方在自愿、理智、谨慎而非强制的条件下达成交易。

复习思考题

1. 什么是资产评估？不良资产评估与一般资产评估相比有什么特点？

资产评估指评估机构及其评估人员根据委托对不动产、动产、无形资产、企业价值、资产损失或者其他经济权益进行评定、估算，并出具评估报告的专业服务行为。不良资产评估是指从技术分析的角度对评估基准日特定目的下不良资产的价值进行分析、估算，为即将发生的经济行为提供价值参考。不良资产评估除了具备资产评估的一般特征外，还具有如下特点：

第一，不良资产评估本质是对可追偿财产线索的价值判断；

第二，不良资产评估对象具有特异性；

第三，不良资产评估需要关注不确定性；

第四，需要关注金融管制政策和市场调控政策。

2. 不良资产评估的基本要素有哪些？

资产评估的主体、资产评估的客体、资产评估的依据、资产评估目的、资产评估假设。

3. 不良资产评估的基本假设分为哪几种？它们在评估中有什么作用？

不良资产评估假设有交易假设、公开市场假设、未来现金流假设、强制出售假设。

第二章

重要术语解释

成本法：成本法是指按照重建或者重置评估对象的思路，将评估对象的重建或者重置成本作为确定资产价值的基础，扣除相关贬值，以确定资产价值的评估方法的总称。

重置成本：指以现时价格水平重新购置或者重新建造与评估对象相同或者具有同等功能的全新资产所发生的全部成本。

复原重置成本：指以现时价格水平重新购置或者重新建造与评估对象相同的全新资产所发生的全部成本。

更新重置成本：指以现时价格水平重新购置或者重新建造与评估对象具有同等功能的全新资产所发生的全部成本。

实体性贬值：亦称有形损耗，指资产由于使用及自然力作用导致资产物理性能损耗或者下降而引起的资产价值损失。

经济性贬值：指由于外部条件的变化引起资产收益、资产利用率发生具有持续性的减少、下降或者闲置等而造成的资产价值损失。

功能性贬值：指由于技术进步引起的资产功能相对落后而造成的资产价值损失。

市场法：指通过将评估对象与可比参照物进行比较，以可比参照物的市场价格为基础确定评估对象价值的评估方法的总称。

现行市价法：指资产交易时市场通行的价格。选择最近成交的相同或者类似资产为参照物，通过比较被评估资产和参照物的差异，对参照物的成交价格进行调整，从而确定被评估资产价格的方法。

市价折扣法：是以参照物成交价格为基础，考虑到评估对象在销售条件、销售时限等方面的不利因素，凭评估人员的经验或有关部门的规定，设定一个价格折扣率来估算评估对象价值的方法。

价格指数法：是以参照物成交价格为基础，考虑参照物的成交时间与评估基准日之间的时间间隔对资产价值的影响，利用价格指数调整估算评估对象价值的方法。

成新率价格调整法：是以参照物的成交价格为基础，考虑参照物与评估对象新旧程度上的差异，通过成新率调整估算出评估对象的价值。

因素调整法：常以参照物的成交价格为基础，考虑参照物与评估对象在功能、市场条件和销售时间等方面的差异，通过对比分析和量化差异，调整估算出评价对象价值的方法。

收益法：指将评估对象的预期收益资本化或者折现，以确定其价值的各种评估方法的总称。

直接资本化法：是预测评估对象未来第一年的收益，将其除以合适的资本化率或乘以合适的收益乘数得到评估对象价值或价格的方法。

报酬资本化法：一种现金流量折现法，即评估对象的价值等于其未来各期净收益的现值之和，通过预测评估对象未来各期的净收益，利用合适的报酬率将其折现到价值时点后相加得到评估对象价值或价格。

折现率：是一种期望投资报酬率，是投资者在投资风险一定的情形下，对投资所期望的回报率。

剩余法：又称为假设开发法、倒算法或者预期开发法。剩余法是指预计评估对象开发完成后的价值，扣除后续必要支出及应得利润，以此估算评估对象客观合理价格或价值的方法。

实物期权：是一种经济上有价值的权利，可以行使或放弃一些的权利，通常涉及商业项目或投资机会。

复习思考题

7. 折现率和资本化率的经济含义分别是什么？它们之间的数量关系是什么？

折现率和资本化率都是将资产的未来现金流量折算为当前价值的比率。从这个意义上说，这两个指标在评估过程中所起的作用是相似的，但二者的经济内涵和估算方法并不相同。

折现率本质上反映了投资者对所投资资产要求的必要投资收益率，

即资本成本。投资者要求的必要收益率取决于资产现金流量风险。资产现金流量风险越大，投资者要求的必要收益率越大，即折现率越大。财务学从两个方面计量投资人获得的投资收益：其一，投入资本本金所能赚取的报酬；其二，投入资本本金的增值，也称资本利得。这样，投资人要求的收益率（即折现率）的经济内涵可表达如下：折现率 = 投资人要求的收益率 = 要求的投资报酬率 + 要求的资本利得收益率。

资本化率也称为直接资本化率，是将未来第一年的收益转化为当前价值的比率。资本化率的经济含义是投资人要求的必要投资报酬率，构成了折现率的组成部分之一。

8. 选择评估方法需要考虑哪些方面的因素？

一是评估对象的市场条件。对于存在活跃交易市场的资产，应首选市场法。

二是评估对象自身的特征。例如：预期收益能够合理计量的资产，可选择收益法评估；对于可大规模复制的资产，可选择成本法评估。

三是资料的可获得性。理论上适用的方法，如果不能获得足够的信息，就不具有可操作性。在这种情况下，应考虑替代方法。

四是评估方法之间的校验。如果评估对象适用一种以上的评估方法，应使用多种方法进行评估，并将评估结果进行比较，增加评估结论的可靠性。

9. 如何理解不同评估方法产生的评估结论之间的内在趋同性？

在理性人和充分市场竞争的假设下，如果评估资产的市场价值且方法的适用条件成立，三种方法的评估结果在理论上具有内在一致性。

（1）对于可大规模复制的资产，三种方法的评估结论具有内在一致性。

首先，市场法与收益法的内在一致性表现在：市场法的评估结果反映了评估对象在活跃市场中最有可能的成交价格（活跃市场价格）；"活跃市场价格"正是无数个买方和卖方在不断审视资产的预期收益与风险后，通过不断博弈的过程实现的。因此，市场价格体现了资产的盈利能力和风险。在风险相同的条件下，资产盈利能力越强，市场价格越高；或在盈利能力相同的条件下，资产的风险越低，市场价格越高。在充分竞争的市场中，如果资产未来收益的现值小于其市场报价，该资产极有可能无人问津，于是资产价格下跌，直到价格等于未来收益现值；反之，如果资产未来收益的现值大于市场报价，便会引发投资人的竞购，最终导致资产价格上升，直到价格等于未来收益现值。

其次，市场法与成本法的内在一致性表现在：在活跃市场中，可大规模复制的资产将处于完全竞争状态，重置成本从买方角度体现为全新资产的市场价格，从卖方角度则体现为会计成本与合理利润之和。二手资产的市场价格信息不仅反映资产的重置成本，而且反映资产的贬值因素（如二手车的市场价格反映了对二手车重置成本及其全部贬值因素的考虑）。换句话说，重置成本是全新资产在均衡市场中的市场价格，重置成本扣减贬值则会接近二手资产在均衡市场中的市场价格。

最后，既然市场法与收益法、市场法与成本法的评估结论均具有内在一致性，那么收益法与成本法的结论自然也具有内在一致性。一致性的机理在于：在充分竞争的市场中，如果资产的购建成本（成本法的评估结果）大于资产未来现金流量现值之和（收益法评估结果），理性人将不会购置该资产（理性投资人不会做净现值小于零的投资），于是该资产将会在市场竞争中被淘汰。充分竞争市场还使得投资人不可能长期获得超额投资收益率，所以在均衡市场中，资产的购建成本将等于资产未来预期现金流量现值之和（净现值等于零）。

（2）对于不可大规模复制的资产，收益法和市场法的评估结论趋于一致。

这类资产不适用成本法评估，其价值取决于资产的稀缺性或资产的预期收益现值。市场法与收益法的评估结果在理论上具有内在一致性。

成本法评估结论与市场法或收益法不具有内在一致性。例如：企业属于难以复制的资产，成本法（在企业价值评估中称为资产基础法）无法评估单项资产之间的协同效应或企业中存在的某些特殊无形资源价值，因此，对于持续经营的企业而言，运用成本法的评估结果通常低于收益法评估的结果。

由于各种评估方法的评估结果在一定条件下具有内在一致性，因此在方法适用的情况下，不同方法得到的评估结果可以相互校验。实践中，一项评估业务往往采用两种方法，评估人员和委托方都期望看到"殊途同归"的评估结果，从而验证评估结论的可靠性。

第三章

重要术语解释

偿债来源分析法：以通过诉讼执行债务主体的有效资产为假设前提，尽可能穷尽债权所涉及的全部受偿来源，分析每一个受偿来源的受偿可能性，判断可受偿金额，汇总全部受偿来源的可受偿金额的现值，即债权的价值。

逆减法：即按其毛利减去管理费用、财务费用和营业税金以及所得税，再扣除适当的税后利润计算确定评估结果。

成本加和法：指将所有的有效成本进行加和的方法。

交易案例比较法：通过对有可供比较的债权资产交易案例债权资产进行因素定性分析评估债权的方法。

债项评级法：根据中国人民银行《不良贷款分类指导原则》和相关政策法规，结合公司处置实际，以债务人信用质量为基础，并考虑担保人代偿能力、抵（质）押物价值，以每笔贷款为基本计量单位逐一评估，得出债务人的还款能力，对资产质量进行分类评估的方法。

假设清算法：是假设企业破产清算情形下计算债权和股权清偿率的一种评估方法。当清算情形下企业的有效资产大于有效负债，则股东权益大于0，且债权可得到全额受偿；若有效资产小于有效负债，则股东权益归于0，债权价值则存在贬损。

复习思考题

1. 如何根据企业存续情况选择合适的不良资产评估模型？

破产风险研究方法很多，大体上分为两类：第一类是判别分析方法，即对企业未来破产与非破产的状态进行推断，其方法有参数、非参数方法等；第二类是寿命数据的分析技术，将破产风险的测量与破产风险的控制相结合，运用寿命数据的生存分布模型及非参数模型作出推断。简化的操作可以基于静态财务报表及舆情预测企业破产风险状态，测量破产风险的概率。

不良资产评估值 = 破产清算下的债权评估 × 破产风险概率
　　　　　　　 + 存续情境下现金流折现评估
　　　　　　　 × （1 - 破产风险概率）

2. 假设清算法的使用前提有哪些？

假设清算法实质是一种以成本法为基础的不良资产估值方法，该方法假设待回收资产的债务人已经进入清算偿债的情况时，通过企业整体资产变现并以该变现后的价值为基础,根据债权的偿债顺位计算该债权的可能回收价值或回收率。

假设清算法主要适用于非持续经营条件下的企业以及仍在持续经营但不具有稳定净现金流或净现金流很小的企业。

3. 要求:

(1)简述假设清算法的适用范围。

(2)简述该方法中有效资产和有效负债包括的内容。

(3)根据所提供的条件,计算该不良债权的受偿比例。(计算结果保留两位小数)

(1)假设清算法主要适用于:① 非持续经营条件下的企业;② 仍在持续经营但不具有稳定净现金流或净现金流很小的企业。企业资产庞大或分布广泛的项目和不良债权与企业总资产的比率较小的项目,不宜采用假设清算法。

(2)有效资产与有效负债确认。依据企业财务资料,从总资产和总负债中分析无效资产和无效负债,扣除无效资产和无效负债后的剩余部分作为有效资产和有效负债。一般来说,无效资产包括福利性资产、待处理损失、待摊和递延资产等;无效负债包括长期挂账无须支付的负债、与福利性资产相对应的负债等。

(3)① 由题目可知,一般债权受偿比例为0.3。② 抵押贷款金额2 200万元,对应的机器设备抵押物的评估价值为2 000万元,抵押物评估值小于抵押债权,故不良债权的优先受偿金额为2 000万元,剩余200万元并入一般债权参与受偿。③ 不良债权的一般债权受偿金额 =(不良债权总额 − 优先债权受偿金额)× 一般债权受偿比例 =(5 000 − 2 000)× 0.3 = 900(万元)。④ 不良债权受偿金额 = 优先债权受偿金额 + 一般债权受偿金额 = 2 000 + 900 = 2 900(万元)。不良债权受偿比例 =

不良债权受偿金额 ÷ 不良债权总额 = 2 900 ÷ 5 000=0.58。

第四章

重要术语解释

  不动产：指实物形态的土地和附着于土地上的附着物，包括附着于地面或位于地上及地下的附属物。不动产不一定是实物形态，如探矿权和采矿权。

  净收益：净收益是指归属于不动产的除去各种费用后的收益，一般以年为单位。净收益由总收益（毛收益）扣除总费用求得。

  客观总收益：指以收益为目的的不动产和与之有关的各种设施、劳动力及经营管理者要素结合产生的收益，也就是被估不动产在1年内所能得到的所有收益。

  客观总费用：指取得该收益所必需的各项支出，如管理费、维修费、保险费、税金等。

  机器设备：指利用机械原理制造的装置，将机械能或非机械能转换成为便于人们利用的机械能以及将机械能转换为某种非机械能，或利用机械能来做一定工作的装备或器具。

  进口设备相关从属费用：进口设备由于需要从国外购买运送，其从属费用较为复杂，主要包括国外运费及运输保险费、关税、消费税、增值税、银行财务费、公司代理手续费等。

复习思考题

  1. 当不良资产为住改商、老旧工业厂房变更文创园类型时，该如何进行评估？

最高最佳使用原则指法律上允许、技术上可能、经济上可行，经过充分合理的论证，能使评估对象产生最高价值的使用。评估时首先选择类似抵押物采用市场法评估，其次选用收益法。

3. 在收益法评估中，如何选择使用合同租金和市场租金参数？

租金是投资性不动产收入的主要形式。不动产在公开市场上最有可能获得的租金，称为市场租金。出租人与承租人实际约定的租金，称为合同租金。合同租金可能低于、高于或等于市场租金。当评估不动产完全产权权益的市场价值时，无论被评估不动产是否附带租约，都应该使用反映同类不动产正常租金水平的市场租金作为输入参数。如果评估不动产出租人权益价值，只要租约合法有效，在租约期内应采用合同租金（无论其是否与市场租金相同）、租约到期后采用预期的市场租金作为输入参数。这样，出租人权益价值等于租约期内的合同租金资本化价值与租约期满后市场租金的资本化价值之和。

5. 运用收益法时，财务费用和折旧成本是否属于运营费用的组成部分，为什么？

收益法中的运营费用并不等同于会计利润表中的成本费用项目。特别强调，当评估不动产市场价值时，以下项目不属于运营费用。

（1）借款利息。所有者可能通过借款购置不动产，然后将其出租。但在评估不动产市场价值时，借款利息不应作为运营费用扣除。换句话说，在分析不动产的租金现金流量时，不考虑融资活动现金流量。这是因为，利息受到不动产所有者的融资结构和借款条件的影响，但并不影响不动产整体的收益能力。如果扣除借款利息，意味着收益能力和经营风险完全相同的不动产，将由于其所有者的融资结构和借款条件的不同而具有不同的价值。这不符合替代原则：按照替代原则，效用相同的资产应该具有相同的价格。因此，当评估不动产的市场价值时，融资结构不应作为考虑因素，融资成本不应作为运营费用的组成部分。

（2）折旧摊销。建筑物折旧和土地的摊提费属于会计成本，其本质是投入资本（建筑物购建及土地使用权获取）在以后各年的分摊，并没有引起现金流出，不计入运营费用。

6. 要求：

（1）上述两种评估思路中哪种较合适？并说明理由。

（2）针对你所选的评估思路，描述其评估技术路线。

（1）若转让后允许改变用途，则以商业用途价格为基础估价较合适；若转让后不允许改变用途，则以住宅销售均价为基础估价较合适。理由：评估对象处于繁华商业区，根据最高最佳使用原则，应以商业用途价格为基础估价。或评估对象证载用途为住宅，根据合法原则，应以住宅销售均价为基础估价。

（2）估价技术路线：① 选择估价方法；② 方法运用中的具体处理；③ 确定估价结果。

第二种估价思路更合适。划拨土地上房屋对外转让，要由受让方补交土地使用权出让金，由于该直管公房地处繁华商业区，且其剩余经济寿命有限（按砖混结构40年经济寿命考虑，实际年龄53年，已过经济寿命，即使经过两次大修能延长其经济寿命，但剩余经济寿命也有限），在规划许可前提下，完全可以考虑拆除重建为商业用房，可按商业用途补交土地使用权出让金，现在估价可按商业用途土地估价。土地按商业用途估价，可用假设开发法估价，假设将现有建筑物全部拆除重建商业用房，最后扣减将划拨住宅用地变成出让商业用途应补交的土地使用权出让金，得出评估对象的市场价值。

7. 估算不动产A的最佳转让价值（写出评估过程，给出得出评估结论的理由或根据)。

(1) 收益总年限 = 40(法定最高年限) - 2 - 2 = 36(年)

(2) 现有合同是否应该违约?

目前已有租赁合同的年限为3年,首先判断这几年是否应该执行合同。

如果不执行合同各年能够得到的收益超过执行合同的收益分别为

2021年:$[150 \times (1 + 1\%) - (110 + 20)] \times 1\,000 = 21\,500$(元)

2022年:$[150 \times (1 + 1\%)^2 - (110 + 30)] \times 1\,000 = 13\,015$(元)

2023年:$[150 \times (1 + 1\%)^3 - (110 + 40)] \times 1\,000 = 4\,545.15$(元)

这些违约多获得的收益现值之和为

$21\,500 \times (1 + 10\%)^{-1} + 13\,015 \times (1 + 10\%)^{-2} + 4\,545.15 \times (1 + 10\%)^{-3} \approx 33\,716.49$(元)

违约的收益小于违约赔偿金5万,所以不能够违约。

(3) 现有合同的收益现值计算如下。

基准日后前3年按照合同租金计算,因为违约产生的收益不足以支付违约金,需要继续执行合同规定。

收益现值 = $(110 + 10 + 10) \times 1\,000 \div (1 + 10\%) + 140 \times 1\,000 \div (1 + 10\%)^2 + 150 \times 1\,000 \div (1 + 10\%)^3 \approx 346\,581.52$(元)

(4) 合同结束之后的收益为客观收益,其收益现值计算如下。

客观收益年限 = 40 - 2 - 5 = 33(年)

基准日三年后未来年租金收益 = $150 \times (1 + 1\%)^3 \times 1\,000 = 154\,545.15$(元)

收益现值 = $154\,545.15 \times \{[1 - 1 \div (1 + 10\%)^{33}] \div 10\%\} \div (1 + 10\%)^3 \approx 1\,111\,126.49$(元)

(5) 最佳转让价值 = $346\,581.52 + 1\,111\,126.49 = 1\,457\,708.01$(元)

8. 评估该办公楼的价值。

首先,确定重置成本。

前期费用 = 建安综合造价 × 2% = (3 785 + 705) × 2% = 4 490 × 2% = 89.8(万元)

期间费用 = 建安综合造价 × 5% = 4 490 × 5% = 224.5(万元)

(在题目没有说明的情况下,期间费用应该按照教材例题计算,即以建安综合造价和前期费用为基数。此处简化处理以建安综合造价为基数计算。)

利息 = (建安综合造价 + 期间费用) × 正常建设期 × 正常建设期贷款利率 × $\frac{1}{2}$ + 前期费用 × 正常建设期 × 正常建设期贷款利率 = (4 490 + 224.5) × 1 × 4.35% × $\frac{1}{2}$ + 89.8 × 1 × 4.35% ≈ 106.4467(万元)

利润 = (建安综合造价 + 期间费用 + 前期费用) × 利润率 = (4 490 + 224.5 + 89.8) × 5% = 240.215(万元)

重置成本 = 建安综合造价 + 前期费用及其他费用 + 利息 + 合理利润 = 4 490 + 89.8 + 224.5 + 106.4467 + 240.215 = 5 150.962(万元)

其次,计算成新率

① 年限法成新率 = (50 − 7) ÷ 50 × 100% = 86%

② 打分法成新率 = (结构打分 × 评分修正系数 + 装修打分 × 评分修正系数 + 设备打分 × 评分修正系数) ÷ 100 × 100% = (92 × 85% + 69 × 10% + 88 × 5%) ÷ 100 × 100% = 89.5%

③ 加权平均综合成新率 = 86% × 0.4 + 89.5% × 0.6 = 88.1%

最后,计算评估值。

评估值 = 重置成本 × 综合成新率 = 5 150.962 × 88.1% ≈ 4 537.998(万元)

9. 机器设备重置价值的构成内容是什么?

原地使用机器设备,其重置成本包括运杂费、安装费、基础费等,但是移地使用重置成本一般不包含上述费用。

10. 影响机器设备变现的因素有哪些？

（1）机器设备的可控性及回收的可实现难度：动产的担保方式有抵押和质押两种，质押是在出质人交付质押财产时确立质权，而抵押时抵押人不转移动产的占有。因此抵押后债务人在仍可继续使用抵押的机器设备，当债务人有意将机器设备转移、挪用甚至出售时，债权人可能无法定位或处置押品，导致抵押权无法实现。

（2）机器设备的特殊类型情况：可能存在专用性较强、无市场交易、机器过度使用、过剩行业长期闲置设备等情况。专用性较高的机器设备，或根据特定的用途自行设计制造的设备，其通用性相对较差，在市场上实现交易难度较大；过度使用的机器设备的回收价值可能严重低于正常评估价值；闲置的设备可能存在加速贬值或未来重启所需的成本费用较高；等等。

11. 要求：

（1）计算大型成套设备的重置成本。

（2）计算大型成套设备的两个部分的实体性贬值率和综合的实体性贬值率，并计算实体性贬值额。

（3）计算大型成套设备的功能性贬值额。

（4）计算该设备的评估值。

（1）先计算自制非标设备的重置成本。

除了外购件以外的其他加工成本

$= 15 \div 90\% \times 3\,850 + 5\,000 + 30\,000 + 15 \times 1\,000 \times 2 + 15 \div 90\% \times 3\,850 \times 15\%$

$\approx 138\,791.67$（元）

设备的重置成本

$= (C_{m1} \div K_m + C_{m2})(1 + K_p)(1 + K_t)(1 + K_d \div n)$

$= [138\,791.67 + 55\,000 \div (1 + 17\%)] \times (1 + 15\%) \times (1 + 17\%) \times (1 + 14\% \div 2)$

$\approx 267\,493.79$（元）

【说明】题目中没有3%城建税和2%教育费附加。如给出这两个税，则应该为：$[138\,791.67 + 55\,000 \div (1 + 17\%)] \times (1 + 15\%) \times (1 + 18.7\%) \times (1 + 14\% \div 2)$

再计算外购通用设备的重置成本

$= 50\,000 \times (1 + 20\%) = 60\,000$（元）

大型成套设备的重置成本 $= 267\,493.79 + 60\,000 = 327\,493.79$（元）

（2）先计算自制非标设备的实体性贬值率。

● 计算实际已经使用年限：

2014年10月30日—2015年初，2个月；

2015年初—2018年末，4年，即48个月，由于该段时间每月实际运行时间为10小时，所以实际使用月数 $= 48 \times 10 \div 8 = 60$；

2019年初—2020年10月30日为22个月。

合计实际已经使用年限 $= 2 + 60 + 22 = 84$（月）$= 7$（年）

● 计算尚可使用年限：9年

● 实体性贬值率 $= (1 - 5\%) \times 7 \div (7 + 9) \approx 41.56\%$

再算外购通用设备实体性贬值率。

● 计算实际已经使用年限

2018年9月30日—2018年底为3个月。

实际使用月数 $= 3 \times 10 \div 8 = 3.75$（月）

2019年初—2020年10月30日为22个月。

合计实际已经使用年限 = 3.75 + 22 = 25.75（月）= 25.75 ÷ 12 ≈ 2.15（年）

- 计算尚可使用年限：3.6年
- 实体性贬值率 =（1 − 10%）× 2.15 ÷（2.15 + 3.6）≈ 33.65%

然后计算大型成套设备的综合贬值率（特别注意这个步骤的计算）。

自制非标设备可贬值部分的重置成本 = 267 493.79（元）

外购通用设备可贬值部分的重置成本 = 60 000元

自制非标设备重置成本比重 = 267 493.79 ÷（267 493.79 + 60 000）≈ 81.68%

外购通用设备可贬值部分的重置成本比重 = 60 000 ÷（267 493.79 + 60 000）≈ 18.32%

大型成套设备的综合贬值率 = 81.68% × 41.56% + 18.32% × 33.65% ≈ 40.11%

大型成套设备的综合实体性贬值额
    =（267 493.79 + 60 000）× 40.11% ≈ 131 357.76（元）

或者 = 267 493.79 × 41.56% + 60 000 × 33.65% ≈ 131 360.42（元）

两种解法结果误差是四舍五入带来的，不会影响得分。

（3）大型成套设备功能性贬值额

= 5 000 × 12 × 0.5 ×（1 − 25%）×｛[1 −（1 + 10%）$^{-9}$] ÷ 10%｝

≈ 225 00 × 5.759 ≈ 129 577.5（元）

（4）该设备的评估值

= 重置成本 − 实体性贬值 − 功能性贬值

= 327 493.79 − 131 357.76 − 129 577.5 = 66 558.53（元）

12. 在评估实务过程中，评估人员往往采用综合成新率法估算设备的成新率。综合成新率系通过赋予勘查成新率不同的权重进行加权后计算得到。那么，综合成新率的计算与三项贬值因素在方法上有什么区别，各自的使用前提条件是什么？

因为年限法是理论上的平均值，前提是假设实体性贬值、功能性贬值和经济性贬值按照时间均匀发生，但实际上，根本不可能完全按照时间均匀发生贬值，所以更需要到现场进行实物勘查，也就是使用观察法，而且实地勘察更具有说服力。

综合成新率的评估（评估实务中常用）使用前提：① 不存在由于外部因素导致的设备闲置或相对闲置而产生经济性贬值；② 不存在超额投资成本或超额运营成本导致的经济性贬值和功能贬值。

第五章

重要术语解释

企业价值：指企业本身的价值，是企业有形资产和无形资产价值资产的市场评价。企业价值是一个复合的概念，它的表现形式是多层次的，除了企业整体价值、股东全部权益价值和股东部分权益价值之外，还存在其他概念。

企业整体价值：指在假设将从企业获取资金回报（利息）的债权人等同为投资者的全投资口径下，归属于含企业股东和获取资金回报（利息）的债权人在内的投资者的企业价值，包括企业股东全部权益价值和付息债务价值。

股东全部权益价值：企业整体价值扣除全部付息债务后的价值。

股东部分权益价值：股东的部分权益价值是股东全部权益价值乘以股权比例乘以折溢价因子。

限售股：取得流通权后的非流通股，受到流通期限和流通比例的限制。

亚式期权：亚式期权，又称为标的资产平均价格期权，对于正常的期权来说，期权到期损益为 $S-K$，而对于亚式期权，期权的最终损益函数依赖于其标的资产在有效期内的平均值，即 $S_{平均值}-K$。

复习思考题

2. 要求：根据以上资料测算H公司股东全部权益价值。

（1）计算可比公司市净率：

A公司 P/B = 20 × 80 ÷ 1 100 ≈ 1.45

B公司 P/B = 17 × 50 ÷ 550 ≈ 1.55

C公司 P/B = 18 × 75 ÷ 800 ≈ 1.69

D公司 P/B = 15 × 65 ÷ 600 ≈ 1.63

E公司 P/B = 19 × 75 ÷ 900 ≈ 1.58

（2）计算可比公司调整系数：

	调整系数				
	A公司	B公司	C公司	D公司	E公司
营运能力	0.9091	0.9901	0.9506	0.9785	0.9390
盈利能力	0.9434	1.0142	0.9709	0.9901	0.9597
成长能力	0.9479	0.9785	0.9756	0.9709	0.9634
综合调整系数	0.8129	0.9825	0.9004	0.9406	0.8681

（3）计算可比公司调整后的P/B：

A公司调整后 P/B = 1.45 × 0.8129 ≈ 1.18

B公司调整后 P/B = 1.55 × 0.9825 ≈ 1.52

C 公司调整后 P/B = 1.69 × 0.9004 ≈ 1.52

D 公司调整后 P/B = 1.63 × 0.9406 ≈ 1.53

E 公司调整后 P/B = 1.58 × 0.8681 ≈ 1.37

（4）计算可比公司调整后 P/B 的平均值

调整后 P/B 的平均值 =（1.18 + 1.52 + 1.52 + 1.53 + 1.37）÷ 5 ≈ 1.42

（5）被评估企业全部股东权益价值 = 1.42 × 500 ×（1 − 27%）≈ 518.30（亿元）

第六章

重要术语解释

模块式评估：一种批量债权的评估方式，将资产包的价值拆分为可确指抵押物的价值加上未设定抵押债权的价值。

现金流偿债法：指依据企业近几年的经营和财务状况，考虑行业、产品、市场、企业管理等因素的影响，对企业未来一定年限内可偿债现金流和经营成本进行合理预测分析，考察企业以未来经营及资产变现所产生的现金流清偿债务的一种方法。

静态池：即基础资产池从初始起算日起就确定入池资产，并保持固定不变。

资产池：指资产证券化中的资产池，其实就是一个规模相当大的具有一定特征的资产组合。

压力测试：是通过调整现金流模型的相关假设，评估受评产品在压力情景下的表现情况。

复习思考题

1."所谓见仁见智，一千个人眼中有一千个哈姆雷特，对于不良资产的评估不存在所谓的标准模型。"试评述该观点。

可从价值类型、评估目的的角度分析该观点。注意区分评估途径与评估具体模型的差异。

2.在公允价值计量时，是否需要考虑变现折扣？

变现折扣是市场价值概念中"进入价"与"退出价"之间的差异。如果我们在估算公允价值时，直接采用的是成交价，既是进入价，也是退出价，因此不需要考虑变现折扣；如果采用的是合理报价（不是成交价），则采用退出性质的报价，不需要考虑变现折扣，但是如果我们采用的是进入性质的报价，还是需要考虑这个变现折扣的。

3.不良资产转让评估与不良资产公允价值计量这两种场景下，资产评估有何差异？

如果是转移定价评估，按照评估准则的要求，我们需要评估的价值类型是"市场价值"，市场价值可以是进入价，也可以是退出价，因此案例可以是实际成交案例，也可以是合理的买方或卖方报价数据。但是财务报告目的评估，我们采用的价值类型是"公允价值"，是退出价，因此采用实际成交价没有问题，如果是选择合理报价，则应该注意选择买方报价，不能是卖方报价。

第七章

重要术语解释

内部评估：为公司内部评估人员对拟评估项目进行分析、估算并形成独立意见与报告的过程。

外部评估：指一般委托外部资产评估机构对资产在基准日的不良资产价值进行分析、估算并形成专业的资产评估/价值分析报告。

复习思考题

1. 如何在外部评估管理中防范评估人员的道德风险？

可推行飞行检查、评估机构隔离、聘请独立第三方机构评估。

2. 如果您是一个机构的评估质量负责人，您将从几个维度提升评估质量？

（见下页图）

3. 简述如何做好内部评估管理工作。

机构应从前期尽调开始进行质量管理；制定相关尽职调查底稿和模板；实施前台部门负责人为第一责任人制度；做好内部的评估复核工作。

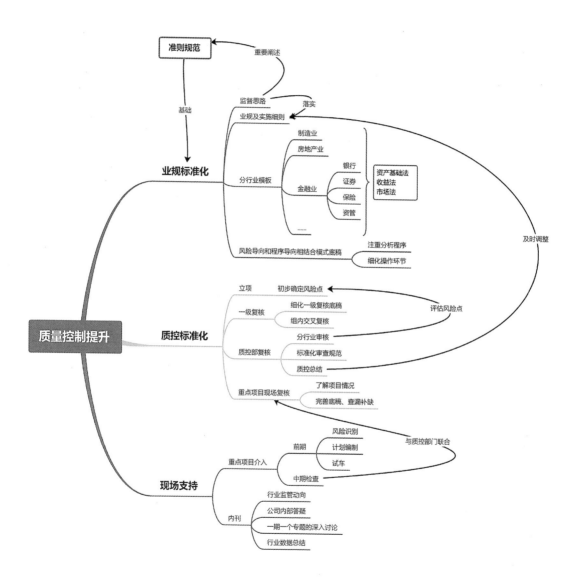

参 考 文 献

[1] 柴强.房地产估价（第八版）[M].北京：首都经济贸易大学出版社，2016.

[2] 程凤朝.金融不良资产评估[M].北京：中国人民大学出版社，2003.

[3] 程凤朝.金融不良资产评估（第二版）[M].北京：中国人民大学出版社，2005.

[4] 胡建忠.不良资产经营处置方法探究：基于价值重估和分类管理的视角[M].北京：中国金融出版社，2011.

[5] 华金秋.中国金融资产管理公司与不良资产新视点[M].北京：中国市场出版社，2004.

[6] 美国评估促进会评估准则委员会.美国评估准则[M].王诚军，编译.北京：中国人民大学出版社，2009.

[7] 钱烈.收购不良资产涉及的房产抵押物价值评估研究[D].杭州：浙江大学，2017.

[8] 沈晓明.金融资产管理公司理论与实务[M].北京：中国金融出版社，2014.

[9] 尉京红.资产评估质量评价与控制研究[M].北京：中国财政经济出版社，2008.

[10] 中国资产评估协会，刘萍.《金融不良资产评估指导意见（试行）》讲解[M].北京：经济科学出版社，2005.

［11］中国资产评估协会.资产评估准则（2017）［M］.北京：经济科学出版社，2017.

［12］中国资产评估协会.资产评估基础［M］.北京：中国财政经济出版社，2022.

［13］中国资产评估协会.资产评估实务（一）［M］.北京：中国财政经济出版社，2022.

［14］中国资产评估协会.资产评估实务（二）［M］.北京：中国财政经济出版社，2022.

［15］郑万春.金融不良资产处置关键技术探究［M］.北京：中国金融出版社，2008.

［16］周自明，王慧煜，钱烈.资产评估学教程新编［M］.杭州：浙江大学出版社，2015.

［17］李鹏.博弈论视角下的不良资产处置谈判议价模型初探［J］.农银学刊，2015（3）：40-43.

［18］刘瑀初.分块式不良资产估值模型的构建研究［D］.北京：华北电力大学（北京），2016.

图书在版编目(CIP)数据

中国不良资产管理评估实务/李传全,刘庆富,钱烈编著.—上海:复旦大学出版社,2023.8
中国不良资产管理行业系列教材
ISBN 978-7-309-16552-4

Ⅰ.①中⋯ Ⅱ.①李⋯ ②刘⋯ ③钱⋯ Ⅲ.①不良资产-资产管理-中国-教材 Ⅳ.①F832

中国版本图书馆 CIP 数据核字(2022)第 199256 号

中国不良资产管理评估实务
ZHONGGUO BULIANG ZICHAN GUANLI PINGGU SHIWU
李传全 刘庆富 钱 烈 编著
责任编辑/张 鑫

复旦大学出版社有限公司出版发行
上海市国权路 579 号 邮编:200433
网址:fupnet@fudanpress.com http://www.fudanpress.com
门市零售:86-21-65102580 团体订购:86-21-65104505
出版部电话:86-21-65642845
上海盛通时代印刷有限公司

开本 787×1092 1/16 印张 24.75 字数 297 千
2023 年 8 月第 1 版第 1 次印刷

ISBN 978-7-309-16552-4/F·2942
定价:73.00 元

如有印装质量问题,请向复旦大学出版社有限公司出版部调换。
版权所有 侵权必究